现代教育技术在信息化教育中的应用

宗志远　著

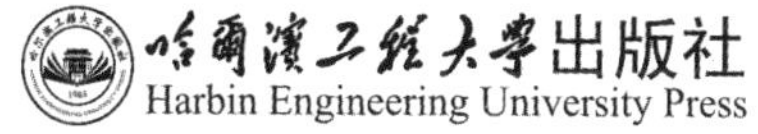

内容简介

本书的主要内容包括现代教育技术基础理论、信息化教育与教育信息化、信息化教育资源、信息化教学活动设计、数字化学习环境建设研究、"互联网+"环境下的远程教育和智慧教育。本书的编写目的是帮助读者深入理解现代教育技术的内涵和外延，掌握其基本理论和实践技能，提高教育教学质量，推进教育现代化进程。

本书适用于普通高等院校相关专业学生使用，也可供从事教育技术研究和开发的人员参考使用。

图书在版编目(CIP)数据

现代教育技术在信息化教育中的应用/宗志远著
.—哈尔滨：哈尔滨工程大学出版社，2024.1
ISBN 978-7-5661-4210-8

Ⅰ.①现… Ⅱ.①宗… Ⅲ.①教育技术-信息化-研究 Ⅳ.①G43

中国国家版本馆 CIP 数据核字(2024)第 018604 号

现代教育技术在信息化教育中的应用
XIANDAI JIAOYU JISHU ZAI XINXIHUA JIAOYU ZHONG DE YINGYONG

选题策划 史大伟
责任编辑 唐欢欢
封面设计 李海波

出版发行 哈尔滨工程大学出版社
社　　址 哈尔滨市南岗区南通大街 145 号
邮政编码 150001
发行电话 0451-82519328
传　　真 0451-82519699
经　　销 新华书店
印　　刷 哈尔滨午阳印刷有限公司
开　　本 787 mm×1 092 mm 1/16
印　　张 14.5
字　　数 380 千字
版　　次 2024 年 1 月第 1 版
印　　次 2024 年 1 月第 1 次印刷
书　　号 ISBN 978-7-5661-4210-8
定　　价 60.00 元

http://www.hrbeupress.com
E-mail:heupress@hrbeu.edu.cn

前　言

随着人类社会的发展、科技的进步、教育理念的更新,教育形式也要随之改革,人类进入信息社会后,各类教育技术也应运而生,从最开始的电化教育,到后来的信息化教育、数字化教育,直到二十一世纪的智慧教育,各个时代的教育技术以惊人的速度深入教育教学的各个领域和环节,推动着信息时代的教育变革。

现代教育技术作为当代教育、教学改革的“制高点”和“突破口”,对教育思想、教育观念、教学内容、教材形式、教学方法和手段、教学模式、教学理论乃至教育体制都将产生深刻的影响。

本书遵循“以理论分析为基础,以实践应用为目的,理论与实践并重”的编写原则,将知识与实践能力融为一体,体现了学以致用的理念。

第一,在内容体系上。本书以现代教育技术应用为主线,对信息化教育相关理论、信息化教育资源、信息化教学活动设计、数字化学习环境建设研究、“互联网+”环境下的远程教育和智慧教育等做了详尽的分析和介绍。

第二,在结构安排上。本书按照基础知识、教学环境、教学资源和教学设计四个模块来搭建框架,其中:基础知识模块主要介绍现代教育技术的概念内涵、现代教育技术的理论基础、信息化教学模式、现代教学媒体;教学环境模块主要介绍校园网、多媒体综合教室、多媒体网络教室微格教学系统、全自动录播教室、智慧教室、电子书包等的使用技巧以及数字化学习资源中心的应用;教学资源模块主要介绍文本类资源、图像类资源、音频类资源、视频类资源、动画类资源的建设以及演示型、交互型教学资源的设计与开发;教学设计模块主要介绍信息化教学设计的基本要素和信息化教学设计方案的编写方法。

第三,注重与时俱进。在编写过程中,本书充分吸收了现代教育技术的最新研究成果,力求内容上深入浅出,考虑不同层次读者的需要,尽可能满足相关专业的多样化需求。

第四,注重理论与实践的紧密结合。全书由七章构成,第一章主要介绍教育技术的发展概况,现代教育技术中的学习理论、视听教育理论、传播理论和教育技术的发展趋势;第二章主要介绍信息化教育的定义、概念内涵、信息化教育的原则和信息化教学的要素;第三章主要介绍信息与信息资源、信息化教学媒体、信息化教学过程、信息化教学设计、信息化教学环境和信息化教学资源;第四章主要介绍信息化教学活动设计,内容重点在信息化教学过程概述、教学设计的基本概念、信息化教学设计分析、学习情境及活动设计和信息化教学应用模式上;第五章主要介绍数字化学习环境建设研究,其中包括数字化学习环境的内涵、数字化学习环境的技术基础、数字化学习环境的设计和数字化学习环境的应用;第六章主要介绍“互联网+”环境下的远程教育,先是对远程教育的概念进行简述、又对远程教育的新形式——大规模开放在线课程(MOOC)教育进行了简介,并重点介绍了互联网环境下的一些教育新趋势,如教育与云计算、教育与大数据、教育与人工智能、教育与物联网和远程开放课程平台;第七章从智慧教育的基本内涵、智慧教育的基本特征、智慧教育的基本内容、智慧教育与数字教育的比较、智慧教育中涉及的典型技术、智慧校园、智慧教室和智慧教学平台等方面介绍智慧教育。

本书是作者在总结多年教学经验的基础上编写而成的。在编写过程中,作者还参考了国家政策,引用了许多专家学者、同行公开发表的成果,在此深表谢意。

希望本书的出版能对广大从事现代教育技术课程教学的教师、相关领域的学生及对现代教育技术有兴趣的读者有所帮助。由于时间仓促,加之作者水平有限,本书疏漏和错误之处难免,还望读者不吝赐教。

著　者

2023 年 9 月

目　　录

第 1 章　现代教育技术基础理论

1.1　教育技术发展概况

考察教育技术的发展历史，最明显的一条主线是教学媒体技术的发展（包括教学媒体的不断创新和对媒体的应用研究）。媒体技术的每一次进步，都会带来教学内容、教学形式、教学规模、教学效果等方面的革新。教育技术在最开始的几十年是以媒体技术的研究为核心内容，并随媒体技术的发展而发展的。

然而，随着现代信息技术的突飞猛进，其以惊人的速度改变着人们的学习、工作、生活和思维方式，新观念、新理论、新方法层出不穷，教育技术的领域也被迅速拓宽了。人们意识到媒体技术并不能解决教育中的全部问题，作为信息时代科学方法论的系统科学方法随之被运用到教育技术中来，并且把技术看作科学的统一体，开始以系统方法为核心，吸收相关学科的研究成果，对教育过程做系统研究，丰富和发展自己的理论与实践体系。这样，现代教育技术便开始了硬件（技术设备和相应的教学系统，如多媒体技术和多媒体教学系统、人工智能和智能教学系统、网络技术和教学网络系统）、软件（与硬件配套的各类教材）以及观念、方法、理论体系全面系统发展的新阶段。

1.1.1　国外教育技术的发展

19 世纪末 20 世纪初，人类社会进入了电子时代，以电为代表的技术革命促进了声、光技术的迅速发展。随着科学技术的迅速发展，科技成果被大量引入教育领域，对教育技术的发展产生了深刻的影响。照相、幻灯、无声电影等新媒体在教育教学中的应用，为学生提供了生动的视觉形象，使教学获得了不同以往的良好效果，视觉教育运动随之兴起。20 世纪 20 年代，无线电广播、有声电影开始在教育中推广应用。实践证明，无线电广播为扩大教育规模、发展社会教育开辟了一条有效的途径。尤其是具有视听双重特点的有声电影在提高教育效果方面显示了巨大的作用，这引起了人们广泛的兴趣。此时，人们感到“视觉教育”这一定义已经不能准确反映当时的教育实践活动，于是提出了“视听教育”的概念。

个别化教学是教育技术发展中的一个重要领域。20 世纪 50 年代兴起的程序教学运动是个别化教学的具体实践。继幻灯、无线电广播、电影和程序教学之后，语言实验室、电视、通信卫星和电子计算机等现代媒体陆续进入教育领域，使教育技术上升到一个新的阶段——媒体技术阶段。正是媒体技术把教育技术从一般教学论中分离出来，形成了独立的研究领域。

传播理论的引进使视听教育发展成为视听传播，研究的重点也从“视听媒体”转向“学习过程”，从重视“使用媒体提供刺激”转向重视“学习者的反应”。从 20 世纪 60 年代中期开始，在视听传播领域中运用系统方法解决教学问题，成为这个领域发展的基本趋势。由此，“视听”已不能充分地表达这一领域的新发展，“教育技术”这一术语开始见诸视听教育文献中。20 世纪 60 年代末到 70 年代初，系统方法在教育技术领域中日益受到重视，进而形成了运用系统方法对教学过程进行系统设计的思想和模式。1970 年，美国教育协会视听教学部改名为教育传播与技术协会，并从教育协会中独立出来，标志着教育技术正式得到确认。

进入 20 世纪 90 年代，随着以多媒体计算机和网络通信为代表的信息技术（尤其是互联网）的迅猛发展，基于这类技术出现的 E-Learning（即数字化学习或网络化学习）在西方乃至全球日渐盛行，并使人们认为 E-Learning 是人类最佳的学习方式。与此同时，以学生为中心的教育思想逐渐成为国际教育界占统治地位的教育思想。

1.1.2 中国教育技术的发展

我国的教育技术曾长期被冠以“电化教育”的名称。据资料记载，电化教育这个名词，是 1933 年陈礼江先生任教育部社会教育司司长时提出来的。当时主管电化教育的教育部社会教育司第三科科长杜维涛在《电影与播音》第 4 卷第 2 期《电化教育的回顾与前瞻》一文中提出，电化教育就是利用电影和无线电播音以及其他用电器材来实施的活的教育。金陵大学的孙明经先生也曾撰文回忆道：由于电影、广播、幻灯这三种媒介都要用电，而当时电在我国的应用还不发达，所以叫电化教育还有一点说明它是先进的教育方式之意，当时采取这个名称后很快就用开了。

20 世纪 40 年代，我国的电化教育遭遇了第一次更名危机，孙明经先生认为，电化教育在国外被称为视听教育（audio-visual education），而直译为 electrified education 不利于对外交流。在国内，业外人士常将其误会为电话教育，即使是业内人士，对其所概括的物质与精神的意义能够真正了解的也为数不多，因此，孙明经先生极力主张以“影音”取而代之。

20 世纪 80 年代，电教理论界的专家们就“电化教育”是否更名为“现代教育技术”这一问题进行过许多探讨。一部分人认为，电化教育已发展到了现代教育技术阶段，更名势在必行；而另一部分人则认为电化教育的名称可以不改，只要将其概念扩充即可。1998 年 3 月召开的全国高等学校教学工作会议明确指出：要把教学内容和课程体系的改革建立在教育技术的平台上。这标志着教育技术的地位和作用已被提到了一个空前的高度。如今，教育技术已成为我们使用比较频繁的一个词语，历经 60 多年变迁，许多院校已将电化教育中心更名为教育技术中心或现代教育技术中心。至此，电化教育正式更名为教育技术。

总体来说，我国教育技术的发展大致可以概括为三个阶段：20 世纪 20 年代至 60 年代中期的初步发展阶段；20 世纪 70 年代后期至 80 年代的迅速发展阶段；20 世纪 90 年代至现在的深入发展阶段。

1. 初步发展阶段

这一阶段我国的教育技术被称为电化教育。电化教育于 20 世纪 20 年代诞生，30 年代进入课堂。其发源地和早期主要使用地区是当时的上海市、南京市和江苏省。由于当时经济、教育和科技落后，直到新中国成立前夕我国电化教育的普及程度仍很低，只在少数几个城市、学校、社教机关中有所发展，未能大面积推行。

新中国成立后，从 20 世纪 50 年代至 60 年代中期，我国的电化教育得到了初步发展，主要表现在：幻灯、录音带、电影进入高等学校和部分城市中小学的教学中；教学唱片、教学幻灯机开始成批生产，外语录音带开始在校际传播；部分省市成立了电教机构，许多高校开设了电化教育课程。

2. 迅速发展阶段

20世纪70年代后期，我国的电化教育重新起步并迅速发展，取得了明显的成绩，主要表现在：教育部相继批准成立了电化教育组、电化教育局和中央电化教育馆；中央及各省、市、县，以及高等院校和部分中小学都相应建起了电教机构，形成了一支数十万人的电教专业队伍；创建了广播电视大学，开办了卫星教育电视台，形成了全国远距离教育网；电化教育专业已具备专科、本科、硕士研究生三个层次；计算机教育蓬勃兴起，为现代教育技术的发展奠定了基础。

其间，很多高校的电教机构把电教教材建设作为工作的重心，编制了一大批以电视教材为主，包括幻灯、投影、录音教材在内的电教教材，并将其应用到教学中。这一时期，电化教育的名称开始被教育技术所取代，注重媒体的应用，主要研究应用媒体来解决教学中的局部问题，但还没有涉及教与学的全过程。

3. 深入发展阶段

进入20世纪90年代以后，多媒体计算机和网络技术等进入教学领域，使我国的教育技术迅速向深层次发展。教育技术系统工程建设的广泛开发、国家重点科研项目《计算机教学软件的研究与开发》的启动、中国教育与科研计算机网络的开通、多项大规模现代教育技术实验的开展以及《面向二十一世纪教育振兴行动计划》的颁布，大大推进了我国的教育教学改革。

这一时期也是注重教学整体的时期，着重探索和研究教育技术对一堂课、一门学科的教学带来的影响，以及对教学模式，教学环境，教学资源和教师的观念、知识、教学水平等带来的影响。与此同时，在认识上也有较大提高，教育技术不只是应用现代的技术手段、工具，更重要的是应用现代的科学理论、方法；教育技术要解决的不只是教学的局部问题，更重要的是要从整体上改革教学。自21世纪以来，随着互联网的快速普及和E-Learning的迅猛发展，教育界在总结网络教育的经验与教训、对E-Learning以及传统的教与学方式有了全新认识的基础上，利用Blended Learning（或Hybrid Learning）原有的基本内涵，赋予混合式学习全新的含义，就是要把传统教与学方式的优势和E-Learning的优势结合起来，既发挥教师引导、启发、监控教学过程的主导作用，又充分调动学生作为学习过程认知主体的主动性、积极性与创造性。

1.1.3 现代教育技术的发展趋势

21世纪以来，互联网向各行各业的渗透与跨界融合发展，加速了以知识经济、信息经济、服务经济为代表的现代社会的到来，其核心特征是以人为本的个性化服务和智能服务。以知识为核心生产要素的现代社会需要创新型人才，以及灵活、开放、终身的个性化教育体系。工业时代以班级授课为主体的整齐划一的教育体系正在受到越来越大的挑战，不断形成灵活多样、开放终身的个性化教育体系，因而实施适应个性发展的教育是现代教育技术乃至整个教育现代化发展的基本趋势。

当今世界，科技进步日新月异，互联网、云计算、大数据等现代信息技术深刻改变着人类的思维、生产、生活、学习方式，深刻展示了世界发展的前景。“互联网+”带来的不断变化的社会空间和交往方式见证了信息化时代的到来。信息技术在教育领域的广泛应用，对教育理念、模式和走向都产生着革命性影响。如何兼顾“大规模”和“个性化”,在实现公平(每个人都有)的同时保证质量(跟每个人能力匹配),是传统教育无法解决的两个焦点问题,互联网技术的发展为此提供了新的融合解决途径。

“互联网+”教育的跨界融合会产生新的教育生态系统,新生态系统的构建需要推进技术支持的重大结构性变革。如学习科学指导下的、新型关键技术支持下的智慧环境变革,课程形态变革,教学范式变革,学习方式变革,评价模式变革,教育管理变革,教师专业发展变革乃至学校组织变革,从而构建新的教育业务流程,实现灵活、开发、终身、个性化的教育新生态。

1. 推进智慧环境变革

“互联网+”时代的数字校园是以云计算、普适计算、语义网和物联网等智能信息技术为基础,对校园的基础设施、教育内容、教育活动、教育信息资源等进行的以人为本的数字化改造,并通过网络互联而构建的虚实融合、信息无缝流通、智能适应的均衡化生态系统;是通过技术与教育的深度融合来最优化地提高学生的学习效率和教师的教学质量,促进师生全面发展的智慧化成长环境。大数据和学习分析技术为构建智慧学习环境提供了重要的技术支持,是实现个性化、差异化教学的关键。

推进未来智慧学习环境变革的关键要点有:智慧学习环境可实现学习全过程的数字化与互联化;智慧学习环境将促进各种数字化技术与系统互联互通,实现横向互联、垂直贯通;智慧学习环境将形成虚实融合的信息生态环境;智慧学习环境能够理解用户的行为与意图,将提供主动适应的服务;智慧学习环境将形成一个全新的智能感知环境和综合信息服务平台;未来的教室将变成“虚拟+现实”课堂,具有开放性、交互性、灵活性、人性化设计、舒适等特点;在智慧学习环境中,计算机将被无缝地集成到环境中,人们可以在移动中和计算机更加自然地交互。

2. 推进课程形态变革

“互联网+”时代的到来,对人们的核心素养提出了新的要求,信息技术素养、创新与创造力和问题解决能力等核心素养内容受到很多国家和国际组织的重视。其中,信息技术素养要求学生能互动地使用信息、技术,能够利用技术收集、筛选信息,探索、开发、交流信息,创造、派生、呈现信息。教育要帮助学生提升个人的信息技术素养,使学生可以适应和驾驭海量的信息与知识,能够有效使用技术来获取、利用、创造信息和知识。课程作为教育活动的核心载体,必须要从“传授知识为主”向“培养学生学习与应用能力为主”转变。信息时代赋予人类的“信息型的认识结构”,使得培养学生的信息能力成为课程设置的重要任务,而信息技术则为课程的设计与实施提供了前所未有的便利,在线课程将成为常态,将使课程结构、课程表现形态、课程实施、课程评价等发生巨大的变革。

未来推进课程形态变革的关键要点有:课程的表现形式越来越数字化、立体化,课程越来越多地体现为线上、线下相结合,慕课,即大规模开放在线课程(MOOC)将融入学校教育,成为学校常态化课程的有机组成部分;课程中的教育内容,越来越强调学术性内容与生活性内容的相互融合与转化;课程实施从“班级形态集体授导”向“尊重学生自我的活动”转型,如翻转课堂、小规模限制性在线课程(SPOC)等新的课程实施形式越来越普及,跨越学校边界的课程协同也将成为常态;互联网时代学生的分布式认知方式,借助信息技术进行认知加工的思维方式,会改变课程的基础性目标结构;课程的整体结构从发散走向整合,以技术为中介，促进学生21世纪核心素养培养的、跨学科的、多学科整合的课程将成为课程发展的重要趋势（如STEM教育、创客教育等）；课程内容的组织、课程的实施逐步模块化、碎片化，动态可重组成为课程设计的重要特征，课程将越来越移动化与泛在化，微型课程将嵌入日常生活，基于情境问题动态配置课程将成为现实；课程将越来越智能化，越来越具有选择性，适应学生个性特征是未来课程发展的重要方向；课程建设将会出现更精细的社会化分工，以团队形式建设和运行一门课程将成为一种趋势。

3. 推进教学范式变革

在互联网时代，任何学生都可以凭借网络获得丰富的信息资源和广泛的人际互动交流机会，这将对教师自身所承担的角色进行新的定位，教学活动要从“教”向“学”转变。教师的角色需要从知识传授者转变为依据学生个人特质的知识的提供及辅助者，教师要成为学生主动建构意义的帮助者、促进者，课堂教学的组织者、帮助者，而不是知识灌输者。通过将信息技术有效地融合于各学科的教学过程来营造一种信息化教学环境，实现一种既能发挥教师主导作用又能充分体现学生主体地位的以“自主、探究、合作”为特征的教与学的方式，从而把学生的主动性、积极性、创造性较充分地发挥出来，使传统的以教师为中心的课堂教学结构发生根本性变革，由以教师为中心的教学结构转变为“主导—主体相结合”的教学结构。

推进教学范式变革的关键要点有：教学范式从知识传递到认知建构转型，观念从“老师教什么”为主转变成“学生学什么”为主；从面向内容设计到面向学习过程设计，学习活动组织将是教学过程的核心；教学要从关注“双基”向关注“四基”“四能”，乃至学生核心素养方面转变，不仅要使学生掌握基础知识与基本技能，还需要学生了解学科基本思想、获得基本的学习活动体验，更要培养学生发现、提出、分析、解决问题的能力；信息化教学将从“Learn from IT”（从技术中学习）转型为“Learn with IT”（用技术学习），技术要从扮演教师教学的工具转变为学生学习的认知工具，智慧教学将成为课堂教学新的重点；教室将全面智能化，日常教学工作形态将全面智慧化，课堂将会出现促进深度学习的交互形态；在线教学将成为新的教学形态，教师的在线教育服务将实现跨学校、跨区域的流转，将成为促进教育均衡发展的重要手段，掌握整合技术学科教学法将成为今后教育对教师的基本要求。

4. 推进学习方式变革

生活在21世纪互联网时代的学生，是信息时代的原住民，他们在适应信息环境的过程中能够自然地适应技术及其规则。在这种适应过程中，人获得了一种技术化的思维方式，这种基本的思维方式是人机结合（人与计算机结合），人机结合的思维会引起学生学习行为的变化，促进学习方式的革新。

推进学习方式变革的关键要点有：正式学习与非正式学习正在互补与融合，无处不在的移动网络与智能终端支持学习活动由课堂内向课堂外延伸；通过位置感知、二维码、射频识别（RFID）、近场通信（NFC）等各种情境感知技术，可以实现知识与学习者的真实生活的无缝融合，兼容真实生活体验的情境学习将成为学习的重要形态；基于互联网将会出现一批创新的学习方式，如自定步调的自主学习、协作学习、社会化学习、游戏化学习、仿真探究学习、泛在学习等；学习分析技术和大数据技术使得学生可以结合自身的学习需求，选择最好的学习方式和学习路径，数据分析技术使得为学生提供及时的个性化反馈成为可能，尊重个体特征的个性化学习将是主要的发展方向；学生带计算机上学日益成为一种事实，人手一台智能学习终端实现线上线下(O2O)融合学习将是必然趋势;学习将越来越具有选择性,信息获得越来越容易,但知识的获取将更具有挑战性;培养学生的全球意识、沟通与合作能力、创造性与问题解决能力、信息素养、自我认识与自我调控能力、批判性思维、学会学习与终身学习、公民责任意识与社会参与等21世纪核心素养将成为主流。

5. 推进评价模式变革

以往的教育评价主要建立在教育价值唯一的基础上,现代教育价值趋于多元,教育评价方式面临全面转换的现实需要。在这一转换过程中,以互联网为代表的新一代信息技术发挥着重大作用,为教育评价带来了前所未有的可能,互联网使教育评价在评价依据、评价主体参与、评价内容、评价发挥的作用等多个角度实现了转变。

推进评价模式变革的关键要点有:在评价依据方面,由"经验主义"评价走向了"数据主义"评价,以大数据为基础的评价,可以对学生作出精准判断,为教师教、学生学、管理者的管理等提供更为科学的指导和方向;互联网使得嵌入学习过程的伴随式评价成为可能,在评价方式上从总结性评价发展为过程性评价,更加重视评价的诊断、激励与改进功能;互联网使得评价的主体从单一的教师变为师生共同参与,乃至学生的家长、学校管理层都可以加入,使评价更客观、更全面,学生的积极性更高;评价内容将由单一的成绩转变为强调以学生为核心,建立以核心素养为导向的教育测量与评价体系,对学生进行全面评价;智能化的评价技术层出不穷,智能评价技术将超越教师批阅水平,达到实用程度,可节省人力、物力、财力,收获及时性评价和反馈;评价工具将不仅限于试题、试卷,评价的内容也不仅限于知识的掌握,评价领域将从知识领域向技能领域、情感、态度与价值观扩展;评价从关注筛选到关注促进发展,基于互联网可以实现因人而异的适用性评价,评价后及时提供个性化的、可视化的反馈将是重要的发展方向。

6. 推进教育管理变革

基于互联网的教育管理将逐步走向"智慧管理"模式。物联网技术能够提升教育环境与教学活动的感知性,大数据技术能够提高教育管理、决策与评价的智慧性,泛在网络技术能够增强跨组织边界的大规模社会化协同,云计算技术能够拓展教育资源与教育服务的共享性。在"数据驱动学校,技术变革教育"的时代,利用技术进行教育管理显得尤为重要。

未来推进教育管理变革的关键要点有:业务全面数字化、可视化与自动化;将实现教育业务关键流程的实时监控;通过深度的数据挖掘,为管理人员和决策者提供及时、全面、精准的数据支持,从经验决策转型到数据驱动的决策模式;面向过程、基于数据开展动态、实时、可持续的督导与评价;互联网支持大规模的实时沟通与协作,会促进教育组织内部重构管理业务流程,会促进组织之间进一步社会化分工,社会教育服务组织会越来越专业化;工作与学习情境感知,实现信息、资源与服务的智能推荐,提供个性化、精准的智能服务;互联网拓宽了家长和社会人士参与教育管理的渠道。

7. 推进教师专业发展变革

互联网将改变教师的整个工作形态,无论是教师的能力结构还是其专业发展方式,都会发生巨大的变化。教师专业发展出现了新特点、新动向:一方面,对于教师能力素质提出了新的要求,即在教师的不同发展阶段,教师需要形成相应的能力素质来适应新课程改革与教育信息化的相应要求,尤其是教师对于信息技术工具在教学中的角色与在教学中的合理应用能力成为教师能力素养中必要的组成部分;另一方面,与传统意义上的教师专业发展方式相比较,教育信息化大背景下的教师专业发展的方式不再受制于时间与空间,各种通信技术与多媒体手段为教师迅速完成自身的发展提供了可能。

推进教师专业发展变革的关键要点有:教师发展专业能力结构的构成因素更加丰富,信息技术知识教学迁移能力、信息技术与学科整合能力、数字化交往能力、数字化教学评价能力、数字化协作能力、促进学生数字化发展的能力等将成为互联网时代数字化教师的核心能力;教师专业发展的内在要求、外在环境与信息技术的结合更加紧密;学科的知识、教学法的知识与技术的知识正在走向融合,整合技术的学科教学法(TPACK)知识将形成共识,其应用将成为教师的核心教学技能;面向实际教学问题,情境化、网络化、融合线上线下优势的精准教研将成为教师专业发展最主要的形式;教师专业发展越来越强调体验、参与,要从被动适应到主动参与,从个体工作到群体协作,从显性过程到隐性过程,从知识接收到知识建构,从了解信息到培育智慧;合作在整个教育系统的重要性日益提升,教师主要工作状态将从个体转变为群体协作;数字化教师不仅仅是知识的传授者,更要设计多样化的教学活动,开发数字学习资源和相关的评估工具,创设多样化、适合不同学生学习能力发展的数字化学习环境。

8. 推进学校组织变革

互联网将使学习的组织结构和管理体制发生巨大的变化,使学校内部的组织结构向扁平化、网络化的方向发展。互联网通过降低信息获取成本、减少信息处理时间和加快信息流动等各种方式强化学校的管理和组织效率,又进一步对学校的组织结构产生影响。这种改变在大学、中学、小学逐渐明显,并成为今后学校组织结构的发展趋势。我们只有充分认识互联网对学校组织结构变化带来的契机,才能随着外部大环境的变化,合理调整内部结构和资源配置,确保整个学校组织的活力。

推进学校组织变革的关键要点有:互联网将打破学校的围墙,基于互联网的教育服务将成为学校教育服务的有机组成部分;“互联网+”教育的跨界融合,将促进整个教育体系核心要素的重组与重构;学校教育与互联网教育不是相互替代的关系,而是相互支持、优势互补的关系;互联网将推动出现一些从根本上进行重新设计的学校,学校会根据学生的能力而非年龄、学习时间或其他因素来组织学习;互联网推动学校组织结构向网络化、扁平化的方向发展,管理结构将是横向的虚拟团队与纵向的科层体系并行;数据与信息将成为一个学校最重要的资产,数据的利用能力将成为学校最核心的竞争力;学校会像现在重视校园文化建设一样,建设网络学习空间,推动学生带着自己的电子设备上学,这将成为一种流行的趋势。

1.2 现代教育技术及相关概念

要正确理解现代教育技术的概念,要先明确教育技术的含义,在此基础上厘清现代教育技术的概念。

1.2.1 教育技术

1. 教育

教育是培养人的社会活动,这是对教育质的规定性。从广义的角度来讲,凡是有目的地增长人的知识技能,影响人的思想品德,增强人的体质的活动,不论是有组织的或是无组织的,系统的或是零碎的,都是教育。狭义的教育是指学校教育,是根据一定社会的现实或未来的需要,遵循年轻一代身心发展的规律,有目的、有计划、有组织地引导受教育者获得知识技能,陶冶思想品德,发展智力和体力的一种活动,以便把受教育者培养成为适应一定社会(或一定阶级)的需要和促进社会发展的人。总而言之,教育就是通过教育者与受教育者的相互作用,把人类积累的生产斗争经验和社会生活经验转化为受教育者的智慧技能、态度、情感和意志等,使受教育者的身心得到发展,成为社会所需要的人。

2. 技术

技术是一个历史范畴,随着社会的发展,其内涵也在不断地演变。在信息社会,技术是人类在生产活动、社会发展和科学实验过程中,为了达到预期的目的,而根据客观规律对自然、社会进行认知、调控和改造的物质工具、方法技能和知识经验等的综合体。总而言之,技术是一切工具手段和方法技能的总和,不仅包括物化形态的有形技术(物质设备、工具手段),而且包括智能形态的无形技术(观念形态、方法与技能)。

3. 教育技术

教育技术是人类在教育活动中所采用的一切手段和方法的总和,包括物化形态的技术(如黑板、粉笔、多媒体计算机、网络等设备及相应的软件)与智能形态的技术(如系统方法、教学设计等)两大类。

美国的教育技术起步早、发展快,其对教育技术的概念在 1963—2005 年分别发表了不同版本的定义,其中 AECT'94 定义在我国影响较大。1994 年,美国教育传播与技术协会出版了西尔斯(Seels)与里奇(Richey)合著的《教学技术:领域的定义和范畴》一书,该书对教育技术的定义为:教学技术是为了促进学习,对有关的过程和资源进行设计、开发、利用、管理和评价的理论与实践。这在我国被称为 AECT'94 定义。

从 AECT'94 定义可以看出,教育技术是一个理论与实践并重的研究体系。研究目的是促进学习,体现了以学习者为中心的思想。研究对象是学习过程与学习资源,这里的学习过程既包括无教师参与的学习过程,也包括有教师参与的学习过程;学习资源包含人力资源(教师、同伴小组、群体等)和非人力资源(教学设施、教学材料和教学媒体等)。研究任务是对学习资源和学习过程进行设计、开发、利用、管理和评价的一系列理论和实践活动,改变了以往教学过程的提法,体现了从以“教”为中心转向以“学”为中心、从传授知识向发展学生学习能力的重大转变。AECT'94 定义的概念框架如图 1-1 所示。

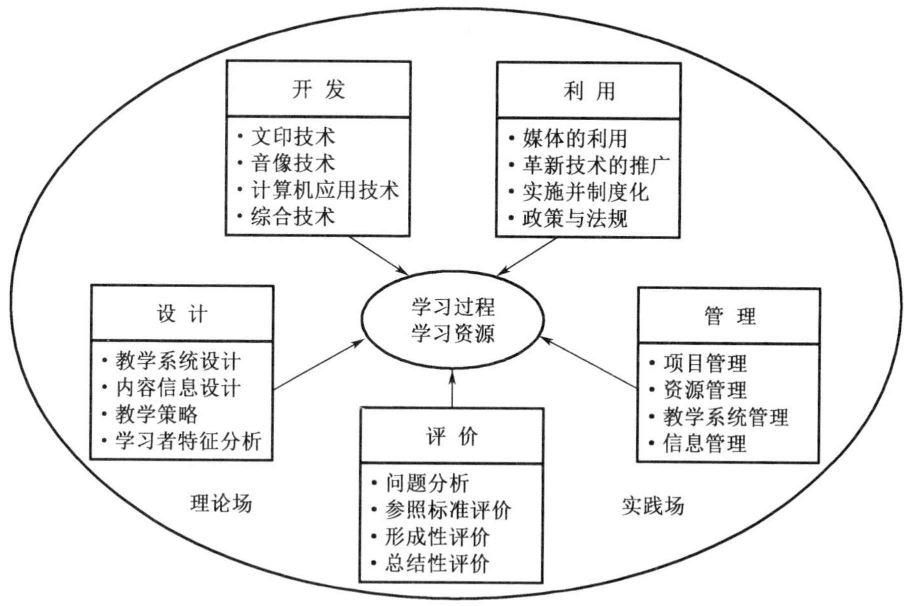

图 1-1 AECT′94 定义的概念框架

2004 年 6 月,美国教育传播与技术协会对教育技术的定义做了进一步修订,并于 2005 年正式公布,我国称之为 AECT′05 定义,其内容为:教育技术是通过创造、利用和管理适当的技术性过程和资源,以促进学习和提高绩效的研究和符合伦理道德的实践。

从 AECT′05 定义可以看出,教育技术的研究对象是促进学习和改进绩效的技术性过程和资源。研究目的是促进学习,更加强调学生的自主性,并重视结果。研究任务是技术性的学习过程与资源的创造、利用和管理。AECT′05 定义的概念框架如图 1-2 所示。

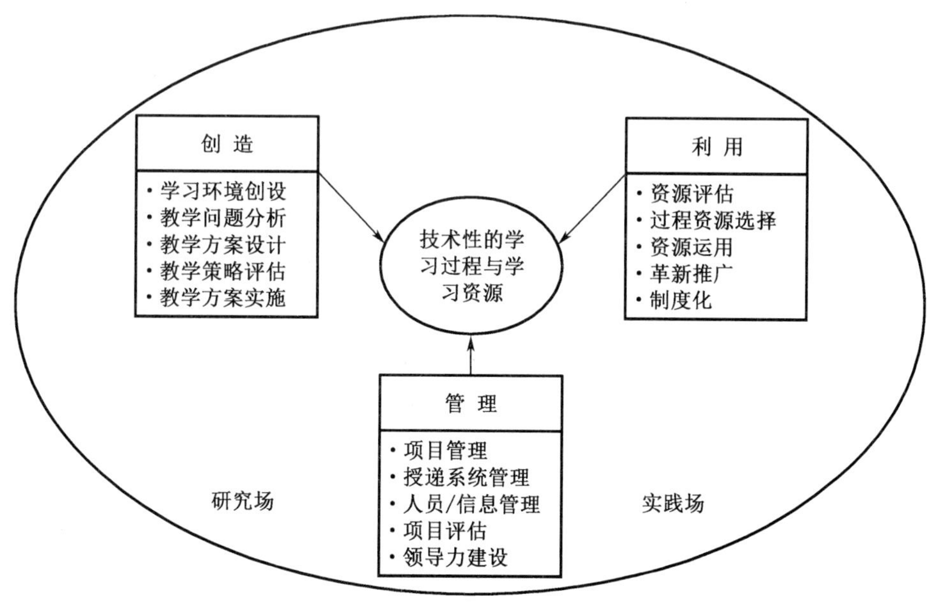

图 1-2 AECT′05 定义的概念框架

1.2.2 现代教育技术

现代教育技术与教育技术并没有本质的区别,只是在教育技术前面加了"现代"二字,其目的是要更多地探索与现代信息技术有关的课题,吸收现代科技成果和系统思维方法,使教育技术更具有时代发展的特色。

以 AECT'94 定义为基础,我国著名学者李克东教授对现代教育技术的定义为:运用现代教育理论和现代信息技术,通过对教与学的过程和资源的设计、开发、利用、评价和管理,以实现教学优化的理论与实践。与教育技术的定义相比,该定义强调了现代教育理论和现代信息技术的指导意义,不仅要研究"教"和"学"的资源,更要研究"教"和"学"的过程,要在实际教学过程中充分利用现代信息技术手段,发挥信息技术的优势。现代教育技术追求的目标是实现教育、教学过程的最优化。

1.2.3 现代教育技术相关概念辨析

1. 电化教育

电化教育,就是在现代教育思想、理论的指导下,主要运用现代教育技术进行教育活动,以实现教育过程的最优化。需要强调的是,这里所说的现代教育技术是指现代媒体技术、媒体教学法以及教学设计。

电化教育、教育技术、现代教育技术的本质是一样的,都是实现教育、教学的最优化。但是,教育技术的范围要比电化教育和现代教育技术广泛,三者的关系如图 1-3 所示。1993 年,我国正式将电化教育专业更名为教育技术学专业。

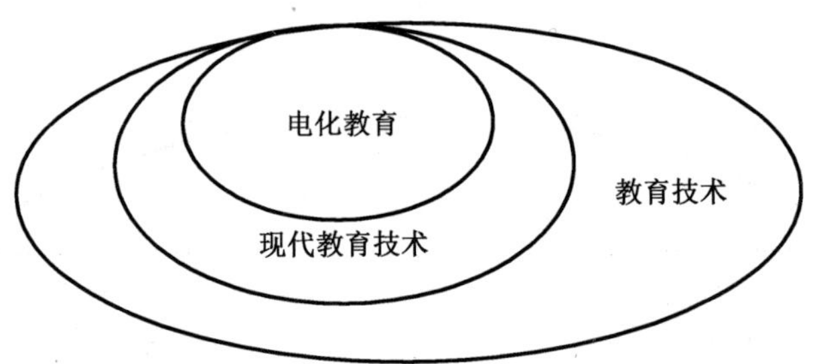

图 1-3 电化教育、教育技术和现代教育技术三者的关系

2. 教育技术学

教育技术学是专门研究教育技术现象及其规律的一门新兴的综合性应用学科,是一级学科——教育学下的二级学科。教育技术学综合了多门相关学科的理论(特别是信息技术的发展而建立的新观念、新理论),形成了该学科的基础理论体系,不断推动着该学科的持续发展。

顾明远教授主编的《教育大辞典》中对教育技术学作出了明确的定义,即教育技术学是以教育科学的教育理论、学习理论、传播理论和系统科学理论为基础,依据教学过程的客观性、可测量性和可控制性,应用现代科学技术成果和系统科学的观点和方法,在既定的目标前提下探求提高教学效果的技术手段和教学过程优化的理论、规律与方法,是一门新兴的边缘学科。基本内容为:教学中应用的技术手段,即各种教学媒体(软件与硬件)及其理论、设计,制作技术、开发应用;研究教学过程及其管理过程优化的系统方法,其核心内容是教学设计、实施与控制和评价技术。这个定义对教育技术学学科的目的、任务理论基础、概念特点、对象、范畴、研究方法等方面做了明确的阐述。

教育技术学是教育技术发展到一定阶段后才形成的学科。教育技术学与教育技术是有明显区别的:教育技术是教育中所应用的技术手段和方法的总称;教育技术学是关于教育中应用教育技术的理论。

3. 信息化教育与教育信息化

信息化教育是指以现代信息技术为基础的教育形态。除了信息化教育,还有一个与之相类似的名词——教育信息化。教育信息化是指在教育领域全面深入地运用现代信息技术来促进教育改革和教育发展的过程,其结果必然是形成一种全新的教育形态——信息化教育。信息化教育是建构主义学习理论与信息技术(如多媒体技术、网络技术、人工智能技术)相结合的产物,具有教材多媒体化、资源全球化、教学个性化、学习自主化、活动合作化、管理自动化、环境虚拟化、系统开放化等显著特点。

1.3　学习理论

学习理论是教育心理学中最重要的理论。学习是一种十分复杂的心理活动,它涉及心理学中许多根本性的问题,如感觉、想象、记忆、思维、情感和意志等,从心理学的角度来说,学习是由经验所引起的行为或思维的比较持久的变化。学习理论是研究人类怎样学习的理论,旨在阐明学习如何发生、有哪些规律、是什么样的过程、如何才能进行有效的学习,并揭示学习过程,依据心理、生理机制和规律而形成的理论,它对现代教育技术的实施具有重要的指导意义。

由于学习过程的复杂性,人们从不同的角度进行研究,产生了各种学习理论的流派,这些不同的理论各有特点,相互补充。因此,我们在应用时要根据不同的情况,选择不同的理论指导我们的学习过程。

1.3.1　行为主义学习理论

20世纪上半叶,占主导地位的学习理论是行为主义。行为主义的代表人物是美国的斯金纳,他认为行为是人类生活的一个基本方面,并一直以行为作为自己的研究对象。他继承和发展了桑代克的联结主义学习理论,提出了“刺激—反应—强化”的学习模式,创立了操作性条件作用学说和强化理论,并把它们应用于人类学习的研究。

行为主义的学习理论强调学习是刺激与反应的联结,主张通过强化和模仿来形成和改变行为。在行为主义者看来,环境和条件,就如刺激和强化,是学习的两个重要因素,学习等同于行为的结果。

斯金纳提出的学习模式对人的学习活动的启示作用是:学习者要想获得有效的学习效果,就必须及时给予适当的强化,为了实现这种强化,最好的办法是让学生知道自己的学习效果,正确的学习行为得到肯定,错误的学习行为得到纠正。根据这一模式,斯金纳进而提出了程序教学理论,总结了一系列的教学原则,如小步子教学原则、强化学习原则、及时反馈原则等。

斯金纳认为强化是塑造行为和保持行为强度所不可缺少的关键步骤,也是用来控制学习的根本手段。操作性条件作用的基本过程如下:

反应+强化→增强反应

反应+无强化→减弱反应

反应+惩罚→压抑反应

斯金纳认为,成功的教学与训练之关键是分析强化效果。基于这一观点,他又提出了程序教学法,并据此研制了教学机器。程序教学法又称小步子教学法,这种教学法的基本思想是:

(1)把教学内容分成具有逻辑联系的小步子。

(2)要求学生作出积极反应。

(3)对学生的反应要作出及时的反馈和强化。

(4)学生在学习中可根据自身情况,自定步调和学习进度。

(5)要求学生尽可能地作出正确的反应,使错误率降低到最小。

斯金纳的这种程序教学原理已广泛运用于当今的计算机辅助教学。根据行为主义学习理论,现代教育技术在教育教学过程中的作用在于:通过多种教学媒体为学生提供引起必要反应和形成强化刺激的材料及条件,以引起学生的多种反应,使学生建立起刺激与反应间的牢固联结,并培养学生的多向思维和发散思维。

然而,行为主义学习理论在研究中只强调行为,不考虑人们的意识问题,把人的所有思维都看作是由"刺激—反应"间的联结形成的。由此引起了认知主义理论学派的不满,从而导致认知主义学习理论的发展。

1.3.2 认知主义学习理论

认知主义学习理论强调学习是认知结构的建立和组织的过程,重视整体性与发现式学习。认知主义学习理论学派认为学习个体本身作用于环境,人的大脑的活动过程可以转化为具体的信息加工过程,并认为学习过程是学习者原有认知结构中的有关知识和新学习的内容相互作用(同化),从而形成新的认知结构的过程。

现代认知学习理论的代表人物是布鲁纳和奥苏贝尔。对如何获得新知识的过程,布鲁纳强调,在教学过程中,教师要尽量设计各种方法,创设有利于学生发现、探究的学习情境,使学习成为一个积极主动的"索取"过程,从而充分调动学生自我探究、猜测、发现的积极性;而奥苏贝尔则强调意义接受,在课堂教学中,影响意义接受学习的主要因素是学生的认知结构。

上述两派不同的观点对学习的认识都有其合理的一面,但都带有片面性,行为主义强调知识技能的学习靠条件反射和外在强化,但忽视了人的内在因素、智能的培养和发展。认知派强调学习靠智慧和领悟,靠人的内在因素,而忽视了外在条件、掌握知识与发展智慧是辩证统一的过程。

20 世纪 70 年代末至 80 年代初,认知主义学习理论开始占据统治地位,计算机辅助教学的理论基础也由行为主义学习理论转向认知学习理论。在计算机辅助教学的课件设计中,人们开始注重学习者的内部心理过程,开始研究并强调学习者的心理特征与认知规律;

不再把学习看作对外部刺激被动地做出的适应性反应,而是把学习看作学习者根据自己的态度、需要、兴趣、爱好,利用自己的原有认知结构,对当前外部刺激所提供的信息主动做出的有选择的信息加工过程。

1.3.3　客观主义学习理论

客观主义认为世界是实在的、有结构的,而这种结构是可以被认识的,因此存在着关于客观世界的可靠知识。人们思维的目的是反映客观实体及其结构,由此过程产生的意义取决于现实世界的结构。由于客观的结构是相对不变的,因此知识是相对稳定的,并且存在着判别知识真伪的客观标准。教学的作用便是将这种知识准确无误地传递给学生,学生最终应从所传递的知识中获得相同的理解。教师是知识的掌握者,因而教师应该处于中心地位。

客观主义基于现实主义和实证主义,相信真实世界的客观存在,认为这个真实世界存在于人的主体之外,不受人类经验支配。由此理念出发,客观主义认为人通过学习能够认识、至少是能够理解这个真实世界,知识就是对客观存在的世界的反映,它可以通过先知者传授给未知者,因而所有的人对于知识都具有同一性、同步性和统一性。

传统的教学是基于客观主义知识观的理念,相信知识是以一定的结构而客观存在的,教育的作用是帮助学生把握真实世界。其强调教学过程是一种特殊的认识活动,是在教师的指导下学生间接掌握知识的过程。教师是知识的掌握者,他们根据一定的目标把知识传递给学生,知识就像河流一样从高处流向低处,学生就像容器一样接受、储存知识,因而客观主义的学习理论强调“知识灌输”。

客观主义学习理论的显著特点是:把教学看成是具有同一起点、经历同一历程、达到同一目标的过程。教学是规定了同一的教学目标,实施既定的教学过程,寻求达成同一目标的行为结果。这种教学有利于结构良好的知识领域的学习,能够高质有效地帮助学习者掌握基本概念、基本原理和基本技能,比较符合工业领域追求办事效率的价值观念。

基于客观主义学习理论的教学模式:

(1)清楚地陈述具体的学习目标。

(2)由低层次知识技能到高层次知识技能,按顺序进行教学。

(3)强调个人独立学习(在班级教学或个别化学习环境中)。

(4)采用传统的教学和评价方法(如班级课堂讲授、讨论、书面作业、测验等)。

当前,社会和家庭都要求学生掌握必备的基础知识、基本技能,并且学生的学习时间是有限的,所以社会、家庭学习者都追求较高的学习效率。因而客观主义的指导性教学仍是一种基本的教学模式。

1.3.4　建构主义学习理论

近年来,建构主义在教育技术领域成为一种理论倾向,他的哲学根源可追溯到古代的苏格拉底、柏拉图和康德,近代的建构主义代表人物则有杜威、皮亚杰等。

建构主义教学的代表乔纳森对建构主义理论做如下解释:建构主义认为实在无非是人们的心中之物,是学习者自己构造了实在或至少是按照他的经验解释实在。每一个人的世界都是由他自己的思维构造的,不存在谁比谁的世界更真实的问题,人们的思维是工具性的,其基本作用是解释事物和事件,这些解释构成了因人而异的知识库。在做这些解释的时候,思维对来自外界的输入作过滤。

德国的一则关于鱼和青蛙的童话可以帮助我们更好地理解这个问题。故事讲述的是在一个小池塘里住着一条鱼和一只青蛙,他们俩是好朋友。他们听说外面的世界好精彩,都想出去看看。由于鱼不能离开水生活,只好让青蛙独自走了。这天,青蛙回来了,鱼迫不及待地向他询问外面的情况。青蛙告诉鱼,外面有很多新奇有趣的东西。“比如说牛吧,”青蛙说,“真是一种奇怪的动物,它的身体很大,头上长着两个弯弯的犄角,以吃青草为生,身上有着黑白相间的斑块,长着四条粗壮的腿,还有一个红色的大乳房。”鱼惊叫道:“哇,好怪哟!”同时脑海里即刻勾画出它心目中的“牛”的形象:一个大大的鱼身子,头上长着两个犄角,嘴里吃着青草,如图 1-4 所示。

图 1-4 “鱼牛”的童话

鱼脑中牛的形象(我们姑且称之为“鱼牛”)显然是错误的,但对鱼来说却有其道理,因为它从本体出发,将从青蛙那里新得到的关于牛的部分信息与自己头脑中已有的知识相结合,构建出了“鱼牛”形象。这体现了建构主义的一个重要理念:理解依赖于个人经验,即由于人们对世界的经验各不相同,他们对世界的看法也必然会各不相同。知识是个体与外部环境交互作用的结果,人们对事物的理解与个体的先前经验有关,因而对知识正误的判断只能是相对的;知识不是通过教师传授得到的,而是学习者在与情景的交互作用中自行建构的,因而学生应该处于中心地位,教师是学习的帮促者。建构主义的学习理论强调“知识建构”。

建构主义学习理论的主要观点:

(1)学习不应被看成是对教师所授予知识的被动接受,而是学习者以自身已有知识和经验为基础的主动建构活动,即学生能主动积极地构造意义。因此,从这个意义上说,学生的学习活动必然有创造性质,他能把从外界接收到的知识信息同化到自己原有的认知结构中,形成自己特有的认知图式。

(2)学习是学习者认知结构的组织和重新组织的过程。学习活动是一个“顺应”的过程。即学习者不断地对已有的认知结构做出必要的调整和更新,使他适应新的学习对象,并实现“整合”。

(3)学生的学习活动主要是在学校环境中,在教师的直接指导下进行的。因此,学习作为一种特殊的建构活动有社会性质。学习不是一个“封闭”的过程,而是一个需要不断与外界交流的发展与改进的过程,即包含交流、反思、改进、协调的过程。

1.3.5　各种学习理论对教育技术领域的影响

图1-5所示的是乔纳森于1992年提出的一个二维图,该图说明了行为主义、认知主义、客观主义和建构主义之间的关系以及它们对教育技术领域的影响。

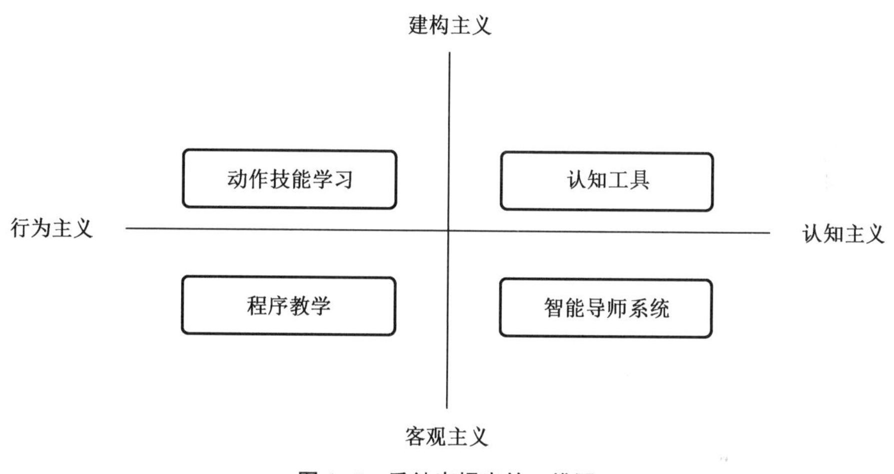

图1-5　乔纳森提出的二维图

图1-5中对各种学习理论在教育技术领域的综合应用各举了一个例子。如程序教学典型地带有行为主义和客观主义倾向;智能导师系统的实质也是客观主义的,虽然智能导师对学习过程做认知主义假定,但它们仍企图将专家的知识映射到学习者脑中;各种能够增强思维和有助于知识构造的工具都可称为建构主义的工具;动作技能学习则不仅需要通过反复操练进行强化,还需要个体置身于真实环境中进行技能方面的建构。

应该指出的是行为主义和认知主义、客观主义和建构主义学习理论之间虽然存在着激烈的冲突,但它们之间不是谁取代谁的关系,而是相辅相成的关系。这就要求教育技术工作者对各种理论有较好的了解,并能根据不同的教学条件和教学目标,合理地进行选择和综合应用。

1.4 视听教育理论

1946 年,美国教育技术专家戴尔在他的《视听教学法》一书中,阐述了录音、广播等视听教学手段在教学中怎样使用,以及会产生怎样的教学效果等一系列问题,总结出一系列视听教学方法,提出了相关的教学理论,这就是视听教学理论。由于戴尔把人类获取知识的各种途径和方法概括为一个"经验之塔"来系统描述,因此,人们又将这一理论称为"经验之塔"理论。

1.4.1 "经验之塔"理论的基本思想

戴尔将人类学习的经验分为做的经验、观察的经验和抽象的经验三大类,并按抽象程度分为十个层次:有目的的直接经验,设计的经验(理解),参与活动(演戏、表演),观摩示范,见习、旅行,参观展览,电影、电视,广播、录音、照片、幻灯,视觉符号和语言符号,如图 1-6 所示。

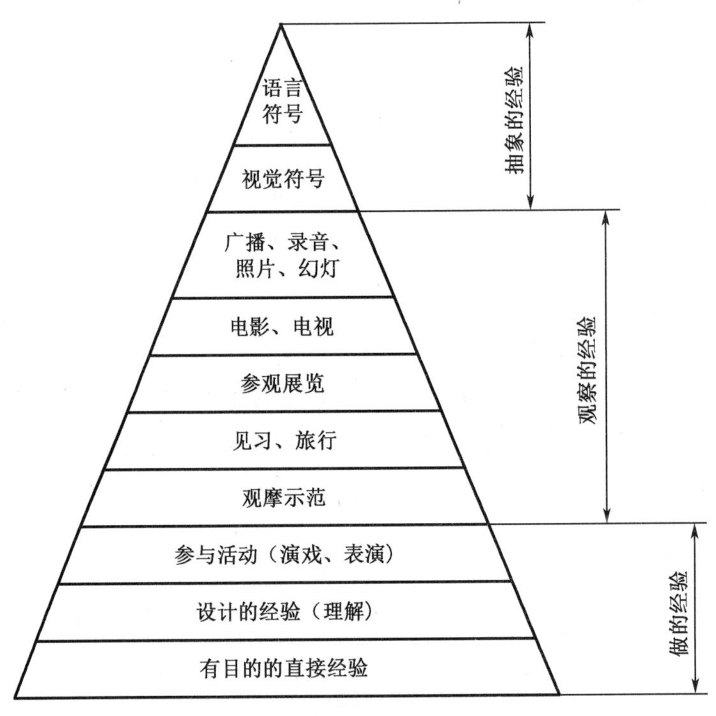

图 1-6 经验之塔理论

1. 有目的的直接经验

戴尔认为经验之塔的最底层是直接的经验,是直接与真实事物本身接触的经验,是最丰富的具体经验,即通过对事物的看、听、尝、嗅、做所取得的经验。

2. 设计的经验

这是"真实的改编",这种改编,可以使人们对真实更容易理解。如制作模型,尽管模型与原物相比,其大小和复杂程度有所不同,但通过制作模型,可以产生比用实物教学更好的效果。

3. 参与活动

通过演戏、表演,感受那些在正常情形下无法获得的感情上和观念上的体验。以上三个方面的经验,都包含有亲自的活动,在这三种方式中,学习者不仅仅是活动的旁观者,更是活动的参与者。

4. 观摩示范

通过看别人怎么做,使学生知道是如何做的,以后他就可以独立动手模仿着去做。

5. 见习、旅行

见习、旅行的主要目的是观察课堂上看不到的各种真实事物和景象。

6. 参观展览

通过观察展览中陈列的材料取得观察的经验。

7. 电影、电视

屏幕上的事物是实际事物的代表,而不是它本身。通过看电影、电视,得到的是替代的经验。

8. 广播、录音、照片、幻灯

它们提供的内容更加抽象。照片和幻灯缺乏电影和电视画面的动感,广播和录音则缺少视觉映像。但它们给学习者提供的是视听刺激,故仍属一种"观察"的学习经验。

9. 视觉符号

视觉符号主要指表达一定含义的图形、模拟图形等抽象符号。

10. 语言符号

语言符号包括口头语言和书面语言(即文字符号)两种,是一种纯粹抽象的经验。

1.4.2　经验之塔理论的要点

1. 塔底层的经验

经验之塔底层的经验是最直接、具体的,学习时最容易理解,也便于记忆。越往上越趋于抽象,但并不是说,获取任何经验都必须经过从底层到顶层的阶梯,也并不是说下一层的经验比上一层的经验更有用。划分层次,是为了说明各种经验的具体与抽象的程度。

2. 学习方法

教育应从具体经验入手,逐步上升到抽象。有效的学习方法,应该首先给学生丰富的具体经验。只让学生记住许多普通法则和概念,而没有具体经验作支撑,是教育上的最大失败。

3. 教育升华

教育不能满足于获取一些具体经验,不能过于具体化,而必须向抽象化和普遍化方向发展,上升到理论,发展思维,形成概念。概念是进行思维、探求知识的工具,它可以指导进一步的实践。

4. 替代经验

位于经验之塔中层的视听教具,比语言、视听符号更能为学生提供较具体的和易于理解的经验,是替代经验。它能冲破时空的限制,弥补学生直接经验之不足,且易于培养学生的观察能力。

5. 形成科学的抽象

在教学中,应用各种教育媒体,以使教育更为具体,从而形成科学的抽象。把具体的直接经验看得过重,使教育过于具体化,而忽视达到普通化的充分理解是危险的。但当今的教育还远远没有达到应有的具体程度,因此加强视听教育是完全必要的。

经验之塔理论所阐述的是经验抽象程度的关系,符合人们认识事物由具体到抽象、由感性到理性、由个别到一般的认识规律。而位于塔中部的广播、录音、照片、幻灯、电影、电视等介于做的经验与抽象经验之间,既能为学生学习提供必要的感性材料,使学生容易理解,容易记忆,又便于借助解说或教师的提示、概括、总结,从具体的画面上升到抽象的概念、定理,形成规律,是有效的学习手段。因此,它不仅是视听教育理论的基础,也是现代教育技术的重要理论之一。

1.5 传播理论

传播是自然界和人类社会的普遍现象。从远古的生物进化,到当代形形色色的社会活动,无不涉及信息的传播和利用。传播学是一门研究人类传播行为的科学,它是随着广播、电视、书刊、报纸等传播媒体的发展,逐步从社会学、心理学、政治学等学科分离出来的一门学科。

从某种意义上来说,教育也是一种传播活动,它是按照确定的教育目标,通过教育媒体,将相应的教育内容传递给特定的教育对象的活动。教育传播与大众传播有许多共同之处,两者关系密切,可以把传播理论的研究成果应用到现代媒体教育中,提高教育质量和效率。因此,传播理论也是现代教育技术的基础理论之一。

1.5.1 传播的概念和类型

传播学诞生于20世纪40年代,教育传播是从20世纪50~60年代以来逐渐形成的一个新的学术领域,它是传播理论向教育研究渗透而产生的结果。传播原指通信、传达、联系,后专指信息的交换与交流。传播是自然界和人类社会的普遍现象,从远古的生物进化,到当代形形色色的社会活动,无不涉及信息的传播和利用。广义的传播可理解为大自然中一切信息的传送或交换,包括植物、动物、机器、人所进行的信息传播。狭义的传播主要指人所进行的信息传播,又分为人的内在传播(或称自我传播)、人与人的传播。

自我可以分解成两个方面,成为一个"主我"与另一个"宾我"的对立统一体。平常一个人的自言自语、自我思考、自我安慰、自我剖析等,都属于人的内在传播的范畴。而人与人的传播,是指人们通过符号、信号,传递、接收与反馈信息的活动,是人们彼此交换意见、思想、感情,以达到互相了解和影响的过程。传播的类型通常包括人际传播、组织传播、大众传播、教育传播和网络传播。

1. 人际传播

人际传播是个人与个人之间的信息交流活动,包括面对面的直接传播和以媒体为中介的间接传播。直接传播主要是以语言表达信息,或用表情姿势来强化、补充,修正语言的不足;间接传播是以媒体为中介,如电话、电报、电视、书信等进行信息交流。人际传播的目的是：

(1)沟通。通过交流，不仅使自己了解别人，也能使别人了解自己，达到相互了解、建立和谐关系的目的。

(2)调节。在传播过程中，通过了解别人对自己的各种反应，不断调节自己的行为和生活态度，使之符合社会需要。

2. 组织传播

组织传播是组织与组织之间、组织内部成员之间的信息交流活动。组织由一群相互关联的个体组成，每个人都属于一定的组织，可以说，没有人能够离开组织而独立生活。

传播是组织生存与发展必不可少的条件，没有传播就没有组织。组织传播的目的：与其他组织达成有效的沟通，增进了解，建立良好的关系；使组织内部成员贡献出自己的力量并和睦共处，以共同的行动促进共同的利益。

3. 大众传播

大众传播是传播者用专门编制的内容，通过媒体，对广大受众进行信息交流的活动。在大众传播中，传播者不是某个人，而是有组织的传播机构，如报社、广播电台、电视台等。传播的内容是经专门人员根据预定的计划编写、设计、制作的，内容涉及的范围很广泛，运用的媒体有报纸、书刊、广播、电视等，受众是广大而不确定的人群，包括各种职业、各个阶层、不同文化程度的个体。大众传播的目的，是从多方面影响受众，使之接受或认同传播者的意向。

4. 教育传播

教育传播是由教育者按照一定的要求，选定合适的信息内容，通过有效的媒体通道，把知识、技能思想、观念等传递给特定的教育对象的一种活动，是教育者和受教育者之间的信息交流活动。它的目的是促进学习者的全面发展，培养社会所需的各种人才。

与其他传播活动相比，教育传播具有以下特点：

(1)明确的目的性。教育传播是以培养人才为目的的活动。

(2)内容的严格规定性。教育传播的内容是按照教学计划和教学大纲的要求严格规定的。

(3)受众的特定性。教育传播的受众是特定的受教育，目标受众明确。

(4)媒体和传播通道的多样性。在教育传播中，教育者既可以充分发挥口语和形体语言的作用，又可以用板书、模型、幻灯、电视等作媒体；既可以是面对面的交流，又可以是远距离的传播。

5. 网络传播

若以媒体分类，现代传播又可分为书刊传播、电话传播、报纸传播、广播传播、电视传播和网络传播等。网络传播是以计算机网络为载体传递或交流信息的行为和过程，是一种新的传播方式。网络传播既是对传统传播的继承，又具有以下特征：

(1)传播的数字化。网络是以信息技术为基础的高速数据传递系统，只传递 0 和 1 的数字。

(2)传播的互动性。网络公众可通过 BBS 论坛、QQ 群和网络调查等方式实现即时的信息交流、情感沟通。

(3)传播的快捷性。网络传播省略了传统媒体的印刷、制作、运输、发行等中间环节，发布的信息能在瞬间传递给受众,而且网络传播的内容可以方便地实时刷新,在内容上具有极强的时效性。

(4)信息的大容量。互联网络实现了在线资源共享,任何资料库内的信息资源只要联网,都可以成为共享资源。

(5)检索的便利性。利用搜索引擎或新闻站点等多种检索方式,可以快速获得所需信息。

(6)媒体的综合性。网络综合了报纸、广播、电视等传统传播方式,将文字、图片、声音、图像综合为一体,为公众提供全方位的信息。

(7)信息的再生性。网络中传播的信息可以复制或打印成为个人信息。

(8)传播的开放性。网络的开放性体现在传播对象的平等性和传播范围的广阔性。

(9)传播的选择性。网络传播的网站众多,内容丰富且分工精细,网民选择范围极为宽广,每位网民都可以自由选择适合自己的个性化网站。

1.5.2 传播模式

传播学者研究传播过程时,都毫不例外地把传播过程分解成若干个要素,然后用一定方式去研究这些要素之间的相互联系与相互作用,这样就构成了多种多样的研究传播过程的模式。这里介绍几种具有代表性的模式。

1. 拉斯韦尔传播理论模式

如图 1-7 所示,拉斯韦尔传播理论模式是传播理论研究中描述传播行为的一种简便方法,称为“5W”模式,它通过回答五个问题来描述传播行为:谁(Who)、说什么(Says what)、通过什么渠道(In which channel)、向谁说(To whom)、产生什么效果(With what effect)。

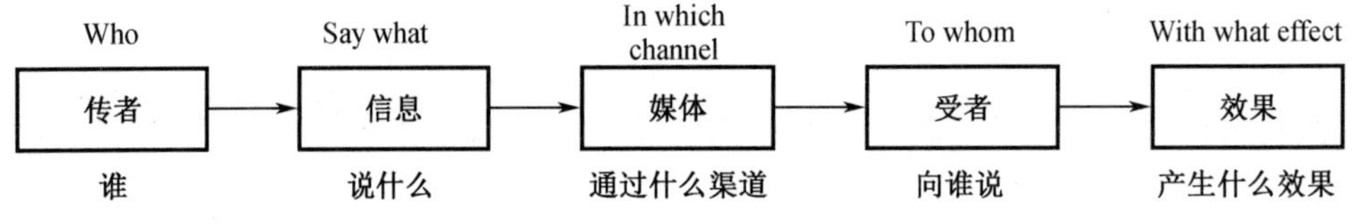

图 1-7 拉斯韦尔传播理论模式

拉斯韦尔传播理论明确地说明了传播的概念和过程,以及传播的基本要素,是传播的基本理论。拉斯韦尔传播理论模式在大众传播中获得了广泛的应用。但这一模式过于简单,具有以下明显的缺陷:首先,它忽略了“反馈”的要素,是一种单向的而不是双向的模式,受其影响,过去的传播研究忽略了反馈过程的研究;其次,这个模式没有重视“为什么”或动机的研究。在动机方面,有两种值得重视的动机:一是为何使用传播媒体;二是传播者和传播组织为什么去传播。

现代教育技术应用拉斯韦尔“5W”模式,主要是发挥传者(教师)、受者(学生)的主动性和积极性,选择和组合适合教育内容的现代教育媒体,通过这些媒体将信息直接或间接地传递给受者,并通过实践检验或证明其产生的效果,因此该模式对指导现代媒体教学有一定的作用。

有研究者在拉斯韦尔的“5W”模式基础上发展出了“7W”模式,如表 1-1 所列。其中的每个“W”都和教学过程中的一个相应要素类同，这些要素自然成为研究教学过程以及解决教学问题的教学设计所关心、分析和考虑的重要因素。教育传播中，构成传播系统的要素包括教育者、教育信息、受教育者、媒体和通道、环境等。

表 1-1　“7W”传播模式

内容	翻译	解释
Who	谁	教师或其他信息源
Say what	说什么	教学内容
In which channel	通过什么渠道	教学媒体
To whom	对谁	教学对象即学生
With what effect	产生什么效果	教学效果
Why	为什么	教学目的
Where	在什么情况下	教学环境

2. 香农-韦弗传播理论模式

1949 年，传播理论的奠基人之一，数学家香农和韦弗，从电话、电报的传播模式出发，运用数理统计方法，建立了研究信息处理和信息传递的科学，其传播理论模式如图 1-8 所示。

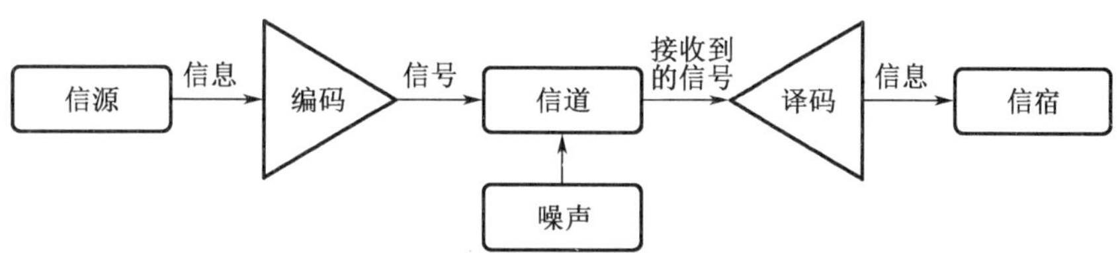

图 1-8　香农-韦弗传播理论模式

香农-韦弗传播理论模式认为，传播过程是“信源”，即传者，把要提供的信息经过“编码”，即转变成某种信号（如声音、文字、图片、图像等），通过一种或多种媒体传出。“信宿”即受者，接收这些经过“译码”（即解释符号）的信息符号。有效的信息传播需要传者的经验与受者的经验有一部分重叠，否则受者难以理解或正确认识，并且在信息传播过程中会受到噪声的干扰。香农-韦弗传播理论的最大贡献是在传播过程中引入了“噪声”的概念。这一模式可以用来解释教学过程。首先，这一模式指出了教学系统的构成要素。信源（第一个要素）就是教师；信宿（第二个要素）就是学生；信号（第三个要素）即教学内容；信道（第四个要素）即通道与媒体。其次，这一模式说明了师生之间信息传播的过程。图中的“编码”“信道”“译码”“噪声”等以及一些箭头符号，是用来描述这一过程的。为了便于理解，分成以下几个环节来具体说明。

（1）编码

教学信息是存在于人脑中的意识，这种状态的信息是无法传递的，必须转换成信号（如语言、文字、声音、图像等），才能传送出去让对方接受。当然，这些信号必须能表达信息的内容,并且是双方都认识且理解的。在运用信号表达信息内容时,需要对信号加以编排和组合,这就是"编码"的含义。在图1-8中,来自信源的信息经过编码转换成信号这一环节,在教学过程中就是教师把要传递的教学信息经过编码转换成文字、语言符号的环节。不经过这个环节,教学信息无法传递。

(2)记录、储存、传送

教师经过编码将信息转换成信号,然后通过记录、储存并传送给学生,这就是图1-8中的信道(即通道与媒体)传送信号的环节。例如书本,就是把文字符号记录并储存起来,再通过光波传送到学生的视觉器官;电视录像,是把音像符号转换成电磁信号记录并储存起来,然后通过录像设备把电磁信号还原成音像符号传送到学生的视听觉器官。没有记录、储存、传送这一环节,教学信息转换成的信号就送不到学生那里。教学过程中经常发生这样的现象,即由于主观上和客观上的种种原因,学生没有听到(或听不清楚)、没有看到(或看不清楚)教师传送过来的信号,这就是图1-8中所示的信道受"噪声"的干扰。"噪声"是影响教学效果的因素之一。教师讲话声音过低、教师身体遮住了学生的视线、转移学生注意力的一些事件、学生思想开小差等,都可以说是干扰。如何排除有害的"噪声",利用有益的干扰,是教学中必须注意的问题。

(3)感受、译码

教师传送给学生的信号,首先要由学生通过自己的感觉器官感受并接受下来,然后再通过头脑的加工,译出信号表达的信息内容,在头脑中形成新的认识,这才能说获得了信息。在图1-8中,信号通过译码转换成信息为信宿所获得,就是指这一环节。很多学习困难的学生,主要是因为难以通过这一环节。

及时分析来自各种渠道的反馈信息,可以取得教育的最优化。

3. 奥斯古德-施拉姆传播理论模式

研究教育传播理论的学者们,在香农-韦弗传播理论模式的基础上,根据教育的特点,又进一步强调了教学中师生的"互动"关系,更有力地揭示出教学过程中双方的主体性、主动性和交互性这一本质。图1-9所示的奥斯古德-施拉姆传播理论模式,形象地表达了这一思想。

与图1-8相比较,该模式省略了编码后形成的信号通过信道传送(同时有噪声)这一环节,强调了师生双方交流信息过程中的互动关系。图1-9中的译码,前面已说明,是指感受传送过来的信号并译出其表达的内容的环节,而图1-9中用"译码"和"释码"来描述这一环节,因而显得更符合教学实际,"译码"是指对信号进行识别,"释码"是指进一步理解信号所表达的信息内容。按图1-9所示,教师(教育者)和学生(受教育者)既是信息的传送者,又是信息的接受者,既是信息转换的编码者,又是信息转换的译码、释码者。这样,在交流过程中,双方不断变换传播角色,直至交流告一段落。这也表明师生双方应该是相互平等的,师生双方应在教学中相互合作、相互理解,从而产生积极的相互影响。

4. 韦斯特利传播理论模式

韦斯特利传播理论是一种控制论的模式,强调传播行为有目的、有计划地进行。其理论模式如图1-10所示。

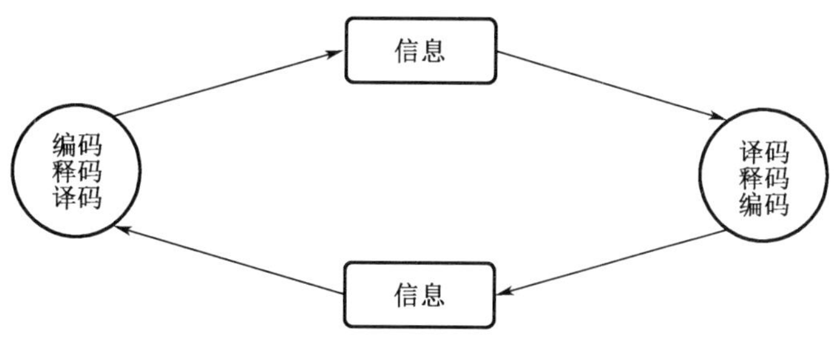

图 1-9　奥斯古德-施拉姆传播理论模式

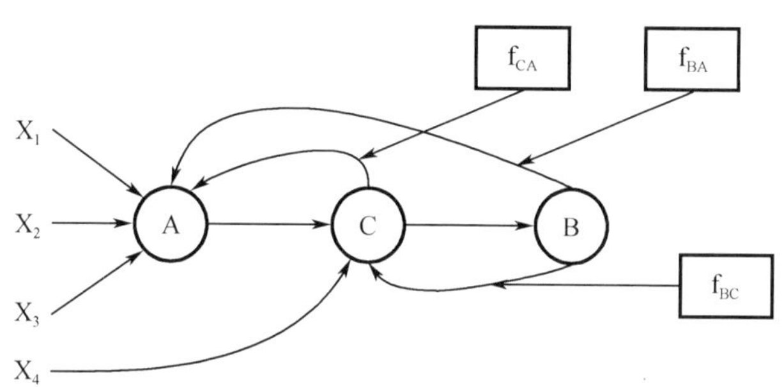

图 1-10　韦斯特利传播理论模式

在图 1-10 中：

X_1,X_2,X_3,X_4——周围信息；

A——信息来源（编制者）。

C——信息传播线路上的把关人（传者）。

B——接受者（受者）。

f_{BA}——接受者向编制者反馈。

f_{BC}——接受者向把关人反馈。

f_{CA}——把关人向编制者反馈。

根据韦斯特利的传播理论，在教育信息的传播过程中，要获得最佳的教学效果，在利用现代教育媒体传播教育信息的同时，教师要起“把关人”的作用，必须听取来自各方面的意见，即必须及时了解各个渠道的反馈信息，并及时修改教案，才能提高教学的质量，使教学过程最优化。

1.6　教育技术的发展趋势

教育技术未来的发展方向，一方面取决于理论与技术的发展状况，另一方面取决于教育的实际需求。从目前的情况来看，教育技术的发展方向将呈现以下几个特征。

1. 现代教育技术的综合化和交叉性

教育技术融合了多种思想和理论，它的理论基础包括教育理论、学习理论、传播学理论、系统理论等。教育技术是多学科交叉研究的领域，教育心理、教学设计、计算机技术、媒体理论等不同背景的专家和学者的共同参与,使教育技术发展更具潜力、更有实效。从技术上来看,教育技术不再局限于媒体技术的应用,也十分关注教学设计和教学策略方面的技术,而且在技术应用过程中,尽管逐渐以信息技术作为主要的支持工具,但并不排斥其他技术,更不会就此抛弃其他技术,如摄影、投影、电视等依然会在教育技术中占有重要地位。因为人们已经意识到在教育技术应用过程中的关键不是技术是否最先进,而是技术是否最合适。这就使教育技术的运用成为一项综合化、交叉性的活动,而且这种趋势将会越来越明显。

2. 教育技术手段的网络化、多媒体化、智能化、虚拟化

随着信息技术的发展,尽管教育技术仍然会关注常规媒体的应用,但网络化、多媒体化、智能化、虚拟化的信息技术,对教学手段、教学方法和教学模式的变革将产生更为深远的影响。网络已成为人们获取知识和信息交流的强有力工具,它将改变人们的学习工作和生活方式。基于计算机网络环境下的教育,将不受时空和地域的限制,使真正意义上的开放学校、虚拟大学、师生平等、个性自由,以及全民教育、均衡教育、终身教育得以实现。同时,在网络环境下,既可以进行个别化教学,又可以进行协作型教学,还可按学习者的意愿进行教学,因材施教。它将创造一种全新的网络教学模式,而基于网络的远程教育也正发挥着越来越重要的作用。

多媒体技术(multimedia technology)的出现,促进了教育的发展。多媒体技术是指通过计算机对文字、数据、图形、图像、动画声音等多种媒体信息进行综合处理和管理,使用户可以通过多种感官与计算机进行交互式的信息实时交流的一种技术,又称为计算机多媒体技术。多媒体技术具有处理信息的多维性,即对各种媒体信息进行加工、处理后,在四维空间中,自由展现各种动态图像。多媒体所提供的各种信息能对学生形成多种感官的刺激,激发学生的学习兴趣,促进学生对知识的理解和记忆。利用多媒体创作工具,可以融合各种教学媒体信息,创作出图文并茂、声像皆备的教学课件。此外,计算机多媒体与网络的结合,既可以用于一般教学,又可以用于个别化教学,还可以用于远程教学。多媒体技术的应用使得计算机能够很好地替代电视技术、录音录像技术等信息呈现和传播方式,而且教学与学习资源的储存、检索和利用都发生了根本的变化。

人工智能(artificial intelligence,AI)技术是研究如何以人造智能机器或智能系统来模拟人类智能活动能力的一门新兴学科。随着人工智能技术与计算机技术的结合,构成了智能化计算机辅助教学系统(ICAI)及智能化教学系统(intelligent tutoring system)。智能化教学系统是以认识科学为理论基础,综合人工智能技术、计算机技术、教育心理学等多种学科,对学生实施有效教育的新兴教育技术。与一般的信息处理技术相比,人工智能技术不仅可以使教育技术的应用更为灵活,更具实用性,而且可以降低教师的劳动强度,使很多教育教学工作变得自动化。

虚拟现实技术(virtual reality technology)也称灵境技术或人工环境。虚拟现实集成了计算机图形技术、计算机仿真技术、人工智能、传感技术、显示技术、网络并行处理技术等的最新发展成果,是一种计算机生成的高技术模拟系统。虚拟现实技术具有多感知性、存在感、交互性、自主性等特征,可以通过视、听、触等方式达到虚拟环境下的真实体验和交互。

3. 现代教育技术将深入对学习与教学理论的研究

随着教育技术的发展,粗放型的应用模式已经不能适应教育的需要,只有对教育技术

使用者和应用对象进行更为细致的研究，才有可能突破现有的应用模式。而且，任何技术的有效应用都是通过学习者最终体现出来的，各种技术环境对学习者行为特征、内部信息加工过程和态度动机因素的影响，将成为决定技术最终应用成效的关键。

此外，传统的教育技术更为关注教学的应用，而信息技术的深入发展已经使它成为学生学习的基本环境和重要工具，使学生能够在开放、共享、协作的网络环境中进行新的学习和探索。因此，如何创建适合于学生学习和交流的环境与工具已经成为人们关注的重点，这也是以学习为中心的各种教学理论（如建构主义）得到广泛重视的主要原因。

4. 现代教育技术是将教与学动态结合的有效手段

信息技术条件下的教学活动与教学设计需要充分考虑学习者与学习环境的交互作用，因此不仅应重视学习资源和学习过程的设计，而且应更重视学习活动的设计和支持。因为在这个条件下，学习者学习过程和学习活动会更加灵活，教师在学习过程中的指导者角色将更为突出，学习过程的支持将会变得更为重要。正是由于这个原因，教育技术领域出现了一个重要的趋势，就是重视教学或学习支持软件系统的设计与开发。安装有教学或学习支持系统的中小学校越来越多。其实在硬件设备基本到位以后，必然会出现对软件系统的高要求，这可以使学习过程和教学过程的管理实现信息化和网络化。事实上，目前国际上已经出现了关于学习设计的标准，目的就是希望能够实现对学习活动的设计与动态支持。

第 2 章　信息化教育与信息化教学

信息化教育是教育信息化深入推进和现代教育技术不断发展的必然结果,是电化教育发展的新阶段。从技术方面看,信息化教育具有网络化、智能化、多媒体化、数字化的特点;从教育层面看,它具有教学材料的多媒体化、教学资源的全球化、教学的个性化、学习的自主化和管理的信息化等特点。作为一种新的教育形态,信息化教育建立在新行为主义学习理论、加涅的信息加工理论、梅耶的多媒体认知理论、建构主义学习理论、人本主义学习理论及斯金纳的程序教学理论、布鲁纳的发现学习、奥苏贝尔的有意义学习基础之上。它既包括教学观念和学习观念的信息化,也包括教学资源、管理、评价、教师发展与学生发展的信息化,同时更加注重信息技术与学科课程的深度有效融合,对提高教育质量、促进学生发展、扩大教育规模和推动教育改革都具有重要意义。

20 世纪 90 年代以来,以网络技术、计算机技术和通信技术等为代表的现代信息技术得到了飞速发展,给社会的各个方面带来了前所未有的改变。在教育领域,多种学习技术和多媒体资源的出现引发了教育观念、学习理念、教学方法的不断更新和师生关系的转变,推动了新一轮课程与教学改革的逐步深入。信息化在学校教育中的不断推进也形成了基于信息技术的全新教育形态——信息化教育。

2.1　信息化教育的定义

2.1.1　教育语言中下定义的方式

谢弗勒博士运用分析哲学方法,在 1960 年出版的《教育的语言》一书中,根据教育言论中定义的性质,把定义分成了三种类型进行分析,即描述性定义、规定性定义和纲领性定义。这三种定义的分类由其出现的上下文情景决定,同一定义根据不同的上下文可能归属不同的类型。

1. 描述性定义

描述性定义是指对被定义对象的适当描述,如对被定义对象的构成要素、功能作用、如何使用等作出适当说明,其功能是解释。描述性定义不是“我将用这个术语表示什么”的一类主张,而是适当地对术语或者使用该术语的方法进行解说。

在词典上,一般见到的大多是描述性定义的罗列。由于有的词在不同的语境中有不同的用法,也就有着多处描述性的含义。词的意义是随时间而变化的,而且词的意义本身可能是模糊的,因而,描述性定义常常出现模棱两可的情况。以“教育”的定义为例,其描述性定义如:凡是增进人们的知识和技能,影响人们的思想品德的活动都是教育;教育指教育者根据一定的社会或阶级的要求,有目的、有计划、有组织地对受教育者身心施加影响,把他们培养成一定社会或阶级所需要的人的活动;教育是在一定的社会背景下发生的,促使个体的社会化和社会的个性化的实践活动;等等,描述的基本上都是教育的功能。

2. 规定性定义

规定性定义为了叙述和表达的方便而指定某些词语代替某一词语，或者规定某一词语所代表的意义，其功能是交际。例如，规定“A”代表“一等”；一个人为了叙述的方便可以这样说：“教育的概念有多种，我们所说的教育是指传递人类文化遗产的有目的的社会实践活动。”

规定性定义有创造性和非创造性之分。例如，“甲”代表“优秀”是非创造性规定性定义，因为历史上人们已经这样规定了。规定性定义如果是作者自己所“创制”的定义，其内涵在某种语境中始终是同一的，要求这个被界说的术语在后面的讨论中，始终表示这种规定的意义。也就是说，不管其他人所用的某一定义是什么意思，我所用的就是这个意思，那么它就是一个创造性规定性定义。以“教育”的定义为例，其创造性规定性定义如裴斯泰洛齐认为：教育是人的一切知能和才性的自然的、循序的、和谐的发展。杜威认为：教育是一种通过使未成熟者参与其所属团体的生活而引导并确保其发展的社会功能。雅斯贝尔斯认为：教育是人对人的主体间灵肉交流的活动。当代诗人、文化学者张修林在《谈教育》一文中有如下解释：所谓教育，应当是作为对社会文化的传授、传播。

3. 纲领性定义

纲领性定义界定的是一个方案，指向实践，它或隐或显地告诉人们事物应该成为的样子，是一种有关定义对象应该是什么的界定，其功能是陈述一种价值规范。因而，它是教育中常见的定义。教育中词语的定义往往是讨论新的教育方案、教育方法、教育目的和教育内容的工具。仍然以教育的界定为例，古今中外对教育的定义都有一个共同点：把教育看作一种培养人的活动，这是教育的“质的规定性”，是教育区别于其他社会现象和活动的根本特征。

但事实上，任何一个定义往往同时具备“规定性”“描述性”和“纲领性”，凸显了定义的复杂性、多样性和歧义性。在谢弗勒看来，虽然我们实际上找不到纯粹的描述性定义、规定性定义或纲领性定义，但是每种定义都有着区别于其他定义的一些特征。科学理论如数学、物理等，一般按照逻辑规则下定义(规定性定义)，实践理论如政治、经济，更多的是运用纲领性定义。这两种理论下定义的依据有区别：前者以观察数据、经验事实为根据；后者表述的不是“已有”的事实，而是“应有”的状态，即具有强烈的价值取向。对事物的科学分析以及在分析基础上的综合，在适当控制的条件下，科学实验或思辨允许将对象从整体中抽取出来而撇开其他对象，科学概念需要揭示事物的本质特征，有时就不一定能揭示事物的全貌。而在实践中，客观事物的存在是错综复杂、交织纠缠在一起的，“科学的”与“实践的”理论下定义的方式应该有所区别：前者一般采用描述性定义，并且从描述性定义中择定精确的科学定义；后者因为涉及特定的社会文化情景中的实践，并对实践提供一定的指导，一般采用纲领性定义。

2.1.2　信息化教育的描述性定义

美国教育传播与技术协会(Association for Educational Communications and Technology, AECT)的教育技术定义大多是描述性定义，我国早期电化教育的奠基人——南国农先生对教育技术的界定亦为描述性定义。

1. AECT 教育技术定义

历史上,AECT 曾多次对教育技术进行界定,其中 1994 年的教学技术定义和 2005 年的教育技术定义当属最著名、最有影响力的教育技术定义之一,对我国乃至世界教育技术的发展影响颇深。

教学技术是为了促进学习,对有关的过程和资源进行设计、开发、利用、管理和评价的理论与实践(AECT′94)。

教育技术是通过创造、利用和管理适当的技术性过程和资源,以促进学习和提高绩效的研究和符合伦理道德的实践(AECT′05)。

一般认为,这两个定义对教育技术的研究内容、研究对象、研究目的、研究形态进行了描述,但稍有不同(表 2-1)。

表 2-1　AECT′94 教学技术定义与 AECT′05 教育技术定义的比较

教育技术定义	描述项目				
	领域名称	研究内容	研究对象	研究目的	研究形态
AECT′94	教学技术	设计、开发、利用、管理和评价	过程和资源	促进学习	理论与实践
AECT′05	教育技术	创造、利用和管理	适当的技术性过程和资源	促进学习和提高绩效	研究和符合伦理道德的实践

从表 2-1 的对比可以看出,AECT′05 定义在 AECT′94 定义的基础上是有所改进和创新的,但有两处有点“矫枉过正”,一是将原来的五个研究内容改为三个,虽然有其道理,但“设计、开发、利用、管理和评价”更能体现教育技术解决教育教学问题的全景,更为合理和完善;二是将原来的“理论与实践”的研究形态改为“研究与实践”,虽然“符合伦理道德”的限定词体现了教育技术的人文关怀,但“理论与实践”更为浑然一体。基于上述两点,笔者将 AECT′94 定义和 AECT′05 定义进行了糅合,觉得更为贴切:教育技术是通过设计、开发、利用、管理和评价适当的技术性过程和资源,以促进学习和提高绩效的符合伦理道德的理论与实践。

2. 南国农电化教育定义

关于本领域的名称,南国农先生早期使用“电化教育”一词,后来他认为使用“信息化教育”更为合适,所以在此选取他的两个电化教育的定义和一个信息化教育的定义进行分析。

电化教育是指运用现代教育媒体,与传统教育媒体恰当结合,传递教育信息,以实现教育最优化。电化教育就是在现代教育思想、理论的指导下,主要运用现代教育技术进行教育活动,以实现教育过程的最优化。

信息化教育就是在现代教育思想、理论的指导下,主要运用现代信息技术,开发教育资源,优化教育过程,以培养和提高学生信息素养为重要目标的一种新的教育方式。

这三个定义从指导思想、研究内容、研究目标、本质等方面对电化教育(信息化教育)进行了描述、说明,如表 2-2 所示。

表 2-2　南国农在 1985、1998、2004 年电化教育(信息化教育)定义的比较

教育技术定义	描述项目				
	领域名称	指导思想	研究对象	研究目的	研究形态
南国农 1985	电化教育	未说明	运用现代教育媒体,与传统教育媒体恰当结合,传递教育信息	教育最优化	未说明
南国农 1998	电化教育	现代教育思想、理论	运用现代教育技术进行教育活动	教育过程的最优化	未说明
南国农 2004	信息化教育	现代教育思想、理论	运用现代信息技术,开发教育资源,优化教育过程	培养和提高学生信息素养	教育方式

从语法的角度来看,南先生 1985 年和 1998 年的定义其实是一个“病句”,因为缺少宾语,而 2004 年的定义明确地指出信息化教育是一种教育方式,这也是本次定义中南先生所特意强调的:信息化教育是属于现代教育范畴的一种新的教育方式。它不只是一种新的教育工具,不只是一种新的教育方法,不只是一种新的教育内容传递形态,不只是一种新的教育组织形式,而是所有这些的综合,是一种新的教育方式。它是一种人—机—人,人机协作,人为主、机为辅的信息时代特有的教育方式。

另外,从表 2-2 的对比可以看出,这三个定义变化比较大的是研究对象,从运用现代教育媒体到运用现代教育技术,再到运用现代信息技术,到底哪一个比较合适、准确呢?先从领域名称的变化说起,关于从电化教育到信息化教育的改变,南先生的解释是:我国的电化教育经历了两个发展阶段,工业时代的叫“视听教育”,信息时代的叫“信息化教育”,而有人曾经解释电化教育的由来时认为,电化教育起初使用的投影、幻灯、录音、录像、广播、电影、电视等都是“带电”的媒体。

笔者认为将“电化”解释为“带电”媒体的应用有些牵强,而将“电化”解释为电子技术的应用更为合理,电化教育即电子技术在教育活动中的应用,同理,视听教育即视听(电子)技术在教育活动中的应用,信息化教育即信息技术在教育活动中的应用。由此看来,南先生将信息化教育的研究内容界定为“运用现代信息技术”,并以“培养和提高学生信息素养”为目标,是有点缩小了信息化教育的范畴,笔者认为,将领域名称改为“信息化教育”无疑是南先生的远见卓识,但从信息技术运用的角度看,黑板加粉笔传递教育信息可称为“传统信息化教育”;幻灯、投影、广播、电视传递教育信息可称为“信息电子技术化教育”(简称电化教育);计算机、网络、虚拟现实、人工智能等(即现代信息技术)传递教育信息可称为“现代信息技术化教育”(简称现代信息化教育)。基于上述分析,笔者将南先生对电化教育和信息化教育的定义进行了糅合,觉得更为贴切:信息化教育就是在现代教育思想、理论的指导下,运用信息技术传递教育信息,以实现教育最优化的一种教育方式。

在此,再把笔者糅合的国外教育技术和国内信息化教育作以下比较,见表 2-3。

表 2-3　国外教育技术和国内信息化教育比较

教育技术定义	描述项目						
	领域名称	指导思想	研究内容	研究对象	研究目的	研究形态	本质
国外教育技术	教育技术	未说明	设计、开发、利用、管理和评价	适当的技术性过程和资源	促进学习和提高绩效	研究符合伦理道德的实践	未说明
国内信息化教育	信息化教育	现代教育思想、理论	未说明	运用信息技术	教育最优化	未说明	教育方式

从表 2-3 来看,领域名称、指导思想、研究内容、研究目的、研究形态、本质等方面,国外教育技术与国内信息化教育还是存在较大差异和不同的侧重点,唯一比较接近的就是在研究对象方面都强调“技术”或“技术性”,这也是教育技术或信息化教育与其他教育分支学科的根本区别所在。

3. 其他学者的定义

信息化教育的其他描述性定义,如坂元昂的定义:教育技术是对关系到教育的所有可操作因素加以分析、选择、组合和控制,然后进行实验性的实际研究,以取得最大的教育成果,这些可操作的因素包括教育目标、教育内容一类的教育情报;教材、教具、教学机器一类的教育媒体;教育方法、教学环境、师生行为、师生编组以及上述因素的相互关系。萧树滋的定义:电化教育是根据教育理论,运用现代教育媒体,有目的地传递教育信息,充分发挥多种感官的功能,以实现最优化的教育活动。李龙的定义:教育技术是在先进教育思想、理论的指导下,运用相关的技术和方法促进教育效果优化的实践活动。

2.1.3　信息化教育的规定性定义

规定性定义是在某种语境中作者自己所“创制”的定义,在某篇论文、某本专著中每个作者一般都会根据当时的需求“创制”所需的定义,所以关于信息化教育、电化教育或教育技术的规定性定义可谓“百花齐放”,这里只选取一些有代表性的观点。

1. 何克抗“现代教育技术”的定义

21 世纪,世界各国之间的国际竞争尤为激烈,这场竞争主要是综合国力的竞争,综合国力的提高要靠人才,而人才的培养要靠教育。当前随着信息技术飞速发展,人类即将进入到信息化社会,为此世界各国对当前教育的发展及信息技术在教育中的应用都给予了前所未有的关注,以便在国际竞争中立于不败之地。我国也清醒地认识到上述竞争态势对教育的严峻挑战,并看到了现代教育技术在迎接这场挑战中的关键作用,因此不失时机地提出,要把现代教育技术当作整个教育改革的“制高点”和“突破口”。那么,“现代教育技术是整个教育改革的制高点和突破口”这个命题是否为真呢?为了论证这个命题,北京师范大学著名信息化教育学专家何克抗教授专门写了《论现代教育技术与教育深化改革——关于ME 命题的论证》,他在该篇文章的上篇中对现代教育技术作了明确的规定:这里的“现代教育技术”是指以计算机为核心的信息技术在教育、教学领域的运用。因此,论证上述命题为真,即论证以计算机为核心的信息技术对于整个教育改革具有决定性的意义。

2. 黎加厚对“电化教育”的定义

由于历史的原因,《电化教育研究》杂志和国内电化教育机构采用的是二三十年代“视听教育”的英文译名,即 Audio-Visual Education。而进入 21 世纪,中国教育面临“e-”化的世界,如 e-mail、e-business、e-consumer、e service e-learning、e-speak、e-marketing、e-search、e-management、e-school、e-classroom e-library、e-government、e-community 等。因此,上海师范大学黎加厚教授建议《电化教育研究》杂志的英译改为“e-Education Research”才能较好地适应时代的变化和当前我国电化教育发展的实际情况,而 e-Education 作为一个新的词汇,不同的人们会根据各自不同的见解来定义这个词汇。他认为 e-Education 是在现代信息技术环境中,研究与人类学习行为有关的各个要素及其相互关系的活动规律,以促进学习的理论与实践。这是黎加厚教授所创制的电化教育定义。

3. 其他学者的定义

国外教育技术的规定性定义,如西尔伯(Sillber)在 1970 年的定义:教学技术是用系统的方式对教学系统组成部分(包括信息、人员、材料、设备、技术和环境)的开发(包括研究、设计、制作、支持、供给和利用)以及对开发的管理(包括组织和人员)。其目的是解决教育的问题。麦肯齐(MacKenzie)和厄劳特(Eraut)在 1971 年的定义:教育技术是对达到教育目标的手段的系统化的研究。国内电化教育(或信息化教育、教育技术)的规定性定义如:电化教育是人类在电力技术、电子技术、信息技术的协助下,以传承文明、培养新人为目的而进行的社会行为;教育技术指的是在解决教育、教学问题中所运用的媒体技术和系统技术;信息化是在信息科学和教育科学理论的指导下,以现代信息技术应用为核心,以教育信息化和信息科学技术教育为基本任务,以培养造就高素质人才为根本目的的教育、教学过程和表现形态。

2.1.4　信息化教育的纲领性定义

纲领性定义是一种对被定义对象应该是什么的界定,即被定义对象的“应然”状态,而非“实然”状态,那么信息化教育或电化教育的“应然”状态该如何界定呢?应该按事物的本质来下定义,其规则是:被定义概念=种差+属概念,用这样的规则来定义概念时,首先要找到比被定义概念更广泛的概念,这个更广泛的概念就是属概念,然后找到种差,即被定义事物的本质特征,也就是该事物与其他同类事物的区别所在。

1. 尹俊华等“教育技术”的定义

按照上述规则,教育技术的属概念应是“技术”,那它与其他技术的区别即“种差”是什么呢?这个“种差”就是“在教育活动中采用的技术”,不是生产技术、农业技术、信息技术或其他什么技术,如此,教育技术可界定为:人类在教育活动中所采用的一切技术手段和方法的综合。

此定义完全符合纲领性定义的规则,逻辑上没有任何错误,但此定义的落脚点和重心在“技术”上,因此在认识上往往会产生偏差。举例来说,如果在多媒体教室授课,应当说其中的计算机、投影仪、音响系统等都属于“教育活动中采用的技术”,那么计算机、投影仪、音响系统等是不是教育技术呢?显然不是,该教育活动中的教育技术应该是如何利用计算机、投影仪、音响系统等。由此看来,反倒是描述性定义更能准确地说明该教育活动中的教育技术,那就是指对计算机、投影仪、音响系统等技术作用下的过程和资源(即技术性的过程和资源)的设计、开发、利用、管理和评价,或指如何运用计算机、投影仪、音响系统等信息技术传递教育信息。

2. 汪基德“电化教育”的定义

同理,电化教育的属概念应是“教育”,它与其他教育的区别即“种差”是它要借助于现代教育技术或现代教育媒体,电化教育简单地定义为:借助于现代教育技术的教育或借助于现代教育媒体的教育。

按照笔者前面对“电化”的解释和理解,亦可定义为:电化教育是指利用电子技术进行的教育。同理,信息化教育可定义为:利用信息技术进行的教育。

3. 其他学者的定义

类似采用这种方法的有关信息化教育或电化教育的定义还有很多,如李康的定义:教育技术是指人们为满足教与学需要,而创造教育经验、方法、技能和所应用媒体工具的总和;何克抗的定义:教育技术就是人类在教育、教学活动过程中所运用的一切物质工具、方法技能和知识经验的综合体等。

从上述信息化教育或电化教育的三种定义体系的分析中我们可以看出:

(1)信息化教育的纲领性定义是一种广义的定义,信息化教育的描述性定义是一种狭义的定义,而信息化教育的规定性定义的适用范围更为狭窄。

(2)信息化教育的纲领性定义是一种应然状态,而信息化教育的描述性定义、规定性定义是一种实然状态。

(3)正如谢弗勒所说,实际上找不到纯粹的描述性定义、规定性定义或纲领性定义,任何一个定义往往同时具备“规定性”“描述性”和“纲领性”。

笔者糅合上述信息化教育的三类定义对其进行了如下界定:信息化教育是指通过对信息技术在教育中的应用,进行设计、开发、利用、管理和评价,以促进学习和实现教育最优化的理论与实践。

从此定义出发,电化教育、教育技术、现代教育技术可有细微的调整:

电化教育是指通过对电子技术在教育中的应用,进行设计、开发、利用、管理和评价,以促进学习和实现教育最优化的理论与实践。

教育技术是指通过对技术在教育中的应用,进行设计、开发、利用、管理和评价,以促进学习和实现教育最优化的理论与实践。

现代教育技术是指通过对现代信息技术在教育中的应用,进行设计、开发、利用、管理和评价,以促进学习和实现教育最优化的理论与实践。

2.2 信息化教育的概念内涵

建立在现代信息技术和现代教育思想基础上的信息化教育是推动教育改革和教育现代化,以适应信息化社会对教育发展新要求的产物。与传统教育形式相比较,信息化教育在教育观念、教学环境、教学模式、教学内容、教学评价、教育理论及教育管理等方面都得到了新的发展,实现了资源呈现的多媒体化,有效促进了个性化教学的开展、学生自主学习的进行、教学环境的优化和教学效果的提升,同时也实现了全球教育资源的开放共享,对推进教育公平产生了重要影响。

2.2.1　信息化教育的概念

“信息化教育”是近年来伴随着教育信息化而出现的新名词,目前对于其概念内涵的论述很多,但并未形成统一的界定。我国学者南国农曾在《信息化教育概论》一书中指出:信息化教育是指在现代教育思想和理论的指导下,主要运用现代信息技术,开发教育资源,优化教育过程,以培养和提高学生的信息素养为重要目标的一种新的教育方式。他认为信息化教育就是电化教育,是信息时代的电化教育。祝智庭则认为,信息化教育是指以现代化信息技术为基础的教育形态。也有学者认为,信息化教育是在教育科学理论和信息科学的指导下,以现代信息技术应用为核心,以教育信息化和信息科学技术为基本任务,以培养高素质人才为根本目的的教育教学过程和表现形态。

人们通常会将“信息化教育”与“教育信息化”联系在一起。实际上,二者虽然都与现代信息技术紧密联系在一起,但却有着本质的区别。教育信息化是信息技术应用于教育过程中要做的一件事情,它是信息技术在教育中的应用与推广,而信息化教育则是一种以现代信息技术为基础的新型教育形态。也就是说,教育信息化是现代信息技术与教育相整合的过程,而信息化教育则是现代信息技术与教育整合之后的表现形态。但是,两者之间也存在联系,即信息化教育的实施需要教育信息化的不断推进,而信息化教育的进行又可以有力地推动教育信息化的发展进程。

可以说,信息化教育是教育信息化和教育现代化不断深入的产物,也是电化教育发展的高级阶段。因此,我们可以将信息化教育看成是建立在现代信息技术支持下发展出的一种全新的教育形态,它是教育信息化深入推进和现代教育技术不断发展的必然结果。从信息技术与教育理论之间的关系来说,信息化教育应该是现代教育理论与现代信息技术相结合的产物。值得注意的是,二者之间是相乘而不是相加的关系,因为必须实现两者之间的有机融合才能称之为信息化教育,离开其中的任何一个方面,信息化教育都不能取得成功。

2.2.2　信息化教育的特点

总体来说,与传统教育相比,信息化教育的主要内容包括以下两个方面:一是教育过程的信息化,即信息化教育是与现代信息技术紧密结合在一起的,它离不开信息化设备和信息化资源的重要支持;二是教育观念的现代化,即发展适合多种信息技术支持的多媒体教学、数字化教学和虚拟化教学等,实现信息技术支持下教师教学方式与学生学习方式的变革,加快教育现代化的进程。因此,我们可以从技术和教育两个层面来分析信息化教育的特点。

从技术层面上看,信息化教育具备以下四个方面的特点:

(1)网络化,即人们能够通过网络获取所需要的信息,且获取的速度更快、范围更广、内容更丰富,同时也实现了跨越时空限制的多向互动。

(2)智能化,是指基于人的智能模型、科学理论模型以及信息科学构建的智能设施和工具,可以为教师、学生和教育研究者提供智能化的工具支持。

(3)多媒体化,指承载信息的载体从传统的书本、挂图、实物等发展为超文本、图片、视频、音频、动画等,为教育信息资源的多样化表征提供了技术支持。

(4)数字化,即信息以数字化形式呈现,能够更好地提取、加工、利用和存储。

从教育层面上看,信息化教育的特点主要表现为:

(1)教学材料的多媒体化,不仅包括传统的纸质材料,还包括视频、音频等数字化资源。

(2)教育资源的全球化。开放的教育资源促进了各地资源的均等化,实现了优质教育资源的全球共享。

(3)教学的个性化。多样化的信息技术支持与多媒体化的教学资源能够使教师在安排教学的过程中根据不同学习者的个性特点给予相应的学习支持,以促进学习者的个性化发展。

(4)学习的自主化。丰富的学习资源和完善的网络学习平台可以为学习者提供更多自主学习的机会;

(5)管理的信息化。完善的管理平台与分类数据库的建设能够推动学校管理的自动化、智能化与科学化。

2.2.3 信息化教育的功能与作用

信息化教育不仅指课堂教学的信息化,也包含教学评价、教学管理等在内的教育领域中的信息化。它的基本功能是优化教育、教学,以促进新时期素质教育的实现和创新型人才的培养。目前,信息化教育正在以其多媒体化的教学材料、全球化的教育资源、自主化的学习方式、信息化的教育管理以及虚拟与现实相结合的学习环境改变着传统的学校教育,形成了发挥学生自主性、创新性、协作性的新型教学模式。它的功能与作用主要表现为以下四个方面:

(1)提高教育质量

信息化教育能够使教师充分利用多种信息技术手段和工具构建良好的学习环境,并通过超文本、图像、音频、视频等优质多媒体学习资源与传统纸质教学材料的有机结合来丰富学生的学习内容和形式,不仅可以满足不同认知特点的学习者的个性化需求,还能够支持不同学习活动的开展,从而提高教学效果。

(2)促进学生发展

信息化教育能够在现代信息技术与多种教育教学理论的有机结合中,充分发挥学生的主体作用并考虑他们之间的个性差异,使学生通过自主学习、协作学习、探究性学习、体验式学习等多种方式促进知识、技能与情感的共同发展。同时,网络中多样化的学习资源为满足不同学习者的个性需求奠定了基础,可以有效促进他们的个性化发展。

(3)扩大教育规模

信息化教育能够利用计算机技术、网络技术等实现资源的全球共享,将学校课程扩展到拥有计算机就可以接收到任何一个地方的资源,教师也可以通过网络同时给来自世界各地的学习者上课。近年来发展起来的大规模开放在线课程(massive open online course, MOOC)就是信息化教育扩大教育规模的重要体现。同时,网络的迅速发展使学习者跨越时空限制的双向交互成为可能,实现了人们随时随地的学习。

(4)推动教育改革

信息化教育的实施也可以为教育发展提供新的思路,是推进新一轮课程与教育改革的重要力量,主要表现为三个方面:

①引发教育观念的变革,信息化教育更加关注社会发展与人的发展的统一性,强调人

才培养的多元化与个性化。

②引发教学方法和手段的变革，信息化教育强调自主学习、协作学习、体验式学习、个性化学习等促进创新性人才培养的多种学习方法的有机结合。

③引发师生关系的转变，信息化教育主张将学习者置于学习活动的主体地位，教师扮演的是促进者、协作者和指导者的角色。

2.3　信息化教学的原则

2.3.1　整合性原则

信息化教学是将信息技术、信息资源、人力资源、课程内容等一系列要素整合在一个系统中，有机地将各种要素结合起来共同完成教学任务的一种教学方式。因此，整合性原则是信息化教学的首要原则。在信息化教学过程中，应当将信息技术有效地融入各类教学中，将教学系统中的各个要素和各类教学资源有效地整合在一起，将各种理论、方法、教学媒体很好地结合起来，在整个教学过程中协调各要素之间的关系，发挥系统的整体优势，以提高教学效率。

2.3.2　直观性原则

学生认识活动的特点是以学习间接经验为主，但是获得间接经验要以直接经验为基础。学生特别是少年儿童以形象思维为主，要使信息化教学符合学生的心理特征，有效地提高学生的学习兴趣和积极性，在教学过程中就应当遵循直观性原则。

直观性原则是指在信息化教学环境中为学习者创设一定的情境，提供丰富的多媒体资源，同时通过教师给予指导、形象描述知识等教学活动来促使学生积极观察、主动探究，使学生对所学事物、过程形成清晰的印象，从而丰富感性知识，主动构建知识的意义，最终正确地理解所学知识并发展认知能力。信息化教学环境集多种媒体资源、各类教学设备、各种支持系统于一体，能够为直观性原则的贯彻提供多样化的教学资源、丰富的教学功能以及各类教学支持。

2.3.3　参与性原则

信息化教学要求改变学生将以往被动接受知识的学习方式，转变为主动的、探究式、合作式的多样化学习方式，这一变化使得信息化教学具有参与性的特征。参与性原则是指，学生在教师的指导下积极参与教学活动，通过这种参与唤起学生的主体意识，发挥学生的主体作用，发掘学生的学习潜能，培养学生的学习能力，增强学生学习的责任感与合作精神，从而能够有效提高教学质量，更好地完成教学任务。在信息化教学过程中，学生成为教学活动全过程的自觉的、能动的参与者，成为知识的主动探索者与发现者，成为自己主体建构与发展的主宰者，并在每次参与过程中实现其主动性、能动性与创造性的发展。因此，在信息化教学中，我们应当借助多媒体手段、丰富的教学资源来调动学生的积极性，使学生以不同的方式参与到教学过程中。

2.3.4 启发创造原则

信息化教学中的启发创造原则是指教师利用先进的教育理念,在信息化环境的支持下采用多样化的方式支持学生的学习,并且在教学中最大限度地调动学生学习的积极性和自觉性,激发他们的创造性思维,从而使学生在融会贯通地掌握知识的同时,充分发展自己的创造性能力与创造性人格。启发创造原则,是在现代教育理念指导下,教学与发展相互影响和相互促进规律的反映。信息化教学不仅要求教师向学生传授知识、技能和技巧,而且要求教学能够促进学生主动对知识进行意义建构,同时促进学生情感、态度、价值观的发展。教学与发展是相互依赖、相互促进的。教师在教学中要将学生视为学习的主体,设计多样化的教学活动,利用多媒体手段启发学生积极思考,促使他们自己提出问题、分析问题和解决问题。启发创造原则,还是信息化教学受制于信息化社会需要这一规律的具体体现。信息化社会发展的趋势,要求学校教育教学必须培养学生的信息素养、革新精神和创造能力。只有这样,学校所培养的人才才能适应未来日新月异的社会要求,才能以新的思维方式去捕获新的有价值的信息,也才能在未来的工作中敢想、敢干,为社会创造财富。目前,通过信息化教学发展学生的创造性思维,培养创造型人才已经成为世界各国教学改革的重心。

2.3.5 教师主导作用与学生主体作用相结合的原则

建构主义的学习理论要求学生主动建构知识,教师要成为学生建构意义的促进者,它强调学生的主体地位与教师的主导地位。学生的主体性在教学过程中具体表现为自主性、主动性和创造性。教师主导作用与学生主体作用相结合原则,是指在信息化教学过程中教师既要充分发挥自身的主导作用,又要充分调动学生的积极性与主动性,正确处理教与学的关系,把教师与学生的积极性都调动起来。

该原则在信息化教学中的运用,应充分体现在强调学生是学习的主体,强调学生主体在教学中的积极作用上。这是因为,学生的学习是一种自觉的、能动的活动。也就是说,学生要把教师提供的一切认识材料转化为自己的东西,就必须通过积极、自觉的思维去接受、理解、消化和运用。教师的主导作用和学生的主体作用,是相互协调、相互促进、互为条件的两个方面。二者应该紧密结合、协同活动,才能积极地发展学生的个性,提高教学效益。

2.3.6 教学最优化原则

教学最优化原则是指在现代教育理念的指导下,在信息化教学过程中,通过对教学系统中的各个要素进行系统化设计,使得各要素优化组合,能够进行最优的教学,取得最优的教学效果。

教学最优化原则,主要是依据教学效果取决于教学诸因素构成的合力这一规律提出来的。信息化教学中的要素主要是指教师、学习者、媒体和教学内容。教学最优化的标准是指在一定条件下,既能够取得最大可能的教育教学效果,而师生又只花费最少的必要时间。在信息化教学中,教师要设计多样化的教学活动和学习活动,将教学的各要素优化组合,使得每一个要素都发挥最大的效益,既达到教学的目标,又提高教学的效率。

2.4 信息化教学的要素

2.4.1 媒体

信息化教学过程中的媒体主要指现代教学媒体,现代教学媒体是近一个世纪以来利用科技成果发展起来并被引入教学领域的电子传播媒体,主要包括幻灯、投影、录音、录像、电视、计算机等教学媒体,以及由它们组合成的教学媒体系统,如语言实验室、多媒体综合教室、计算机网络教室、视听阅览室、微格教学训练系统、闭路电视系统、校园计算机网络系统等。

从电化教育走向信息化教育,媒体观在不断嬗变。媒体观是指人们对媒体总的认识和看法,也是我们对媒体本质及其价值的根本看法和态度。在不同的发展阶段,我们对媒体关注的视角和态度的不同导致我们对媒体的认识和看法不同。在电化教育阶段,教学媒体在传统课堂教学中主要是传递教学信息,以生动形象的方式展示教学中的重点、难点内容,解决传统教学手段难以解决的问题。在信息化教育的初期,行为主义学习理论作为主要的理论支撑,电视、录音、计算机辅助教学系统等教学媒体进入教学,这一阶段人们利用计算机进行教学,将教学媒体视为教师的教学工具、学生的认知工具和学习工具。随着多媒体计算机、校园网、互联网等进入教学,建构主义学习理论作为主要的指导理论,人们将教学媒体看作教育教学发生的物质基础和平台,媒体技术为学生和教师提供了一个数字化教学环境。

2.4.2 信息化教学中的教师

在传统的教学过程中,教师处于主导地位,主要工作是收集、处理、传送信息,对学习者进行教育,实现教育的目标。现代教育理念的不断更新,促使教师转变了教学观念,现代信息技术的发展以及现代教育媒体在教学中的应用使得教师的角色发生了变化。信息时代对教师提出了新的挑战,要求教师具备在信息化教学环境中开展教学的能力。

1. 掌握现代教学理念

信息化教学中的教师要明确现代教学理念,掌握信息化教学的基本理论和方法,以更好地改善教学,提高教学效率。

现代教学理念是指在建构主义、人本主义等理论指导下的现代教育教学思想和观念,主要包括:指导学生主动建构知识;促进师生之间、生生之间的交往以及社会关系的交往;重视学生的主体性;在信息化教学过程中重视活动的重要性等。

2. 具备信息化教学能力

信息化教学能力是指教师在现代教学理念的指导下,利用现代信息技术和丰富的教育资源,运用多种信息化教学方法开展教学活动,解决教学问题,优化教学过程的能力。信息化教学能力是教师在信息化教学中所应具备的最重要的能力之一,是教师有效地利用信息技术开展教学的能力。信息化教学能力主要包括良好的信息素养和信息化教学设计能力。

(1)信息素养

教师的信息素养主要包括信息意识、信息知识、信息能力和信息道德。教师首先应当具有敏锐的信息意识,要对“信息”“教育信息化”“信息社会”等概念和内涵有一个基本正确的理解,只有很好地理解这些概念,才能更好地开展信息化教学。其次,要具备一定的信息知识,掌握与信息技术、信息化教学相关的理论、知识和方法。再次,教师要具备信息能力,即利用信息技术开展教学的能力,包括资源的获取、利用、加工、评价、创新的能力,同时还包括常用教学软件的使用、简单课件的制作,如演示文稿的制作、文字处理、网页制作等能力。此外,教师应当具备良好的信息道德,具有一定的信息安全意识。

(2)信息化教学设计能力

教师应当明确信息化教学设计的内涵,知道信息化教学设计的特点,理解信息化教学设计的原则,掌握信息化教学设计的方法。通过信息化教学设计,教师将信息技术、信息资源和课程内容有机整合,构建新型的教学方式。在信息化教学环境的支持下,组织学生自主学习以及应用网络交互工具开展互动交流,培养学生主动学习的能力与创新学习的能力。

3. 集多种角色、多重身份于一体

信息化教学过程中的教师由传统的课本知识传授者转变成教学内容的设计者、学习的指导者、学习活动的组织者与参与者。同时,教师不仅可以作为学生的导师,还可以成为学生生活中的朋友、学习过程中的同伴等。

2.4.3 信息化教学中的学习者

当前,以学习者为主体的教育思想已成为教育教学的主导思想,在信息化教学过程中,学习者是教学活动的对象,是学习的主体,教师的一切教学活动都是围绕学生来开展的,没有学习者就不存在教学活动,因此,学习者是教学活动的根本要素。信息化教学环境为学习者提供了丰富的网络信息资源和灵活的学习平台,使学习者的学习方式和学习行为发生了变化。信息技术为学习者的学习带来更多便利的同时,也对学习者提出了更高的要求。

1. 学习方式多样化

信息技术的出现使得学习者的学习行为和学习方式发生了变化,学习者不仅可以在课堂中接受教师的讲授、指导,还可以通过现代教育媒体获取更多的教学信息资源。学习者的学习由被动地简单接受和吸收,转变为积极主动地意义建构。在信息技术和现代教育媒体的支持下,学习者的学习方式逐渐由接受式的学习转向自主学习、合作学习、探究学习等信息化学习方式。

2. 较高的信息素养

在信息化教学中,学习者要具备较高的信息素养,能够从大量的信息资源中找寻所需的信息,并对信息进行加工、整理、保存;能够使用常用的软件进行学习并与他人交流;学会有效地反省、评价和监督自己的学习过程。

3. 集多种能力于一身

信息时代的学习者要具备自主学习的能力,要能够自己确定学习目标、选择学习方法、监控学习过程、评价学习结果。自主学习能力包括:

(1)确定学习内容的能力;

(2)获取有关信息与资料的能力(知道从何处获取以及如何去获取所需的信息与资料);

(3)利用、评价有关信息与资料的能力。

同时,学习者要学会与他人共事,具备合作与协作的能力,将自身的学习行为有机融合到小组或团队的集体学习活动之中,树立团队精神和集体观念。

信息化教学要求学习者具有创新精神和创造能力。创造能力是信息化时代人才所具备的最重要的能力之一。创造能力是指能够积极主动地、创造性地发现新问题、提出新见解的一种认知能力,创造能力能够使学习者在学习过程中突破已有的思维定式,提出新的见解,独立解决自己过去从未遇到的问题,或者将学到的知识正确地运用到全新的情境中去。

2.4.4　信息化教学中的教学内容

教学内容是指教学过程中师生之间传递、学习的知识、方法和技能等内容。现代信息技术的出现和现代教育媒体在教学中的应用,使得教学内容具有新的特征,主要表现在以下几个方面:

1. 表现形态多媒体化

可以用文本、图形、图表、声音、动画、视频以及模拟三维景象等形式来呈现教学内容,利用多媒体方式呈现的教学内容能够将抽象的知识形象生动地表现出来,使学习者能够更好地掌握知识,从而提高教学效率。

2. 处理数字化

将文本、声音、图形、图像、动画、视频等教学内容信息由模拟信号转换成数字信号,其可靠性更高,更容易存储与处理。

3. 传输网络化

信息化的教学内容可以通过网络实现远距离传输,学习者可以在任何一台能够上网的计算机上获取所需的信息。

4. 超媒体线性组织

信息化教学内容采用超媒体技术构建,支持文本、音频、视频、图形、图像、动画等多媒体信息,并采用网状结构非线性地组织、管理信息的超文本方式,对教学信息进行有效的组织,不仅适合人脑的认知思维方式,也有利于有效地组织教学信息,促进知识的迁移。

5. 综合化

信息化社会知识呈现高度的综合化,信息时代需要具备各方面知识的“全才”。在信息化社会中,学生学习的内容不仅仅局限于某一门独立的学科,特别是随着网络时代的到来,学生的学习和生活中出现了许多新的课题,这些课题不是仅靠某一门或几门学科的知识就能够完成的,而是学生把所有学科的知识整合起来并运用到学习之中,才能够很好地解决问题。这与信息化社会要求人才具有多方面的知识这一特征是紧密联系的。

信息化教学系统的四要素之间存在着错综复杂的关系,各要素之间不同的结合方式会产生不同类型的教学系统。

第 3 章　信息化教育资源

当前,云计算、大数据、物联网、移动计算等新技术被逐步广泛应用,经济社会各行业信息化步伐不断加快,社会整体信息化程度不断加深,信息技术对教育的革命性影响日趋显现。党的十八大以来,特别是中央网络安全和信息化领导小组成立后,党中央、国务院对网络安全和信息化工作的重视程度前所未有,“互联网+”行动计划、促进大数据发展行动纲要等有关政策密集出台,信息化已成为国家战略,教育信息化正迎来重大历史发展机遇。

3.1　信息与信息资源

3.1.1　信息

1. 信息的定义

中国国家标准《情报与文献工作词汇基本术语》(GB 4894—85)将信息定义为:信息是物质存在的一种方式、形态或运动状态,是事物的一种普遍属性,一般指数据消息中包含的意义,可以使信息中所描述事件的不确定性减少。不同的学科对信息的理解各不相同。信息论的创始人申农(C. E. Shannon)从通信系统理论的角度考虑,认为信息是“用来消除随机不确定性的东西”。经济学家把信息看作是与物质、能量相并列的客观世界三大要素之一,能为管理和决策提供科学依据。哲学家则认为信息是事物的本质、特征和运动状态的反映。虽然,信息在不同的学科领域具有不同的含义和特性,但是当今学术界存在两种被大众接受的观点:第一种观点认为,信息是事物的一种存在方式或状态,即信息不是事物本身,但是反映了事物的本质和特征,不同事物有不同的特征,同一事物在不同的条件下也会发生变化,这种特征和变化就是信息。第二种观点认为,信息就是一组具有意义的事实或数据。

2. 信息的特性

(1)普遍性和客观性:信息普遍存在于宇宙万物中,它无时不有也无处不在,不仅存在于有机界,也存在于无机界;既可以反映物质的特征和运动状态,又可以体现人类大脑思维的结果。同时,信息是客观存在的,它可以被感知、获取、处理、存储、传递和利用。

(2)依附性和转换性:信息本身是抽象的,它必须依附于具体的物质载体,才能被记录、存储和传播。物质载体的多样性决定了信息表现形式的多样性,而且信息可以从一种载体形态转换成另一种载体形态。不同的信息可以用同一载体承载,同一信息也可以用不同载体来表现。

(3)传递性与共享性:通过信息传递,人们才能对客观存在的信息产生主观认识,信息可以沿时间线纵向传递也可以沿空间线横向传递。信息的可传递性使得信息可以被获取和利用。信息还具有可共享性,信息作为一种资源,在交换的过程中,不仅得到了新的信息,而且原有的信息也没有丢失。

(4)认知性与创造性:信息可以被人类解读、感知、认知,并且,人们对信息的认识具有主观能动性,不同的个体对相同信息的理解和感知程度也是有差异的。人类还可以将获取到的初始信息创造成再生信息,还可以利用再生信息创造出新的再生信息。

(5)可塑性与时效性:信息在传递和利用的过程中,人们借助先进的技术可对其进行综合分析和加工处理,如序化、压缩和提取,也可以把信息从一种形式转换成另一种形式,方便人们选择和利用,这就是信息的可塑性。信息的价值与时效性紧密相关,信息的时效性体现在,及时的信息可能价值连城,而一些过时的信息可能分文不值。

(6)可开发性与可增值性:由于客观事物存在复杂性,而且事物之间相互关联,各种信息往往交织在一起;又由于在一定的时间范围内人们对信息的认识总是存在一定的局限性。因此,作为反映客观事物的信息是可以开发的,并且是需要开发的,信息在开发的过程中可以引申、推导、创造出更多有价值的信息,从而使信息增值。

3. 信息的类型

(1)按照信息的来源分:自然信息和社会信息。自然信息比如风、雨、雷、电等自然现象,表现自然界中事物的状态及特征;而社会信息比如文化、语言等,反映人类社会中各种事物和现象的形态及性质。社会信息按照信息描述的内容不同又可以分为经济信息、政治信息、科技信息、军事信息、文化信息等。

(2)按照信息加工深度分:零次信息、一次信息、二次信息和三次信息。零次信息指未公开于社会的信息,如实验数据、书信、手稿等。一次信息又称原始信息,原始信息未经加工,是分散无序的,往往无法被存储、检索、传递与利用,需要进一步加工处理后才能有效利用,如会议记录、统计报告等。二次信息是指对一次信息进行加工处理,形成有序的、有规则的信息,如书目、文摘、索引等。三次信息是指在已有的基础上,经过分析、研究、综合、整理产生的新的信息,如评论、综述等。

(3)按照信息的载体分:口头信息、文献信息和实物信息。口头信息是指通过交流、讨论等方式传播的信息,它反映了人们的观点和看法,是推动研究的最初起源。口头信息出现早、传播方便,但缺乏完整性和系统性,不易保留和存储,但却是一种挖掘潜力很大且极为丰富的资源。文献信息是指用文字、图形、符号、音频、视频等方式记录下来的知识和信息资源,是人们筛选、归纳和整理过的信息,其优点是易识别、易传播、易保存。实物信息是指事物本身存储和表现的信息,比如文物、样品、模型等,它直观性强、信息量大。

(4)按照信息的运动状态分:静态信息和动态信息。静态信息如历史文献和资料等已成为比较稳定的形态;动态信息是指及时地反映现实生活中出现的新事物的新闻和情报等,体现事物的发展、变化状态。

(5)按照信息的价值分:有用信息、冗余信息和有害信息。有用信息是对我们的生产、生活和学习有积极作用的信息;冗余信息就是我们暂时不能利用,但也没有害处的信息;有害信息则是给我们的生产、生活带来危害的信息。

此外,还可以按照其他标准对信息进行分类,如按照信息被人感知的方式可分为直接信息和间接信息;按照信息来源的稳定性,可分为流动信息、固定信息和偶然信息;按照信息表达的真实程度,又可分为真实信息和虚假信息;按照信息的传播范围,可分为秘密信息、内部信息和公开信息。

3.1.2 信息资源

1. 信息资源的涵义

信息资源是指人类经过筛选、组织、加工、整理等信息活动后积累起来的，能够满足人类需求的各类信息要素（信息技术、设施、设备、信息生产者等）的集合。

信息是普遍存在的，但只有满足一定条件的信息才是信息资源。信息资源是可以被人类利用的信息，是人类依据当前生产力水平和研究水平开发和组织的信息，人类的参与是信息资源形成的必要条件。

2. 信息资源的类型

按信息加工程度不同，信息资源可以分为零次信息资源、一次信息资源、二次信息资源和三次信息资源。零次信息资源是指未经加工，直接记录在某种载体上的原始信息，如手稿、实验数据、调查材料等。这些尚未融入正式交流渠道的信息，往往能反映研究工作的最新动态，或是遇到的最新问题，或是科研人员针对某些问题的最新想法等，这些是形成创造性思维的最佳素材。一次信息资源是指在零次信息资源的基础上，作者对实验数据、手稿等资源进行组合、加工形成的原始创作，如期刊论文、学位论文、科技报告等。二次信息资源是对大量无序、分散的原始信息进行收集、整理、著录等深层次的加工，如对一次信息资源的著者、篇名、主题、分类、出处等信息进行编目，形成新的文献形式供研究人员检索和使用，包括索引、文摘、目录等。三次信息资源是用一定的方法对一次、二次信息进行高度浓缩、提炼加工、总结分析而成的信息，包括综述、述评、数据手册、辞书、统计年鉴、百科全书等。

按信息记录载体不同，信息资源可分为实物型信息资源、记录型信息资源和智力型信息资源。实物型信息资源包括天然实物信息资源和人工实物信息资源，是事物本身存储和表现的资源，如各种产品、模型、样机等。它们本身代表着一种技术信息。记录型信息资源是指记录或存储在各种载体上的信息。根据记录的载体不同又可以分为印刷型、机读型、视听型和缩微型。智力型信息资源是指由人脑存储的知识、经验等信息，有的难以明确表达和记录下来，有待人们进一步开发。

按信息内容不同，信息资源可分为经济信息资源、政治信息资源、军事信息资源、生活信息资源和文化信息资源等。

按信息资源的流通范围不同，信息资源可分为公开信息资源、外部信息资源、内部信息资源和秘密信息资源。

按信息资源的形态不同，可分为动态信息资源和静态信息资源。

根据信息生产领域不同，可划分为政府信息资源、公益机构信息资源、中介团体信息资源、企业公司信息资源等。

3.2 信息化教学媒体

随着教育信息化的深入发展，信息化教学媒体越来越丰富，这不仅为教师提供了更多可以选择的教学资源，为教学改革奠定了物质基础，也为学习者创造了更好的学习环境，进而更好地促进学习活动的发生。当然，信息化教学媒体不会自动地发挥效用，需要我们去把握各种教学媒体的功能、特性、应用方式,需要我们对各种信息化教学媒体进行深入的研究。

3.2.1　教学媒体的概念

1. 媒体与教学媒体

媒体是指信息传播过程中,信息源与信息的接受者之间的中介物,即存储并传递信息的载体和任何物质工具。从广义的角度说,媒体的范畴是很广泛的,从书本、图片、模型到电影、电视,以及录音机与录音带、录像机与录像带、计算机与各种软件等,只要实现了信息传递都属媒体范畴。一般说来,构成媒体的要素包括信息、表征信息的符号和携带符号的物质实体。

媒体用于存储并传递以教育教学和学习为目的的信息时,称为教育媒体(也称为教育传播媒体)。教育媒体是存储并传递教育、教学信息的载体和中介,是教学系统的重要组成部分,形成了教学与学习的资源环境。

2. 媒体与教育媒体的发展史

人们在日常生活中必须借助各种媒体进行信息的交流与传播。人类最早的个体之间的交流是利用一些信号、简单声音、姿态和手势,后来又逐渐创造出一套非口头语言,如鼓声、火光、图画、音乐和舞蹈及其他形式的图形符号。随着人类社会的不断进步,媒体经历了几个重要的发展阶段,每个阶段都对教育、教学的发展产生了重大影响。

(1)语言媒体阶段

语言媒体的产生,标志着人类在交流方面特别是在记忆和传递知识以及表达较复杂的概念的能力方面有了巨大的进步。

语言媒体的主要功能:

①语言媒体具有符号的功能。语言是实物、现象的声音符号,人们用语言代表事物、现象。

②语言媒体具有促进思维、表达思想的功能。语言用来概括并形成概念,从而促进了思维能力的发展,扩大了认识范围,提高了认识的能力。

③语言媒体具有交流、传播的功能,人们通过语言进行信息的交流和传播。

由于语言媒体具有符号、表达、交流的功能,因此,语言媒体的发展在促进人类社会及教育的发展中起着重要作用。即使在发展了多种多样现代媒体的今天,语言媒体仍具有其他媒体不能替代的作用。语言是人类交际活动中最基本、最重要的一种传播媒体。

语言媒体的局限性:语言符号比较抽象,常常需要手势、表情、体态去辅助表达。口头语言只能在有限的距离内交流,而且瞬间即逝,难以保存。

(2)文字和印刷媒体阶段

从语言的产生到文字的产生经历了几万年。人类最初采用文字的时间大约在公元前4 000年。手写、手抄形式的书本大约出现在3 000多年以前。文字是书写的符号,是语言的抽象表达,具有和语言一样的功能,文字的产生使语言得以保存,生产、生活经验得以记录下来,使人们有可能把信息传播得更远、更久。在纸张发明以前,文字的书写和记载非常不便,当时只能将文字刻写在龟甲、兽骨、竹简、金石、木板、布帛之类的物体上。大约在公元前2世纪,中国人发明了造纸术,公元105年,蔡伦改进了造纸术,使得纸的造价降低,而且更便于书写。文字和纸的发明开创了人类信息传播的新篇章,人类除了口耳相传,还可以利用书写文字来传达信息,引起了教育方式的一次重大变革。

从文字的出现到印刷术的发明又经历了几千年。公元 450 年,中国在南北朝时期出现了雕版印刷术;在宋仁宗庆历年间(1041—1048 年)毕昇发明了活字印刷术;公元 15 世纪,德国人谷登堡受中国活字印刷术的影响,发明了效率更高的金属活字印刷术。从此,书籍成为一种重要的传播手段。印刷媒体的出现使得信息可以大量复制、存储并广泛传播,教科书的大量印刷使得大规模的公共教育成为可能,17 世纪产生了班级授课制,各种类型的学校相继开办,引起了教育的又一次重大变化,教科书成为学校教育最重要的媒体。

(3)电子传播阶段

19 世纪末以来,电子和微电子技术的发展带来了一系列新的传播媒体。人们把以电子技术新成果为主发展起来的传播媒体称为电子传播媒体,例如,幻灯、电影、投影、广播、电视、录像、录音、计算机及其课件等。电子媒体的发展大大增进了信息的存储、传递,提高了人类的信息传播能力和传播效率。

电子传播媒体用于教育的优越性主要有:电子媒体使教学信息能够迅速传播,扩大了教学规模和学习资源,打破了时空的限制,为教育的普及与提高提供了新的手段。电子媒体不仅能传送语言、文字和静止图像,而且能传送活动图像,增强了信息的表达能力和教学的直观性,弥补了传统媒体在形象逼真、记忆检索、技能技巧和动作描写等方面的局限,有助于提高教学的质量和效率。电子媒体可以记录、再现现场实况,还具有与学习者相互作用的能力,从而为个别化教学、继续教育以及教学模式、教学方法的改进提供了物质条件。电子媒体可以实现资源的共享,实现非线性的资料查询。新的电子媒体虽然具有上述优势,但它却不能替代传统媒体。比如印刷媒体在今后相当长的时间内仍是教学的重要工具。各种媒体各有自己的特点和功能,又有其局限性,在教学过程中相互补充,取长补短。

3.2.2 教学媒体的分类

随着科学技术的发展,教学媒体的种类越来越多,性能也越来越好。教学媒体发展至今,已是品种繁多。为了方便使用和研究,应该将它们分门别类。由于出发点不同,当前教育学家与传播学家对其分类有所不同。下面介绍几种当前常用的分类方法。

1. 按媒体发展先后分类

按教学媒体的发展先后分类,通常把过去传统教学中常用的媒体称为传统教学媒体,而将 20 世纪以来利用科技成果发展起来的电子传播媒体称为现代教学媒体。

(1)传统教学媒体

传统教学媒体通常指教学中常用的教科书、黑板、粉笔、挂图、标本、模型、实验演示装置等教学媒体。扩大一点范围,教师本人,包括教师的语言、表情、手势、体态、板书、板画等也是传统教学中常用的教学媒体。再扩大一点范围,传统教学中的校园环境、实验室、实验与实践基地,也可概括到传统教学媒体范畴中。

(2)现代教学媒体

现代教学媒体是指 20 世纪以来利用科技成果发展起来并被引入教学领域的电子传播媒体,在我国也称为电化教学媒体,主要包括:幻灯、投影、广播、录音、电影、电视、录像、电子计算机、手机终端等教学媒体。还包括它们组合的教学媒体系统,如语言实验室、多媒体综合教室、计算机网络教室、视听阅览室、微格教学训练系统、网络交互电视系统、校园计算机网络系统等。

2. 按媒体印刷与否分类

教学媒体按印刷与否可分为印刷教学媒体和非印教学刷媒体。

(1)印刷教学媒体

印刷教学媒体指各种印刷出版的教学资料和参考资料。如:教科书、图表、辞典、杂志、报纸、教与学的指导书以及其他印刷文字资料等。

(2)非印刷教学媒体

非印刷教学媒体泛指各类非印刷的电子传播媒体、视听材料和部分非印刷的传统教学媒体,如幻灯、投影、录音、电影、视频、计算机等。

3. 按使用媒体的感知器官分类

按学习者使用媒体的感知器官分类可分为:

(1)听觉型媒体,如口头语言、广播、录音。

(2)视觉型媒体,如教科书、板书、幻灯、投影。

(3)视听型媒体,如配录音的幻灯、电影、电视。

(4)相互作用型媒体,如程序教学机、计算机辅助教学课件、语言实验室、微格教学训练系统、网络交互电视系统等。

4. 按媒体的物理性质分类

根据现代教学媒体的物理性质可分为四大类。

(1)光学投影教学媒体

光学投影教学媒体包括有幻灯机和幻灯片、投影器和投影片、电影机和电影片等。这类媒体主要通过光学投影,把小的透明或不透明的图片、标本、实物投射到银幕上,呈现所需的教学信息,包括静止图像和活动图像。

(2)电声教学媒体

电声教学媒体包括电唱机、扩音机、收音机,教学信息以声音形式储存和播放传送。

(3)电视教学媒体

电视教学媒体主要有电视机、录放像机、影碟机、录像带、视盘、网络交互电视系统和微格教学训练系统等,它的主要特点是储存与传送活动的图像与声音信息。

(4)计算机教学媒体

计算机教学媒体包括有计算机、计算机课件、计算机网络教室、计算机校园网等,在各种教学活动中实现文字、图表、图像、活动图像等教学信息的传送、加工处理,与学习者相互作用,开展有效的教学活动。

5. 按媒体的使用方式分类

根据使用方式的不同,又可分为教学辅助媒体和学生自学媒体。

(1)教学辅助媒体

教学辅助媒体是辅助教师课堂教学的媒体,如投影、幻灯、电视和计算机课件等。

(2)学生自学媒体

学生自学媒体是指在教师不在场的情况下,学生可进行自学的媒体,如电影、电视、计算机网上资源等。

6. 按媒体呈现的形态分类

罗纳德·安德森根据媒体呈现的形态,将媒体分为 10 类:

(1)听觉媒体,如广播、录音、电话。

(2)印刷媒体,如程序课本、讲义、图表、卡片。

(3)听觉-印刷媒体,如录音带或唱片和图表。

(4)静止图像投影媒体,如幻灯片、幻灯卷片、投影片。

(5)听觉-静止图像投影媒体,如幻灯卷片、录音带,以及带有录音带的各类幻灯片。

(6)活动视觉媒体,如无声电影。

(7)有声活动视觉媒体,如有声电影、电视的录像。

(8)实物媒体,如实物、实物的模型或模拟。

(9)人类与环境的资源,如教师、教育者、环境。

(10)计算机,如计算机辅助教学。

7. 按信息传播过程中信息流动的交互性分类

根据信息传播过程中信息流动的相互性分类,可以分为单向传播媒体和双向传播媒体。

(1)单向传播媒体

单向传播媒体诸如电影、电视、书刊和演示等。这些媒体信息都是由教师流向学生,没有交互性。当采用这类媒体时,学生几乎没有机会去影响或改变信息。如果使用恰当,这些媒体可以在尽可能短的时间内,对大量的学生传递大量的信息。

(2)双向传播媒体

双向传播媒体诸如讨论、游戏、个别辅导、角色扮演等。这些媒体在传递信息方面,不像单向媒体那样有效,但它允许学生积极参与学习,影响信息的传播速度、内容及其再现。教师可以从学生那里获得有关学生理解和接受课程内容的反馈信息,并利用这种信息改进教学。双向传播媒体,还包括程序教学、计算机辅助教学一类的自学型媒体。

另外,根据教学媒体的制作技术分类,还可以把媒体分为基于视觉技术的媒体、基于视听技术的媒体、基于计算机技术的媒体和基于整合技术的媒体。

上述仅简介了部分教学媒体的分类法,我们可以按照研究工作的需要,选用那些最有用的分类法去应用。

3.2.3 教学媒体的特性与功能

各类媒体运用了不同的符号去运载信息,去刺激接受者不同的感官,使其所表现的教学功能与特性各不相同。因此,我们在编制与运用各类教学媒体时,应分析每种媒体的教学功能与特性,根据需要,取长补短,综合运用。

1. 教学媒体的主要特性

1964 年,加拿大著名大众传播研究者麦克卢汉(M. Mcluhan)在《理解媒介:论人的延伸》一书中,在论证人类进入电子时代的同时,对媒体的性质、特点、作用和分类提出了许多新的观点,其中一个重要的观点就是:媒体是人的延伸。例如,印刷品是眼睛的延伸,话筒是嘴巴的延伸,收音机是耳朵的延伸,计算机是大脑的延伸。这是对教学媒体的本质特性最精辟的概括。除此之外,教学媒体还有以下几个主要特性。

(1)存贮性(固定性)

教学媒体可以记录和贮存信息,以供需要时再现。如印刷媒体直接将文字符号贮存在书本上;音像媒体将语言、文字、图像、音响转换成声、光、磁信号,贮存在磁带或胶片上。媒体的这一特性使前辈们能够把丰富的实践经验逐渐积累并保存下来,教师们能够把宝贵的知识财富传授给学生。

(2)扩散性(传播性)

教学媒体可以将各种符号形态的信息传送到一定的距离,使信息在扩大了的范围内再现。扩散性(传播性)是媒体的重要属性。教学媒体的传播性包括传播速度、传播范围、传播能力等,只是不同教学媒体的扩散性有所不同。

(3)重复性(重现性)

教学媒体的重复性是指教学媒体可以根据需要,在特定的时间、地点多次被使用,而它所呈现的信息的质和量仍能在一定的时间和范围内保持稳定不变。另外,它们还可以生成许多复制品,在不同的地点同时使用。这种重复使用的特性满足了学生逐渐领会、重温记忆的需要,也满足了扩大受益面的需要。各种媒体由于其自身特点不同,它们的重现力也不同。

(4)组合性

两种或两种以上的教学媒体可以组合使用。这样的组合可以是在某一教育活动中将几种媒体适当编排、轮流使用;也可以是同时呈现各自的信息,如语言教学中录音机和幻灯机的配合使用。组合性还指一种媒体包括的信息可以借助另一种媒体来传递,如板书、图片、模型等可以通过影视屏幕来呈现。

(5)工具性

各种教学媒体相对于人来说,处于从属的地位,是人们获得和传递信息的工具。即使现代化媒体功能先进,但它还是由人所创造,受人操纵、支配。教学媒体只能扩展或代替教师的部分作用,而且适用的媒体还需教师和设计人员去精心编制、置备与操作。正如事实已经证明的,即使具有人工智能的计算机辅助教学,也不会使教师失业,而只是促进了教育技术工作者对于人机功能合理分配的思考。

(6)能动性

教学媒体在特定的时空条件下,可以离开人的活动而独立起作用。比如,优秀的音像教材和计算机课件的确可以代替教师上课;具有人工智能的计算机教育系统还可以根据学生的反应情况生成新的教学程序或教学材料。精心编制的教学媒体一般都比较符合教学设计原理,采用最佳教学方案的教学效果常常很好。

(7)表现性(呈现性)

表现性是指教学媒体表现事物的空间、时间、颜色和运动特征的能力。教学媒体重现信息的形式有所不同,其表现客观事物的时间、空间、颜色和运动特征等物理属性的能力也不同。

(8)可控性

可控性是指媒体受使用者操纵、控制的难易程度。

(9)参与性

参与性是指应用媒体教学时,学习者参与学习活动的机会。对于各种教学媒体,可以从这几个基本特性来全面考察它们的共同点和差异,以获得对媒体的全面了解。

2. 教学媒体的教学功能

使用精心设计制作的教学媒体软件在以教师为主的课堂教学、以学习者为主的个别化学习、远距离教育和特殊教育中扮演着不同的角色。但总的来看,教学媒体的作用表现在以下几个方面:

(1)使学习者接受的教学信息更为一致,有利于教学标准化。

(2)激发学习者的动机和兴趣,使教学活动更为有趣。

(3)提供感性材料,增加学习者的感知深度。

(4)设计良好的教学媒体材料,能够提供有效的交互。

(5)设计制作良好的教学媒体材料,有利于提高教学质量和教学效率。

(6)有利于实施个别化学习。

(7)将教学媒体与教学相整合,开展协作学习,促进学习者的"发现""探索"等学习活动。

(8)促使教师的作用发生变化。

(9)有利于开展特殊教育。

为了达到教学目标,提高学习效率和学习效果,为学生的学习创造一个更适宜的环境,必须在教学系统设计中进行教学媒体的选择与组织,了解各种教学媒体在教学中的作用是非常重要的。

3. 教学媒体的功能比较

教育活动是多种多样、极其复杂的。从实现教学目标的角度看,一切活动都是围绕着教与学而进行的,一切知识和技能都是在教学活动中被传授和习得的。作为教学活动四个要素之一的媒体,它在教师与学生之间相互传递信息的过程中发挥着自己的作用。教学媒体的功能主要体现在三个方面:

(1)呈示刺激,即向学生提供教学信息。媒体在编码和呈现信息的持续时间上可能是不同的。例如,影视是瞬变的图保媒体,而教科书则是长久的文字媒体。刺激可以是提供语词的,如通过讲授和阅读;也可以是提供表象的,如通过模型和演示。

(2)唤起反应,即让学生对接受的刺激作出反应。各种媒体在要求学生反应的频率和形式上可能也是不同的,如计算机辅助教学系统比其他媒体要求频繁很多的反应,集体讲授或观看电影则大多获得的是内隐的反应。

(3)控制学习过程,即使学生的学习不断趋近教学目标。各种媒体在通过评价调整学习行为上可能又是不同的,如语言实验室之类的交互性传播系统的评价控制功能肯定要比广播电视之类的单向传播媒体优势明显。

3.3 信息化教学过程

3.3.1 信息化教学过程概述

信息化教学过程和传统教学过程相比较,其教学环境、目标、内容、方法以及师生关系等都发生了深刻变化。作为与传统教学相对而言的一种发展形态,信息化教学的重要特征表现在技术对学习过程的有效支持,以及各种现代教学理念在技术应用过程中的融合与发展。

1. 信息化教学的基本理念

信息化教学是与传统教学相对而言的一种教学形态,其特征就是现代信息技术对学习过程的支持和现代教育理念在教学过程中的应用。教育理念的转变从深层次改变了传统的教学方式,而信息技术则从外部提供了强有力的支持手段。信息化教学的基本理念主要表现为4个方面。

(1)强调以学习者为中心

在传统教学过程中,教师是课堂的中心,是知识的占有者和传授者,学生围绕教师和教材展开活动。在信息化教学过程中,学生是学习的中心,传统的教师讲授式教学将不断让位于师生互教互学,形成一个真正的"学习共同体"。学生利用丰富的信息资源,按照自己的能力、风格、爱好选择适合自己的学习内容,采取灵活多样的学习方式,提高学习的能力,从而实现学习效果的最优化。教师作为学生学习过程的促进者,主要作用在于指导、监控和评价学生的学习进程。

(2)重视知识意义的自我建构

在传统教学过程中,学习者往往被看作知识灌输的对象,所谓教学就是教师将自己拥有的知识传授给学生,学生的独立性、主动性被忽视了;学生是被教会,而不是学会,更不是会学。在信息化教学过程中,学生在情境、协作与会话等学习环境中,在教师的指导和帮助下,主动地、富有个性地学习,对当前所学的知识进行意义建构并用其所学解决实际问题。

(3)关注信息技术与课程的整合

早期的信息技术仅仅作为学习的对象,后来发展到作为学习工具,目前更加注重信息技术与课程的整合。当前,学校中的课程和教学并没有因为使用技术而发生根本性的变革,信息技术的教育潜能也未能得到充分发挥,信息技术也还未能有效地融入课程与教学之中,技术与教学还存在"两张皮"的脱离现象。信息化学习过程强调课程与技术的整合,注重把信息技术整合于学习过程中。这种整合不是单纯地在学习中应用信息工具,而是在课程建设和教学过程中有机地整合各种教学理念、教学方法、信息资源和技术工具,把信息技术与课程/知识融为一体,推动教学过程和教学效果的最优化发展。

(4)注重对学习的过程性评价

在传统的学习过程中,特别是在课堂教学中,对学生的评价大多数情况取决于作业、单元测试、期中考试或期末考试。这些评价方式注重总结性评价,属于静态的评价方式。在信息化学习过程中,人们更加强调过程性评价,即在学习过程中对学生进行监督评价,并提供实时反馈,让学生在学习过程中不断调整自己的学习,提高学生的元认知策略,达到一种不断上升的学习效果。这是一种动态的、发展的教学评价观。

2. 信息技术对教学过程的支持

信息技术为教学过程的变革提供了有力支持,如开发基于真实问题的研究性课程,开发数字化、多媒体化、分布式的学习资源;有效拓展学习空间,构建新一代网络课堂、虚拟社区、虚拟实验室等学习环境;提供师生之间、学习者之间的方便、快捷、高效的学习交流渠道,创建各种类型的学习共同体等。我国有学者认为,信息技术作为学习者与学习环境互动的中介工具,主要包括学习管理工具、信息资源媒体、信息处理工具和社群互动工具。

(1)学习管理工具

技术的一项重要功能是支持对学习活动的管理和监控。它可以支持对学习活动的规划设计,收集和保留关于学习者学习情况的信息,为学习者提供有效的测评、反馈和建议,并在必要时有针对性地进行干预和控制。在传统的学习环境中,学习监控的职能在很大程度上是由教师人工完成的,而且主要是外部监控。在新的学习环境中,基于计算机的各种工具可以为学习的监控提供有力的支持,包括学习管理系统、电子学档、计算机辅助测验、适应性学习系统等,新型的计算机化学习环境更多地强调通过提供关于学习状况的信息和学习建议来促进学习者对学习过程的自我计划、自我监视和自我调节。

(2)信息资源媒体

信息技术作为媒体可以承载和传输各种内容资源,提高了信息资源的丰富性、交互性、灵活性和开放性。内容资源的具体形式包括课件、教学资源库、教学素材库、电子教材、电子书刊、学生自建数据库、数字图书馆、数字博物馆、虚拟科技馆等。这些内容资源既包括结构化程度较高的课件,也包括各种开放的素材资源;既包括校本资源和本地性资源,也包括全球范围内的分布性资源;既包括专门为教育目的设计开发的资源,也包括各种各样的并非专门为教育目的而开发的但可以用于教育的信息资源。图书馆、博物馆、科技馆、美术馆及大众传媒等公共服务机构可以借助多媒体网络技术为教育提供丰富的、高质量的资源和更便捷的服务。

(3)信息处理工具

学习过程中包含非常复杂的信息加工活动,需要借助一定的信息处理工具,如计算工具、写作工具、绘画工具等。计算机等信息技术从诞生之初就是为了完成信息加工任务的,随着这种高级的信息加工工具的发展,它能够更有效地帮助学习者实现灵活开放的、随时随地的信息处理活动。因此,在信息时代,学习者可以充分利用计算机等信息技术更有效地加工信息,如各种用于处理文字、数据或多媒体信息的应用软件,多媒体与网页著作工具,模拟建模与知识可视化工具,各种面向特定认知任务的认知工具(如概念图工具等),以及帮助学习者完成各种具体任务的智能教育代理等。

(4)社群互动工具

网络等信息技术越来越成为一种人类沟通交流的有力工具,而人际交往与互动则在教育过程中占有核心地位。计算机媒介沟通(computer-mediated communication,CMC)工具可以有效地支持人际互动,扩展参与沟通的成员的范围,扩展理解与思想的广度,促进学生与同伴、教师、专家等人士跨越时空的沟通交流。CMC 既可以支持同步交互(如网上聊天室、视频会议等),让学生能够与身处远方的同学、教师和专家实时交流,也可以支持异步交互(如 E-mail、BBS 等)。而且,利用计算机支持的协同工作(CSCW)工具(如共享白板)还可以实现学生的网上远程协作学习以及教师之间的合作。

3. 信息化教学过程的特征

信息化教学过程是在技术化环境中以学习者为中心展开的,这是其最基本的特征。在信息化教学过程中,学习者不再是等待知识灌输的对象和外部刺激的被动接受者,而是积极的信息加工的主体,意义的主动建构者;教学不再仅仅关注学生的智力发展,而是关注学生作为一个“完整的人”的发展,即更加注重学生智力和人格发展的协调。

教学过程中的技术是用来强化现行的课程教学,还是实现新型的信息化教学,这在很大程度上取决于教师。信息技术的应用不会自然而然地创造教育奇迹,它可以被用于促进教育革新,也可以被用于强化传统教育;技术的发展并不必然带来教学的革新,只有应用现代教育理念摒弃传统教学的弊端,才能真正实现信息化教育这一崭新的教育形态。

信息化教学过程和传统教学过程相比较,从学习目标、教学内容、教学方法、教师角色、学生角色等方面都发生了深刻的变化,变化是多维度、多层次、多方位的。表 3-1 比较清晰地反映了信息化教学过程区别于传统教学过程的一些本质特征。

表 3-1　信息化教学过程与传统教学过程的比较

	传统教学过程	信息化教学过程
学习目标	低层次的理解	深层次的理解
教学内容	严格忠实于固定的教材	追踪学生的问题和兴趣
教学资源	材料主要来源于课本和手册	多样的、情境性的信息
学习控制	主要依赖教师的监控	注重学习者的自我监控
社会情境	缺乏有效的沟通、合作和支持	充分的沟通、合作和支持
教学方法	教师向学生传递信息,学生是知识的接受者	教师与学生对话,帮助学生建构知识
教师角色	指示者、专家和权威	发问者、引导者、帮助者、促进者、协商者、谈判者
学生角色	学生主要是独立学习	注重合作学习
教师评价	通过测验、正确答案来评价学生,强调结果;评价主要采取定量分析的方法	既通过测验也通过学生的作品、试验报告和观点来评价学生,过程和结果一样重要。评价采用定量与定性分析相结合的方法
知识状态	知识是静态的	知识是动态的,注重学生的发现与体验

3.3.2　信息化教学的策略运用

教学策略主要包括组织策略、传递策略和管理策略等,它一般具有目标指向性、技术操作性和过程动态性等特点。教与学的过程通常都会面临各种复杂多变的现实情境,如何在动态变化的教学情境中随时作出相应的有效活动策略,这将直接影响教与学的效果。

教学策略通常是指为达到教学目的而采用的手段和方法,它是一种能够适用于各种具体情境的操作性技能和规则性框架。策略介于抽象的目标和具体的行动之间,它不同于具体的方法,而是根据教学目标需要对具体行动方法的考虑和规划,是在具体的教学情境之中表现出来的具有技巧性特征的行动方式。

学习策略描述的主要是学习者对学习过程进行的自我调节和控制,而教学策略则主要描述为了促进学生的学习,教师对教学活动所进行的设计调节与控制。学习策略和教学策略并无本质的区别。各种学习的方法和技术,如果由学生自主调节和控制用来学习,它们是学习的策略;如果以教师控制为主来组织和开展教学活动,用以促进学生对知识的学习时,则被称为教学策略。同样,各种教学策略如果由教师组织和控制转化为学生自主组织和控制时,它们也就转化成学生的学习策略了。

1. 教学内容的组织策略

教学内容的组织策略可分为宏策略和微策略两个层次,它主要涉及对教学信息、教学内容和教学材料的设计与呈现等问题,是关于教学内容的序列结构和编排组织的策略。

(1)教学组织的宏策略——精细加工理论

教学的宏策略关注教学内容的选择编排及知识间的组织结构等,它主要考虑如何将各类不同的知识(如事实、概念、原理、过程等)组织成一个有机的整体(如一节课或一门课程),以及如何在不同的知识点之间建立有机联系等。

瑞奇鲁斯(C. M. Reigeluth)提出的精细加工理论(elaboration theory,ET)通常采用变焦镜头的隐喻进行类比。人们使用变焦镜头拍摄照片时,首先,注意画面的主体及其各部分间的关系,开始时往往并不注意细节;其次,可能聚焦到某一局部来仔细观察画面的细节部分;最后,将镜头拉回广角,观察该部分与其他部分以及与画面整体的关系。如此反复,拍摄者便可以逐渐认识镜头画面的整体结构、组成部分及局部与整体或局部与局部之间的相互关系。

基于"变焦镜头"的类比,精细加工理论主张教学应始于一种特殊的概览,它以教材中最简单、最基本的观念作为焦点,其后再就概览中的某一部分或某一方面添加细节或增加复杂程度,再重新回顾概览以及呈现新观念与先前观念之间的关系,最后通过总结和综合对教学内容继续进行精细加工,直到实现全部的预期要求为止。精细加工理论提出了教学内容组织的 7 种策略成分,即从简单到复杂的序列(学科结构)、学习的先决条件序列(课时结构)、总结、综合、类比、认知策略激发器和学习者控制方式。

精细加工教学的一般模式通常是从呈现摘要课开始的。摘要课的组织程序通常包括:确定哪一种知识类型作为组织性内容,其余两种则作为支持性内容;列出学科知识的全部组织性内容;选择其中最具代表性的、最简单的基本观念,在具体的应用水平(而不是抽象的记忆水平)上提供呈现。摘要课的教学过程一般包括启动动机提供类比、说明先决条件、呈现组织性观念、呈现支持性观念、课内总结与综合等。摘要课完成之后就可以按照学科内容的层级结构逐步开展课程教学,每次课的教学结构都与摘要课的模式基本雷同,如此继续,直到完成预定的教学任务。

(2)教学组织的微策略——成分显示理论

微观组织策略通常被看作是对微观教学内容的编排问题,它主要关注如何针对概念或原理等个别知识点来组织教学。梅里尔提出的成分显示理论(component display theory,CDT)首先将学习结果按照"业绩—内容"二维矩阵进行分类:业绩维度是指学生学业行为的表现水平,它通常分为记忆、应用和发现 3 个层次;内容维度是指教学材料所涉及的具体项目类型,包括事实、概念、过程和原理 4 类。根据业绩层次和内容类型可以确定出相应的教学目标,再据此制订出与教学目标相匹配的具体要素,如目标条件、目标行为和目标标准等。

梅里尔认为,教学的呈现形式(即教学策略)可分为基本呈现形式(primary presentation forms,PPF)和辅助呈现形式(secondary presentation forms,SPF)两种类型。按照知识内容和呈现形式的不同,基本呈现形式主要包括探究事例、探究通则、解释事例、解释通则 4 类。辅助呈现形式是指在基本呈现形式之外提供的一些“精细加工”信息，如提供学习帮助、唤醒先决知识、替代表征（指以不同方式或在不同情境中重现信息）记忆术、学习反馈等。通过适当的辅助呈现形式，能够使教学起到提高学生学业成绩和学习效率等作用。

传递教学的呈现形式虽然只有讲解和探究两种方式，但呈现的内容要素却可以是一般性定义、过程、原理或具体事例等，因此，呈现形式与内容要素的匹配便能够产生出多种教学的组织和传递策略。成分显示理论的关键内容是开列教学处方，不同的教学处方是在对不同类型的学习内容所要求的学习结果（行为目标）进行分析的基础上得出的，教学呈现形式的选择也由此而来。

2. 教学过程的行为策略

教学行为是教师为完成教学目标和教学任务在教学情境中表现出来的教学活动行为，它通常包括引发动机、教学交流和学习指导等基本类型。教学行为是教学过程的有机组成部分，对它的选择和运用既要考虑教学目标、教学内容和学生特点，又要考虑各种教学行为自身的功能效果和表现形式。

（1）动机激发策略

学习动机作为推动学生学习的内部动因，一般涉及学习兴趣、需要、驱力和诱因等诸多方面。学习动机的激发是指通过外在刺激使学生潜在的学习需要转化为积极的学习行动。其关键在于利用一定的外部诱因，促使已经形成的学习动机由潜在状态转为活动状态，从而推动学生的学习行为。

激发学生的学习动机一般应掌握以下策略：

①提出明确而又适度的学习要求。合适的目标要求应该是“跳一跳，摘桃子”，也就是说，学习目标应该制订在教学的“最近发展区”之内。

②以激发内部动机为主，外部动机为辅。新颖的学习材料、有趣的问题情境及启发式教学等都有利于引发学习的内部动机；采用生动的学习材料或使用不同的信息呈现方式可以调动学生的学习兴趣，如利用录像、投影等媒体或采用游戏与模拟、计算机演示等方式都能激发起学习的内部动机。

③及时提供对学习结果的反馈。学生及时了解学习的结果，会对学习动机产生很强的激励作用。

④恰当运用竞赛、评价与奖励等措施。应注意使用的合理性，否则效果会适得其反。如频繁竞赛会造成学习的紧张气氛并加重学习负担；错误评价会挫伤学生的自尊心和学习自信心等。

（2）信息呈示策略

信息呈示是指在教学过程中教师向学生呈现信息内容的行为。按照教学手段的不同，教学过程的信息呈示可分为语言呈示、文字呈示、动作呈示、教具呈示和视听呈示等基本类型。

语言呈示主要是指教师在教学中的讲述行为。文字呈示主要是指教师以板书呈示知识要点或结构等。动作呈示是指教师通过演示操作或特定的动作示范，为学生提供训练模仿的学习信息，从而使学生学会相应的动作技能或操作行为。教具呈示是指使用实物标本或模型等直接为学生提供感性经验。使用各种教具呈示信息时，应注意结合教师的讲解、分析或操作演示，并向学生说明模型与实物之间的差异性，以免给学生留下错误印象。对于外部结构不清或者内部结构无法表现的模型或实物教具,应该注意与其他手段配合使用,如借助挂图、投影等手段来说明事物的内部结构或关系等。

视听呈示是指通过各种音像媒体技术来表现知识内容的教学行为,如使用投影媒体、电声媒体、电视媒体、多媒体计算机技术等向学生呈示教学信息。常用的视听呈示方式主要有:讲述以前呈现,用于引发兴趣或分析任务;教学难点呈示,用于帮助学生释疑解惑;讲解之后呈示,用于知识总结或综合归纳;使用交互式媒体如计算机等进行人机对话学习或个别学习指导等。

美国著名心理学家梅耶通过研究发现,同时接受言语和视觉形式解释的学生(多表征组)在问题解决迁移测验中作出的创造性解决方案,比仅接受言语解释的学生(单表征组)平均高出75%,这被称为符号表征的多媒体效应;而当言语和视觉解释结合呈现时(结合组),学生对迁移问题的创造性解决方案比言语与视觉解释分开呈现时(分离组)高出50%,这被称为结合效应。教师应用多媒体技术呈现教学信息时,首先要了解各种媒体的功能特点和使用方法,然后根据教学内容和目标需要来选择恰当的媒体类型和组合方式,从而对教学过程中媒体技术的应用进行良好的设计。

(3)教学会话和指导策略

教学会话是指师生之间通过语言方式共同进行的学习交流活动,如课堂提问、作业答疑、组织讨论、通信交流等,其中,提问和讨论是教学过程中最常用的会话方式。提问能诱发学生参与教学过程,调动学生的学习动机,为学习提供注意线索、课堂练习与交流反馈的机会,并有助于促进学生学习结果的迁移。教学讨论则是在学生之间以及学生和教师之间进行的一种教学会话行为,形式主要有学习小组讨论(针对具体知识内容)、活动小组讨论(与特定任务或具体活动有关)和专题内容讨论(针对某一主题或是有争议的问题)等,它有助于促进师生之间的相互作用,能够使所有的学生都参与到学习活动之中,同时,还有助于学生形成对某一问题较为一致的理解、评价或判断,是一种有利于促进学生发现学习和知识建构的教学策略。

当以学生为主开展各类教学活动时,教师的作用主要体现在学习指导(或辅导)方面。如帮助学生确定活动主题和目标,指导学生设计活动内容和实施方案,帮助学生选择确立活动方式和方法,并进行人员分工和组织。教师可以通过参与活动过程以讨论、问答、参观或观察等方式引入活动课题。在活动过程中遇到困难时,教师应启发学生独立思考,探究问题,寻求问题解决的途径;教师应对学生的活动给予适时的评价,通过组织交流共同提高对学习和探究活动的认识。

3. 信息收集与评价策略

一个具备信息素养的学习者,必须具备信息收集能力、评价能力和交流能力。如能够确定何时需要信息,并具有检索、评价和有效使用信息的能力;要学会查找那些与自己兴趣和需要相关的信息,同时要学会排除干扰信息;能对各种信息进行分类并判别其可信性、可利用性和相关性;要学会使用适当的信息形成自己的结论并与别人进行交流与沟通。在信息化教学过程中,教师要重视学生的信息应用策略的培养。学生必须掌握信息的收集、加工、整理、评价、交流的策略,学会控制和管理信息的能力,成为具备信息素养的学习者。

(1)信息收集策略

信息化时代的教学信息源越来越丰富,有效的信息使用者应该能够合理利用可获得的各种资源。人们不仅可以从书籍、网络、杂志、电视、广播、录像带、电子光盘等获取信息，还可以通过互联网获取更多的信息资源。由于互联网资源极其丰富，学习者除了要具备传统的信息搜索技能以外，还需熟悉并能熟练应用网络信息获取的方法、策略和技能。

①网络信息搜索过程

有效的网络信息搜索过程一般包括6个步骤，即确定搜索主题、制订搜索计划、选择搜索工具、实施搜索过程、评价信息质量和存储搜索结果。

a. 确定搜索主题。为提高搜索效率，在正式搜索之前，应该分析自己所需信息的主题和关键字。主题是否清晰是选择搜索工具的依据，清晰的主题可以借助关键词搜索引擎获得相关信息；模糊的主题可以通过浏览主题树或主题目录得到所需资料。

b. 制订搜索计划。运用搜索计划是保证搜索系统化的一个非常有效的策略。搜索计划主要包括3个方面：一是搜索什么，这是对搜索主题的细化，围绕主题列出详细的搜索目标；二是到哪儿去搜索，针对每一个具体的搜索目标，分别列出可能的信息源；三是如何搜索，预设搜索过程，分析哪种搜索工具可能最恰当，哪种搜索方法可能最合适，搜索过程可能包括哪些步骤。

c. 选择搜索工具。熟悉互联网上常用的搜索工具及其特点，对于合理选择搜索工具，提高搜索效率是很有必要的。为了获得最好的结果，需要为每一项任务选择最恰当的搜索引擎或者把多种搜索引擎结合起来使用。

d. 实施搜索过程。搜索过程应选择合适的关键词，关键词一定要和主题密切相关，搜索过程中应使用尽量多的关键字，以缩小搜索范围，减少结果中的链接数。掌握逻辑运算符（与、或、非）的使用方法，使用这些操作符，可以大大减少搜索范围，减少命中数量，节省时间。学生应该学会浏览式搜索、超文本式搜索、纲目式搜索和逻辑式搜索。

e. 评价信息质量。搜索过程中要进行信息评价，以便确定信息是否和主题相关、信息来源是否可靠等问题。

f. 存储搜索结果。把搜索到的与主题相关、又相对可靠的文档下载到本地计算机上。把获得的有价值的信息进行归类、合并，使其成为一个结构完整、条理清晰的文档。

②网络信息搜索策略

互联网上包含有巨量的各类信息和资源，要想快速对互联网信息进行检索和查询，除了需要依靠搜索引擎工具的帮助，还需要掌握一些信息搜索的策略与技巧。

a. 选择恰当的关键词。恰当选择关键词是网络信息搜索成功的保障。确定关键词首先要明确需要搜索的信息主题，然后提炼此类信息最具代表性的关键词。可以使用一个关键词进行搜索，也可以按照“与（AND）”“或（OR）”“非（NOT）”“+”“-”等逻辑关系同时使用多个关键词进行搜索，以提高信息检索的准确率。

b. 句子检索法。检索网络信息所用的关键词既可以是单词或词组，也可以是一个完整的句子。如在搜索小说、文章等文本内容时，最简单的方法就是用文本标题作为关键词进行搜索，或是使用文中的某句话进行检索，这样可以提高信息检索的准确率。

c 文件检索法。如果搜索目标是一个文件，可以充分利用文件的名称标志。当需要搜索某种设备驱动程序时，如果选择设备的品牌或型号为关键词，则会返回许多与主题无关的设备信息；如果在关键词后面加上ZIP或RAR等常用文件扩展名，则搜索效率会明显提高。

d. 利用"同类链接"快速查找相关信息。如果希望从互联网上找到同类的系列网站，可以利用某个网站名字或地址作为关键词，因为链接到查询站点的往往是同类站点。利用这种方法可以快速找到一系列相关的网站。

e. 中西结合检索法。在使用搜索网站时，灵活地结合中文和英文可以很好地完成某些搜索任务。如使用英文或中文词汇进行关键词检索，指定搜索网站只返回中文或英文网页结果；也可使用中文和英文关键词混合检索，只要求返回中文或英文网页信息等。

(2)信息评价策略

丰富的网络信息一方面拓展了教育信息的来源；另一方面也给教师和学生选择和评判信息增加了技能要求。在信息的海洋中，面对大量良莠不齐的信息资源，如何甄别各类信息的质量和价值，如何确定哪些信息真正符合自己的需要？作为一个有效的信息使用者，必须学会分析和判断信息的可信性、有效性和可用性。

1997 年，罗伯特·哈里斯开发了网络信息评价的 CARS 量表：可信度、准确度、合理度和支持性作为评价网络信息的 4 个最基本的指标。

①可信度

信息的真实性、可靠性非常重要。若一个网络信息是以匿名发布的，或没有一定的质量保证的依据，或对该信息的评价是否定的，或信息中有多种语法错误、拼写错误等，那么，该信息的可信度就值得怀疑。一般情况下，信息的可信度可以从以下 3 个方面进行考虑：

a. 作者(信息提供者)的可信度。网页的作者是谁，是个人、机构还是组织，作者发布信息的动机是什么，是否提供了作者的 E-mail 地址等联系方式，作者是否花了大量时间提供其他相关网页的链接？

b. 质量保证的依据。学术期刊的文章由于经过了严格评审，一般有可靠的质量保证。而对于一般的网络信息，有些要素可以反映它是否有一定的质量保证，如发布站点的组织是否具有一定的影响力和权威性等。一般高等院校、科研机构、政府机构等站点发布的信息要比商业站点和娱乐站点的信息更可靠。信息来源可通过信息所在站点的域名得知。

c. 元信息。元信息是指有关信息的信息，主要有总结性和评价性两类。总结性元信息通常是对信息内容的概括，如摘要、内容总结等。它提供了一个内容框架，人们无须对所接触到的信息从头到尾进行阅读，便可对该信息有大概的了解，这样不仅节约时间而且可以增大信息量。评价性元信息主要是有关于信息内容的分析判断，如评论、被索引的次数、推荐意见、评述等都属于该类。总结性元信息与评价性元信息可以相互结合，以便对信息提供精练准确的概括。

②准确度

对准确度的验核主要是确保所获取的网络信息的内容是正确的。影响准确度的要素有：

a. 时效性。信息都有生命周期，即具有时效性。在网上查找到信息后应注意它的发表日期，以确定该信息是否有使用价值。

b. 全面性。准确度较高的网上信息应该具有一定的全面性，其观点和结论不是偏颇的、走极端的，而是建立在全面、准确的基础上的。

c. 针对性。针对性是指搜索命中的目标与所研究主题之间的相关程度。

③合理度

网上信息若具有合理性,就应做到信息内容公正、客观、一致。

a. 公正性。公正性即网页提供的信息是合理的、理智的,不加入个人的感情色彩和倾向性。

b. 客观性。虽然没有什么东西能绝对客观,但是一个有价值的网络信息应尽量做到客观。有些信息因为受政治、财政或商业利益的驱动,失去了客观性,尤其是商业类广告信息等较为突出。

c. 一致性。一致性是指网页信息应该前后一致,不矛盾。

④支持性

a. 出处。一般被索引内容的出处、作者等都可以间接反映网页提供信息的质量。

b. 确证。在引用一种观点或论断时,应考虑是否有足够的证据表明这种观点或论断的正确合理。

c. 外部一致性。外部一致性是指网页提供的信息通常是由新旧信息共同组成的,用户可以通过对其中已知信息的质量来推断网页上的新知识的质量水平。

总之,对网络信息的判断,要借助于丰富的预备学科知识,同时,要尽可能多地收集相关信息,多角度、多层次地了解不同作者的相关论点,着重考虑其可信度、准确度、合理度和支持性 4 个因素,对其进行综合评价,以确保信息质量。

3.3.3　信息化教学评价

1. 教学评价的内涵

(1)教学评价的含义

教学评价是指运用一系列可行的评价技术和手段评量教学过程和效果的活动,以确定教学状况与教学期望的差距,确定教学问题解决对策。它是教学各环节中不可缺少的一环,也是教学设计中尤为重要的一个组成部分。其根本目的是确保改善学与教的效果。它根据具体某学科的教育目的及原则,对教学过程和所产生的成果进行定性的测量,进而做出价值判断,并为学生的发展和教学的改进提供依据。

(2)教学评价的类型

教学评价方法按照不同的划分标准可以有不同的类型。这里我们按照教学阶段对教学评价进行如下分类。

①诊断性评价

诊断性评价也称安置性评价或者前置评价,是为了确定学习者已有的学习准备程度或教学设计基础而进行的评价活动。

诊断性评价一般在教学或设计活动开始之前进行,如入学时的摸底测验、分班测验就属于诊断性评价。它实质上是一种为查明存在的问题进而分析问题的活动。这种有计划的学习内容的诊断性测验结果还可以作为学习结束后判断学习进步的依据。

②形成性评价

形成性评价是在教学过程中实施的评价,在每完成一段教学(一节课或一个单元)后进行。它是为使教学设计、教学过程更为完善而进行的对学生学习结果的评价。其目的不是对学习下结论,而是了解学习情况。课堂上的提问可以看成最简单的形成性评价。通过形成性评价，教师可以有效地把握每一个阶段的学习成效，了解存在的问题和不足，以便能及时地调整和改进教学。

同时，还可以让学习者确认自己的学习成果，并使之得到强化。让学习者在完成一段学习后获得一种满足感，增强信心，促进进一步的学习。因此，形成性评价可以说是一个有效的反馈机制。

③总结性评价

总结性评价是在教学结束后进行。这种评价的目的是了解整体的效果，提供一个总体评价成绩的资料。总结性评价往往又具有后继新阶段的诊断性评价的作用。

(3)教学评价的功能

①反馈调节功能

反馈调节功能通过评价反馈的信息，指导与调节教师与学生的教和学的活动，从而增加教学活动的有效性。这种反馈信息包括两类：一是以指导教学为目的的对教师教学工作的反馈指导。教师利用评价的结果可以了解学生学习的实际情况，发现教学存在的问题，反思和改善自己的教学计划与教学方法，通过这种评价也可以间接提高学习者的学习效果。二是以自我调控为目的的学习者自我评价。学习者通过自我评价加深对自己的了解，以便调整学习策略，改进学习方法，增强学习的自觉性。

②强化激励功能

科学的、合理的教学评价可以调动教师教学工作的积极性，激发学习者的内部学习动力。对教师而言，客观公正的评价可以使教师明确教学工作努力的方向，学习他人之长，发扬自己之长，克服自己之短，改进自己的教学；对于学习者而言，教师的表扬和奖励、学习成绩测验等可以提高学习的积极性和学习效果。但在评价过程中，教师和学习者都应把注意力集中在教学过程中，弱化量化评价结果，尽量避免给学生排名次或比高低，避免打击学生的学习积极性。

2. 信息化教学评价的特点和原则

信息化教学评价是指根据信息化教学理念(目标/人才观/教学模式等)，运用系列评价技术手段对信息化教学效果进行评价的活动。

(1)信息化教学评价的特点

信息化教学评价符合信息化教育的要求，其特点主要是通过区别于传统教学评价的一些方面来体现的。其主要表现在以下几点。

①评价重心不同

传统教学评价侧重于评价学习结果，以便给学生定级或分类。信息化教学评价则侧重于评价学生的表现和过程，关注评价学生应用知识的能力。

②评价标准的制定者不同

传统评价的标准是根据教学大纲、教师或课程编制者等的意图制定的，因而对学生的评价标准是相对固定和统一的。在信息化教学中，评价的标准往往是由教师和学生根据实际问题和学生先前的知识、兴趣和经验共同制定的。

③对学习资源的关注度不同

在传统教学中，学习资源往往局限于相对固定的教材和辅导资料。在实际的教学过程中，很少有对学习资源进行评价的活动。而信息化教学评价非常重视学习资源的评价。

(2)信息化教学评价的原则

①体现“以人为本”的教育理念

评价是为人的终身发展服务的。在进行教学评价时,应充分体现“以人为本”的教育理念,承认评价对象的差异性,对个体发展需要予以尊重,使评价对象得到更好的发展。

②基于现实

在对学生的完成程度进行评价时,要重点关注学生在完成实际任务过程中所表现出来的能力,如提问能力、理解能力、合作能力、克服困难的能力、创新能力等。教学评价的重点应该是如何让学生的这些能力得到有效提升,而不是对这些能力做出简单的判断。

③评价应贯穿于整个教学过程

在信息技术环境下,评价是同教与学的过程并行的一种持续的、动态的过程,评价应贯穿于教与学过程之中。

④注重学生的自我评价

在制定评价的内容、方式和标准时,应让学生参与其中,进而不断发展他们自我评价的能力,使他们发现自身存在的问题,并不断进行改进,进而提升自身的能力。

3. 信息化教学评价的方法

(1)自我评价

①自我评价的含义

自我评价是指评价对象根据一定标准,自己对自己进行的评价。让学生学会自我评价,不仅可以帮助学生认识自己的现状与目标的差距,而且可以促使学生逐步学会自我监控、自我调整、自我改造和自我完善,不断提高他们的主体意识和自我教育能力,形成独立自主、开拓创新的人格特征。

②自我评价的主要内容

自我评价的内容主要包括以下两个方面。

a. 基础知识和技能。

b. 情感与个性特征,包括道德品质、学习态度和技能、合作和交流能力、学习风格、记忆方式、思维习惯、创造意识和实践能力、人格成就、劳动、关心集体等。

③自我评价的实施

自我评价的实施可以从以下几个方面着手。

a. 采取多种评价方式。自我评价以形成性评价为主,以总结性评价为辅助。

b. 以自我评价为主,同时也要听取他人的评价。进行自我评价,并不是要完全消除外部评价。自评和他评在信息化教学评价中都发挥着重要的作用,因此,要注重自评与他评的结合。自我评价在信息化教学中起着自我调控的作用。学生通过进行自我评价能够有效实现自我教育、自我管理,而且能够消除他评引起的焦虑、沮丧情绪,进而让学生积极了解自己的进步和不足,不断完善自己。他评通常对自评具有一种导向作用,即定向引导学生的学习活动,帮助学生认识并分析学习过程中存在的问题,并采取改进方法,对学习的节奏、状态和方法等进行调整和改进。

c. 自我评价以承认和尊重每个学生的个性差异为前提,以激励、发展为目的,对不同学生采用的评价策略、标准尺度不同。

d. 重视评价后学生行为的调整。进行自我评价主要是为了让学生对自我有一个客观的认识，既要认识到自身的优势，又要认识到自身的不足，并根据评价结果对自身进行适当完善和调整，保证评价能真正发挥作用。

(2)绩效评价

①绩效评价的含义

绩效评价是教师以教学目标与评价准则为整体支撑架构，让学生通过应用知识与技能等高层次的思考历程，在建构而非简单再认识或记忆的练习进程中获得深度认知、情感与技能发展的评价方式。它要求评价者创设尽可能真实的问题情境，让学习者在其中展示学习成果，它是通过实际任务来表现知识和技能成就的一种评价。

②绩效评价的特点

a. 对学生有一定要求。学生可依据问题情境，以科学的论证和推理方式建构合乎自身认知的、具有创造性的解决问题的方案，产生具有创造性的作品。

b. 与现实生活密切相关。在进行绩效评价时，一定要充分联系现实生活，在真实的情境中开展评价。所谓的真实情境，包括对日常生活情境的模拟，或者真实情境中的实际操作。

c. 重视过程和作品。与传统评价不同，绩效评价非常重视过程。可以说，通过评价过程，能够了解到学生的反思能力、合作能力、信息搜集能力以及创造力等，而各种能力的综合作用集中反映在作品中。

d. 事先确定好评价的标准。例如，学生作业表现中哪些是优秀的、哪些表现属一般或不好，表现的哪些层面属于主要评分点，这些规则和标准应事先给学生一些反馈，可制作成量规展示给学生，以增加评价的有效性。

③绩效评价的内容

一个科学全面的评价体系首先应该对其评价内容有相关的规定和选择，信息化教学绩效评价具有其特定的评价内容。具体而言，包括以下两方面的内容。

a. 教师的教。信息技术环境下对教师的教的评价包括教学目标、教学内容、教学策略、现代媒体资源、教学运作、教学效果等方面。

b. 学生的学。为了对信息技术环境下学生的学习效果进行全面评价，将学生的学分为对学科知识的掌握、综合能力的提高、情感态度的转变和学习效率的提高等方面。

(3)量规评价

量规是一种结构化的定量评价标准。量规在我国机械行业指的是用来判断被测件的长度是否合格的长度测量工具。在信息化教学中，量规也作为一种测量工具，有所不同的是测量的对象、目的不同。随着教育信息化的不断发展，学习任务越来越多地以非客观性的方式呈现，传统的客观性评价已无法适应信息化教学评价的需要，量规评价则广受重视。

①量规的特点

量规评价的标准各不相同，但不同的量规都有一些共同的特征。

第一，量规是绩效评价的有效评价工具。量规将多方面整合的任务的复杂性与经过深思熟虑、设计好的、能够真实测量这项任务的责任结合起来，根据学生在给定作业与任务上产生的成果、作业或学习结果对学生进行评价。

第二，量规具有较强的适用性。评价作文仅仅是使用量规评价的一种情况，量规还可以用于评价小组活动、多学科以及口语等。比如语文、数学以及科学课程上。量规的使用并不依赖于年级和学科，而是评价的目的。

第三，量规是质性评价和多元评价的基础。信息化教学评价要求学生评价以质性评价为主，强调多元化的评价方法。近年来国外发展了许多新的评价方法，为了完成某项评定，教师要根据一个完善、公平的量规才能将获得的信息和资料用于判断学生的学业情况。

②量规的组成要素

一个量规是一套等级标准，一般由以下三个要素组成。

a. 评价指标。决定着任务、行为或作品等质量的各个要素都是重要的评价方面，都可以作为重要的评价指标。指标的确定可以由大到小，逐级分解，可分解为一级指标，一级指标再分解为若干个二级指标，等等。在评价过程中每个指标所占的分量也是不同的，这就需要赋予不同指标以不同的权重，即指标权重，也就是各个指标要素在被评价对象总体上所表现出的重要程度。

b. 评价标准。量规中要对每一条评价指标都进行具体的描述，组成从好到差或从差到好的一个序列，这些具体的描述即评价标准。

c. 水平等级。对学生绩效水平的描述，既可以采用数字，也可以采用简短的语言，有时也可将数字和简短描述语言结合起来使用。

③量规的设计原则

a. 根据教学目标的侧重点确定各评价指标的权重。对量规中各评价指标的权重（分数）进行合理的设置不但可以帮助有效地评价，还可以引导学生把握好努力的方向，起到目标导向的作用。评价指标的权重设计与教学目标的侧重点有直接的关系。

b. 根据教学目标和学生的水平设计评价指标。教学目标不同，量规的评价指标也应不同，尽可能考虑到评价对象的重要属性和特征。

c. 评价标准的描述语言要具有可操作性。在对量规的各评价指标进行解释时，应使用具体的、可操作性的描述语言，而避免使用抽象的、概念性的语言。

3.3.4　信息技术与课程整合

1. 信息技术与课程整合的必要性

在信息化的大背景下，将信息技术与课程予以整合，有助于推动现代课程教学改革的发展。具体来说，其必要性主要体现在以下几方面。

（1）信息技术与课程整合将促进课程内容的革新

伴随着现代信息技术的快速发展，现代信息技术的应用范围也在不断扩大，越来越多的信息技术被运用于人们日常生活的方方面面。而对于现代教育来说，将信息技术纳入现代课程教育过程中，不仅有助于利用信息技术形象化、生动化、多样化地呈现课程内容，而且有助于学生通过发达的信息网络获取各类信息资源，同时还有助于教师根据信息网络实时更新的各类信息资源，不断革新、充实原有的课程内容，进而推动学校课程内容的革新，适应现代社会发展对课程教育内容的要求。

（2）信息技术与课程整合将带来课程资源的变化

信息技术的快速发展、网络资源的丰富性与共享性，大大冲击了传统课程的资源观。在现代社会，课程资源已经不再像过去一样，仅仅以一本书、一系列教材等印刷制品的形式出现，其范围被大大扩展，网络资源、音像制品、视频图像等都被纳入现代课程资源的范畴。

这种资源形式的拓展不仅有助于及时更新现代课程教育的内容,而且能大大丰富课程教学的整个过程,增强学生与教师的体验感,不断提高课程教学的效率。

(3)信息技术与课程整合将带来传统教学策略和理念的革新

新技术作为课程教学的辅助工具正在不断改变传统教育理念,而且在信息技术的加持下,研究性学习、探究性学习正以全新的姿态冲击着传统的课程教学模式。具体来看,一方面,信息技术与课程的整合带来了学习方式的巨大变革,将信息技术与课程整合,有助于教师转变传统的教育、教学观念,从传统的“填鸭式”教学,转为学生主动式学习、探究式学习、研究式学习等,从而不断提高学生学习的主观能动性。另一方面,信息技术与课程的整合,不仅有助于学生通过信息技术进行自我测评,进而根据自己的情况予以改进,也有助于教师通过信息技术开展动态评价、综合评价、全面评价,从而不断完善现代教育课程评价的方法。

2. 信息技术与课程整合的目标

(1)培养学生终身学习的态度和能力

终身学习理念要求学习者能根据社会和工作的需求,确定继续学习的目标,并有意识地自我计划、自我管理、自主努力,通过多种途径实现学习目标。信息技术与课程整合把培养学生学会学习、具备终身学习的态度和能力作为目标。

(2)培养学生的适应能力、应变能力与解决实际问题的能力

信息技术与课程整合要求各学科教师在先进的教育思想、理论的指导下广泛应用以计算机为核心的信息技术,实现信息技术与学科教学的融合,把信息技术作为促进学生自主学习的认知工具与情感激励工具,从而促进传统教学方式的变革,进而培养学生的适应能力、应变能力与解决实际问题的能力。

(3)培养学生掌握信息时代的学习方式

在信息化教育、教学环境中,人们的学习方式发生了重大变化。学习者获得知识不再像传统课程教学一样,一味地依赖教师的讲解和对书本、教材的学习,而是可以利用各类信息化平台和手段,获取多种多样的信息资源。学习者可以在占有这些信息资源的基础上,以平等的姿态与其他学生、教师进行协商讨论,开展合作式学习,从而实现自我发展与进步。从这一方面来说,将信息技术与课程进行整合,必须帮助学生掌握信息时代的学习方式,即要能利用各类信息技术开展自主性学习,并能利用信息技术与其他学生、教师展开协商与讨论等。

3. 信息技术与课程整合的教学模式

(1)基于课堂的多媒体教学模式

基于课堂的多媒体教学模式主要包括以下几种模式。

①视听演示型教学模式

在视听演示型教学模式中,教师主要以演示、表演、显示、讲解等形式向一定规模的学生群体传授教学内容,学生则主要通过视觉和听觉获取信息。

②情景教学模式

情景教学模式指教师根据教学需要,综合运用多种教学方法和手段,通过对事件或事物发生与发展的环境、过程的模拟或虚拟再现,使学生身临其境的一种情景交融的教学活动。

③微格教学模式

微格教学模式就是借助现代化的声像视听媒体,把课堂教学的全过程分解成一个个可以单项把握的技能训练点,让学生细心揣摩、尝试,通过摄录、回放、自评、互评、纠正、重试等步骤,达到教态自如、技能熟练的目的。

(2)基于网络的远程教学模式

基于网络的远程教学模式主要包括以下几种。

①协作学习模式

协作学习模式一般是指在一定的激励机制下,学生以小组形式参与合作互助,以达到特定的学习目标的一种学习模式。协作学习模式的核心思想就是以小组的形式去共同完成某一特定任务,它是以建构主义学习理论和人本主义学习理论作为理论基础的。

②人际交流教学模式

这里所说的人际交流指的是以网络为依托的人际交流。具体来说,人际交流教学模式是指在网络环境下,施教者与受教者通过交流信息,使受教者完成指定的学习任务的一种教学模式。网络人际交流的教学模式具有无可比拟的优越性。通过网络不仅可以传递文字和语音、实时传递交互的动态图像,还可以使教学活动声像俱备、图文并茂,大大提高了教学效率。网络的交流能突破时空限制,师生交互可以是同步的,也可以是异步的,交互对教师和学生都是开放的,通过网络交流获得的信息还可以用下载等方式永久地保存。

③直播教学模式

直播教学也叫实时网络课程,是基于互联网对视频、音频等信息进行实时传播,实现了教师现场教学的模式。在网络直播教学模式下,教师和学生在空间上是分离的,但在时间上是同时进行的。这种远程教学模式实现了异地授课、协同作业、分组讨论等教学功能,形成了一种超空间的虚拟课堂或虚拟班级。在这种模式下,教师与学生通过互联网就可以进行面对面的交流,教师可实时监控学生的学习状态、向学生提问;学生面对的是一个真实的教师,有疑问可随时向教师提出,也可在教师的组织下进行在线讨论。

(3)基于网络的资源型教学模式

基于网络的资源型教学模式主要包括以下几种。

①信息浏览模式

随着越来越多的科技成果不断物化到教学过程中,教学信息来源变得越来越丰富多彩。互联网为我们提供了世界上最大的知识库、资源库,它拥有最丰富的信息资源,为培养学生自学能力、发散思维、创造思维和创新能力提供了有利的资源环境。为了获取网络中可以利用的有利信息资源,我们首先要学会浏览信息,浏览和获取有用信息也是信息能力的体现。

②网络课件教学模式

课件是教师或程序设计人员根据教学要求用课件写作系统或某种计算机语言编制的教学应用软件。网络课件是对一个或几个知识点实施相对完整教学的辅助教学软件,它基于浏览器/服务器模式开发,能在互联网或内部网上发布。由于在网络教学中教师和学生相对分离,故教师需要运用课件达成教学目的,学生则需要通过课件获取知识达到学习目的。网络课件具有多媒体超文本实现能力,并且有良好的交互和动态特性,所以借助网络来实现课件教学已经开始得到大力的发展和推广。

③问题解决教学模式

问题解决指的是人们在日常生活和社会实践中,面对新情境、新课题,发现它与主客观需要的矛盾而自己却没有现成对策时,所引起的寻求问题处理办法的一种心理活动。在问题解决过程中,问题解决者的态度是积极的,已有的知识技能是人们用来解决问题的前提条件。问题解决模式的一般过程是:提出问题—分析问题—解决问题—再发现问题。

④研究性学习模式

研究性学习指学生在教师指导下,在学习的过程中采用科学的方法进行学习,进而提高独立分析问题、解决问题的能力的学习方式。在研究性学习过程中,教师的主要职责是创设一种有利于研究性学习的情境和途径,学生更多需要的是教师从旁的指导和帮助。研究性学习强调让学生以思考的态度来对待学习本身,并通过思考的过程得到正确的结论。在推进我国基础教育深化改革、全面实施素质教育的今天,倡导中小学生的研究性学习有着十分重要的理论和实践意义。

3.4 信息化教学设计

3.4.1 信息化教学设计的概念

信息化教学就是在信息化环境中,教育者与学习者借助现代教育媒体、教育信息资源和教育技术方法进行的双边活动。黎加厚教授认为:信息化教学设计就是运用系统方法,以学为中心,充分利用现代信息技术和信息资源,科学地安排教学过程的各个环节和要素,以实现教学过程的优化。应用信息技术构建信息化环境,获取、利用信息资源,支持学生的自主探究学习,培养学生的信息素养,提高学生的学习兴趣,从而优化教学效果。也就是说,信息化教学设计就是信息化教学的设计,提倡教师不仅要通晓信息技术,而且需要掌握如何设计以信息技术为支撑的教学过程。信息化教学设计的目标是帮助全体教师在教学中充分利用信息技术和信息资源,培养学习者的信息素养、创新精神和问题解决能力,增强学习者的学习能力,提高学业成就,使他们最终成为具有信息处理能力、主动的终身学习者。信息化教学的特点是:以信息技术为支撑;以现代教育、教学理论为指导;强调新型教学模式的构建;教学内容具有更强的时代性和丰富性;教学更适合学生的学习需要和特点。信息化教学不仅仅是在传统教学的基础上对教学媒体和手段的改变,而且是以现代信息技术为基础的整体教学体系的一系列改革和变化。

3.4.2 信息化教学设计的原则

信息化教学设计是以多媒体和网络技术为支持的,但信息技术的支持仅仅是信息化教学设计的表面特征。信息化教学设计还有两个更为重要、更为根本的特征:一是以学生为中心,关注学生能力的培养;二是关注学习过程。这两大特征渗透到学习过程的各个要素中,形成了更具指导意义的设计原则。

1. 强调以学生为中心,关注学生能力的培养

教师作为学习的促进者,引导、监控和评价学生的学习进程。在信息化教学中,教师不

再维持自己作为“专家”的角色，而是通过帮助学生获得、解释、组织和转换大量的信息来促进学习，以解决实际生活中的问题。在这种模式中，学生承担着自我学习的责任，需要通过协同作业、自主探索的方式进行主动的知识建构。

2. 充分利用各种信息资源来支持学习

在信息化教学设计中，信息技术工具和信息资源在信息化教学设计中具有不可替代的作用。教师要关注信息技术运用方式的变化，技术的关键任务不是以操练的形式来呈现信息从而控制学习，而是提供问题空间和探索问题的工具及资源来支持学习。这些工具和资源应当与学生的主题任务相关，能够帮助学生完成问题解决，促进学生的意义建构，如给学生提供与教学主题或问题相关的网络资源典型案例，对学生的学习进行一定的指导和帮助等。

3. 以问题为核心驱动学习

以任务驱动和问题解决作为学习和研究活动的主线。任务驱动是一种建立在建构主义学习理论基础上的教学法，其原则就是：学生的学习活动与大的任务或问题相结合，以探索问题来引起和维持学习者的学习兴趣和动机，创建真实的教学环境，让学生带着真实的任务去学习。在这个过程中，学生拥有学习的主动权，教师不断地激励学生前进，从而使学生真正掌握所学内容，并通过此任务举一反三，学习隐含于问题背后的科学知识并提高解决问题的技能，形成自主学习能力。这样，学习者能够批判性地学习新的思想和事实，并将它们融入原有的认知结构中，能够在众多思想间进行联系，将已有的知识迁移到新的情境中，作出决策并最终解决问题。这就是信息时代倡导的深度学习，这种教学方法符合探究式教学模式，有利于培养学生的创新能力和独立分析问题、解决问题的能力。

4. 强调协作学习的重要性

这种协作学习不仅指学生之间、师生之间的协作，也包括教师之间的协作。在信息化教学中，学习者通常以小组或其他协作形式展开学习；在学习过程中，每个学习者都担当一定的角色，承担一定的任务，学习者之间相互协作，共享他人的知识和背景，共同实现组织目标。协作学习的组织形式，把同学当成学习的一种资源，为学习者创设了良好的学习情境，是建构主义学习理论的一种体现。

5. 强调针对学习过程和学习资源的评价

信息化教学设计是一个连续的、动态的过程。在学习过程中，展示教学评价所能提供的总结、矫正、促进和催发功能是非常重要的。学生成为课堂主体的前提是必须调动学生的主观能动性，使学生有意识、有兴趣地去参与教学活动。通过教学评价激起学生的主体参与性，让学生在课堂中体验成功的喜悦及协作学习的力量。

教师通过不断的研究和质量评估，收集数据，并使用过程性评价达到改进设计的目的。同时，由于信息化学习资源种类繁多，为了有效地利用信息化学习资源，教师也必须对资源进行优化选择。

3.4.3　信息化教学设计的过程

信息化教学设计的过程如图3-1所示。

1. 分析单元教学目标

教师需要根据国家或地方课程标准，分析学生特征和课程学习的特点，在此基础上确定单元学习目标,明确将要在教学活动中解决的问题或任务,这是信息化教学设计的起点。

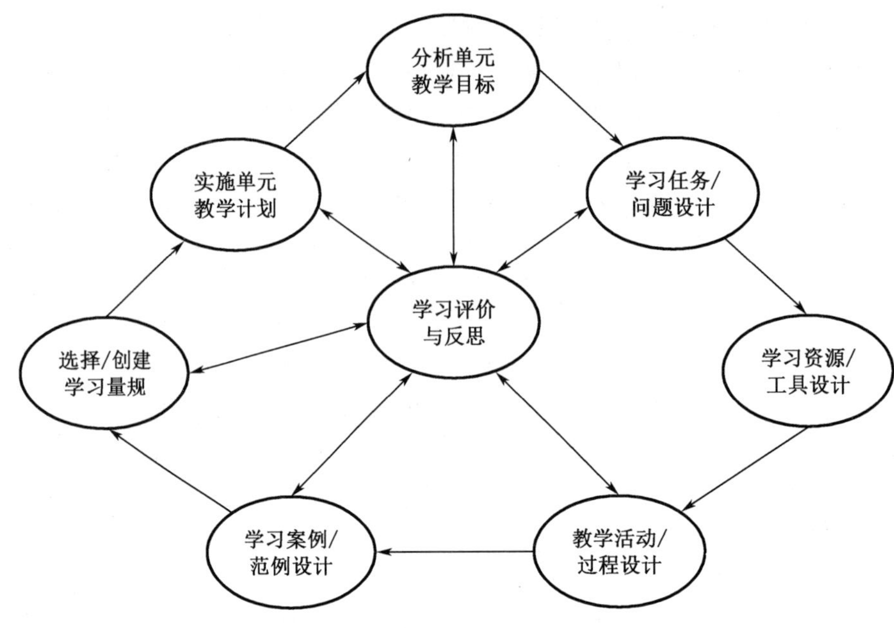

图 3-1　信息化教学设计的过程

2. 学习任务/问题设计

学习问题或任务的确定应与单元目标一致,而且应具有趣味性、吸引力和挑战性,应当反映学科的基本概念、原理、规律(法则),充分描述其产生的情景,对问题的可操控方面恰当地呈现(模拟)、描述,使学生进入问题情境时拥有问题意识或主人翁意识。

3. 学习资源/工具设计

学习资源和技术工具如果由教师提供,教师就必须提前寻找、搜集并认真评价相关资源的学习价值,以确保学生获得可靠有用的学习信息。如果规定学生自行查找,教师则应设计好信息资源查找和搜集的目的、要求、策略等,以免学生在信息搜索过程中漫无目的地浪费时间。

4. 教学活动/过程设计

教师要仔细设计帮助学生进行学习和探究的步骤,包括学习进程计划;教材分析与研究;学习活动方案和组织形式;课堂教学的日常开展;以及根据不同学生的差别设计出相应的教学策略和情景等。如告知学生学习过程中如何开展探究活动、需要遵循哪些步骤才能完成任务等。

5. 学习案例/范例设计

为了拓展学生的学习经验,教师需要为学生提供与主题学习任务有内在联系的各种学习案例或作品范例。学习案例要有益于唤醒学生已有的知识经验,并与学生已有的知识经验相关联;案例必须要能描述问题的复杂性,不能采用抽象化和简单化的案例来替代复杂化的问题。

6. 选择/创建学习量规

学习评价量规应当建立在教师和学生共识的基础上,量规的选择与创建必须具有科学性,应该符合对学生预期的学习结果和形式,符合课程或单元学习目标、主题任务学习者心理特点的需求。学习评价量规应该事先提供给学生,以便使每位学生都知道教学要求和学习结果,从这个意义上说,评价量规工具也是学生进行学习活动的指导原则。

7. 实施单元教学计划

在课程或单元教学计划的实施过程中,教学计划可以根据实际的教学情形不断进行适当的调整。教学方案的实施过程中应该体现:学生的自我管理;组织参与教师应该为学生提供适当的策略建议、咨询帮助、学习指导和心理激励等。

8. 学习评价与反思

学习评价与反思应贯穿于信息化教学设计的全过程。在教学设计方案实施的过程中,教师应适时组织学生展示学习结果(作品),并引导学生说明结果产生的过程。学生应按预定的学习量规开展自我评价、同伴评价、教师评价或外部评价。教师可以为学生创建一个学习过程自我评价表,以便学生检视自己的学习过程,使学生根据评价结果反思学习得失,改进学习策略或调整学习活动等。

3.4.4　信息化教学设计的过程模式

信息化教学设计的过程模式如图3-2所示。

1. 研读课程标准

《基础教育课程改革纲要(试行)》提出:“国家课程标准是教材编写、教学、评估和考试命题的依据,是国家管理和评价课程的基础。应体现国家对不同阶段的学生在知识与技能、过程与方法、情感态度与价值观等方面的基本要求,规定各门课程的性质、目标、内容框架,提出教学和评价建议。”课程标准阐述了课程性质、课程理念、设计思路和实施建议,这就使得教师既能够从课程结构上把握课程,也能够从宏观理念上理解课程。

2. 明确课程理念和总目标

课程教学设计的第二步是明确课程理念和总目标。课程理念是课程标准制定者提出的对课程实施具有哲学指导意义的观念,它应该被渗透到课程教材编写、课程教学等各个环节当中。如《义务教育初中科学课程标准(2011年版)》的课程理念是:面向全体学生,立足学生发展,体现科学本质,突出科学探究,反映当代科学成果。课程目标包括课程总目标和分目标。课程总目标是对学生学完本课程后应达到的各方面能力水平要求的总体描述。课程分目标是对知识与技能、过程与方法、情感态度和价值观等方面对学生应达到的能力水平进行概括性描述。课程理念和目标是进行后续教学设计步骤的出发点和归宿,对教学设计起到方向性指导作用。

3. 分析教学内容,划分教学单元

教学内容是指为了实现教学目标,要求学生系统学习的知识、技能和行为规范的总和。分析教学内容的工作以课程目标为基础,旨在规定教学内容的范围、深度和揭示教学内容各组成部分之间的联系,以保证内容效度达到教学最优化。课程标准中已经明确规定了内容标准,罗列出了教学内容体系。教师通过研读这部分内容,进一步明确理顺教学内容各组成部分的联系,为教学单元划分教学顺序的安排奠定了基础。教学单元作为一门课程内容的划分单位,一般包括一项相对完整的学习任务。通过选择与组织单元,可以确定课程内容的基本框架,这又为后续的课堂教学设计的内容选择奠定了基础。

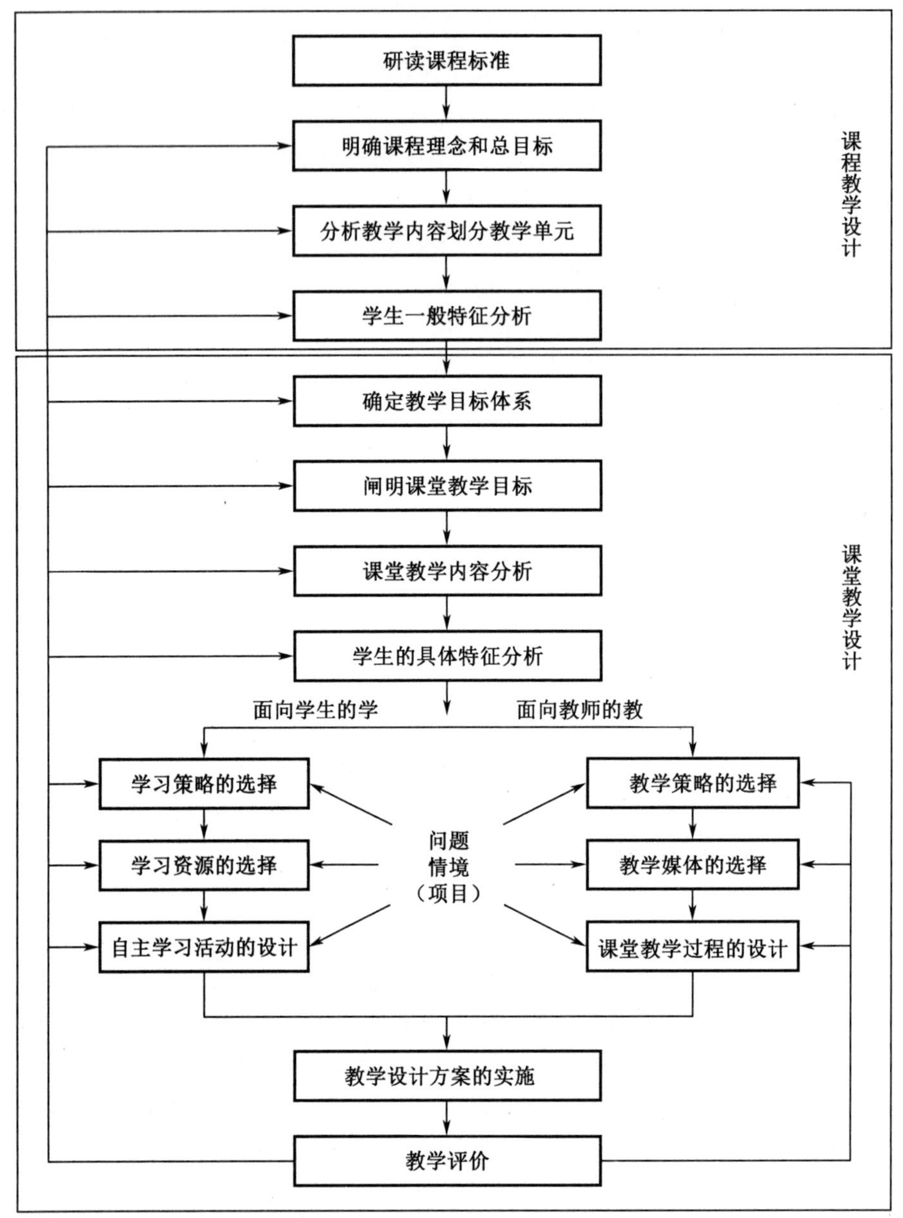

图 3-2　信息化教学设计的过程模式

4. 学生一般特征分析

学生是学习活动的主体，学生具有的认知、情感社会等方面的特征都将对学习的信息加工过程产生影响。因此，教学设计应该与学生的特征相匹配，做到因材施教，才有可能取得理想的教学效果。学生一般特征分析主要包括认知发展特征分析、学生的总体水平分析、兴趣爱好分析等。对于学生一般特征进行分析的目的在于对学生整体情况有一个大概了解，使教师在教学设计过程中做到心中有数。

5. 确定教学目标体系

课程总目标对于整门课程的教学设计和教学实施起指导作用。课程目标的设立有利于进行教学内容分析、划分教学单元。为了使课堂教学更加有针对性，仅使用课程总目标对课堂教学要求进行高度概括是远远不够的，因此，需要对每个单元、每堂课甚至每个知识点制定明确的目标，从而构成一个完整的教学目标体系。教学目标体系不仅在教学设计过程中起到指导教学内容选择、激发学生学习动机的作用，还可以作为学习效果的评测依据。教学目标体系的建立在一定程度上保证了教学设计的科学性，有效避免了教学的经验性和随意性。

6. 阐明课堂教学目标

分析课堂教学目标是为了确定学生学习的主题（与基本概念、基本原理、基本方法或基本过程有关的知识内容），对教学活动展开后需要达到的目标作出一个整体描述。教学目标包括学生通过这节课的学习将学会什么知识和能力、会完成哪些创造性产品以及潜在的学习结果等。

7. 课堂教学内容分析

课堂教学内容分析的任务有三个：一是评价教学内容是否直接为课堂教学目标服务；二是分析教学内容（知识点）间的相互关系，确定教学顺序；三是分析教学内容的类型、特点，为后续制定教学策略、选择教学媒体、制定学习策略和提供学习资源等步骤提供依据。

8. 问题情境（项目）

信息化教学是基于问题驱动的教学模式。提出有意义与有价值的问题，是信息化教学设计模式的核心和重点。学习问题可以是一个问题、案例、项目分析，它们都代表连续性的复杂问题。提出问题的原则：一是问题要有意义；二是问题的解决过程要隐含所要传授的知识；三是问题要有一定的复杂性与歧义性；四是问题要有开放性；五是问题要与学习对象的认知特征相匹配，要结合学习者的最邻近发展区；六是学习主题具有可挑战性，问题具有可争论性。

9. 教学策略的选择

信息化教学设计的最基本策略，是教学情境的创设和信息资源的开发。

（1）教学情境的创设

建构主义认为，个体、认知和意义都是在相关环境中交互协作完成的，不同的环境能够给学习者带来不同的活动效果。设计环境是信息化教学设计最重要的内容之一，它通过与实际经验相似的学习情境的创设，来还原知识的背景，恢复其生动性、丰富性，从而使学生能够利用原有认知结构中有关的知识、经验及表象去“同化”或“顺应”学习到的新知识。利用现代化信息技术和信息资源创设接近真实情境的方式很多，其使用的方法也因不同的学科和内容有很大差异。根据创设的作用和一般方法的相似性可以将创设教学情境的方法分为创设故事情境、创设问题情境、创设模拟实验情境、创设协作情境等。

①创设故事情境。创设故事情境是根据教学内容、教学目标、学生原有认知水平和学生无意识的心理特征，通过各种信息技术和信息资源，将知识以“故事”的形式展现给学生，尽可能多地调动学生的视听觉感官，进而理解和建构知识。实验心理学表明，获取信息可以通过视觉、听觉等多种感官，并且多感官的刺激有利于知识的保持和迁移，能够引起学生积极的情绪反应。

②创设问题情境。创设问题情境是在教学内容和学生求知心理之间设置疑问，将学生引入到与问题有关的情境中。问题情境的设计可激发学生的探求欲望，可以引导学生多角

度、多方位地对情境内容进行分析、比较和综合,进而建构新的认知结构。在信息化教学中,设计问题情境的方式多种多样,教师可以通过故事、模拟实验、图像、音像、活动等多种途径设置问题情境。

③创设模拟实验情境。创设模拟实验情境首先设计与主题相关的尽可能接近真实的实验条件和实验情境,然后利用各种信息资源实现。设计模拟实验情境就是设计与主题相关的尽可能接近真实的实验条件和实验情境,可以解决实验条件不足带来的认知偏差。恰当的实验可以使学生将学习内容所反映的事物尽量地与他们已知的事物相联系,并通过联系加以认真思考,从而建构起所学知识的意义。

④创设协作情境。协作情境与外部世界具有很强的类似性,有利于高级认知能力的发展、合作精神的培养和良好人际关系的形成。在这种环境中,学生的角色可以进行隐藏,教师的角色也发生了转变。教师要掌握的不仅仅是教学内容的逻辑序列和目标的合理安排,还要掌握学生的协作情况、学习过程的规划设计。设计协作情境是利用多种网上交流工具(如 BBS、QQ、E-mail),使学生通过竞争、协作、伙伴和角色扮演等方式进行学习,针对某一个问题展开讨论交流,共同完成学习任务。协作情境实现了时间和空间上的连续,使交互变得更加容易控制。

(2)信息资源的开发

信息化教学设计的另一个基本策略是信息资源的开发。在信息化教学中,教师不仅拥有更多的知识,还应该具备设计、开发、利用和评价信息资源的能力。为了避免学生低效的探究活动,在学生自主学习过程中,教师应该适时地提供帮助,当学生在学习新的知识或完成困难的任务时,教师应为他们提供各种帮助材料,如教师演示文稿、学生范例、单元问题、学习指南或向导等,这些材料更多地是以电子文档形式出现,由此构成了丰富的信息资源。学生借助教师提供的信息资源,通过调查、搜索、收集、处理信息后获得知识和技能,并提高信息素养,学习不再是被动地接受。信息化教学设计如果忽视了信息资源的开发,教学情境将成为空中楼阁,教学情境的创设与信息资源的开发是相辅相成的。

10. 教学媒体的选择

教学媒体是指教师在教学过程中为了教学需要而使用的媒介和工具。教学媒体选择的依据、原则、方法、程序等参见前面所介绍的内容。

11. 课堂教学过程的设计

课堂教学过程是师生在实现教学任务中的活动状态变换及其时间流程,由教师、教学内容、教学环境(包括教学媒体、学习资源等)和学生四个要素的相互作用构成。精心设计课堂教学过程可以保证科学、合理的教学进度和优化的教学效果。

12. 学习策略的选择

教师在设计学生的自主学习活动时,可以为学生选择资源型学习、探究型学习、研究型学习、协作型学习等各种自主学习模式。这几种模式的具体步骤参见前面的相关内容。不论是哪种自主学习模式,都离不开教师和学生的共同活动。教师的作用在于提出问题,对学生的学习给以指导和帮助;学生则应充分发挥认知主体的作用,主动进行探索、发现和提高。

13. 学习资源的选择

学习资源包括所有能够支持学生进行学习、锻炼能力和发展思维的工具、材料、设施、人员、机构等。从传统的教科书印刷品，到各种现代教学媒体，以至网站、社会文化机构都是学习资源。教师在教学设计时应尽可能给出不同种类的资源，以便学习者根据自身的条件去选择、利用。

14. 自主学习活动的设计

自主学习活动的设计是教师根据教学目标、教学内容以及教学对象的具体情况而对学生学习活动的过程和结构事先做出的假设和计划，包括学生应阅读的材料、教师和学习资源中心能给予学习者必要支持的类型和内容，学习活动的方式、过程、进度，预期的结果和建议等。但是，由于学生群体的差异性、教师预计不足等各种原因，学生的学习活动往往会偏离教师设计的方案，但是只要能够朝着预定的教学目标前进，教师应尽可能不去干预学生的学习活动。

15. 教学设计方案的实施

这一步骤主要是按照事先做好的教学设计方案对学生进行教学实践。

16. 教学评价

信息化教学设计的具体成果形式不是一篇传统意义上的教案，而是包括多项内容的教学设计单元包，其主要由教学情境问题定义、教学活动设计规划、教学课件以及可以链接与嵌入的多媒体网络资源组成。信息化教学有利于采用多元的教学评价支持教学的进行。一方面，评价主体可以是教师、学习者、家长、社会人士等；另一方面，可以利用信息技术手段，循序渐进地采用过程评价、终结性评价、作品集评价等方式，评价教师的“教”与学习者的“学”。评价在本质上是一种通过“协商”而形成的“心理结构”，因此，评价应该坚持“价值多元性”的信念，反对“管理主义倾向”。评价是评价者和被评价者“协商”进行共同心理建构的过程，受多元主义价值观支配。支配是一种民主协商、主体参与的过程，而非控制过程。学习者是评价的参与者、评价的主体。

除了传统的评价工具，如试卷、问卷调查表、观察表等工具外，档案袋评价、量规、表现式评定等方法和工具开始进入教学评价领域，并逐渐成为重要的评价方法和工具。下面介绍与新的评价理念相适应的几种评价工具和方法。

(1)档案袋评价

档案袋的英文为“portfolio”，有“代表作选辑”的意思。最初，档案袋多用于表示画家及摄影家把自己有代表性的作品集汇起来，向预期的委托人展示的作品集。后来，档案袋形式应用到教育中，主要用于汇集学生作品的样本和内容，展示学生的学习和进步状况。档案袋中可以包含各种形式的学习材料，如录像带、文章、图画、获奖证书等。一个典型档案袋的基本结构主要包括三个部分：观察的信息资料群、作业实绩的标本群、考试信息群。信息资料群主要指通过观察而收集来的学生每天的学习情况，一般由教师来收集，一般包括三个记录观察信息的文件：观察记录手册、调查表、师生交谈记录。作业实绩的标本群包括作业、教师自制的小问题和试题、学生伙伴间制作的课题、小组作业、学习反省日记等。考试信息群包括简单的评价课题、比较大的场面课题及长期的评价课题。

(2)研讨式评定

研讨式评定将学生的“参与”和“课堂讨论”中的表现作为学生评定的一个部分。这种评定方法起源于教育家苏格拉底的教育理念，最根本的目的是要让学生学会更有效地思考并为自己的见解提出证据。这种评价方法可以采用不同的方式来实施，既可以把它作为毕业学业的展示,也可以作为课堂评价的一部分,还可以当作结业作业的展示。无论什么方式,都需要个巧妙的问题设计,一套配套的评价准则和评判规则。该评定方法对教师提出了很高的要求,对教师提出的引导问题有更高难度的要求。目前,这种评定主要用于对学业成绩的评定,并且还处于引进摸索阶段,但对于学生能力发展的评定有可借鉴之处。

(3)表现展示评定

表现展示评定要求学生实际演示某些结果以说明其是有价值的,并由此评定学生是否已经掌握了某些知识。展示的内容可以是一次科学试验,也可以是一次科学展示会,还可以是一次活动或是一次表演,或是一篇论文和方案设计展示。在这种评价方式中,通过详细的评分规则提供了让学生成为自我评价者的机会,并在师生之间创造了关于学生的学业成就和进步情况的对话机会。同样的,这种评价方式也是以关注结果为起点,学生在一开始就应明确自己的任务。

(4)概念地图

概念地图是思维可视化的绝佳认知工具和评价工具。作为评价工具,概念地图可以方便地表征课、单元或某一知识领域的知识结构。学生可以沿着空间或时间纬度创建概念地图,以此识别、澄清和标识概念间的关系。在实际应用中,教师可以和学生在进行"头脑风暴"的基础上共同"织就"概念地图,也可以让学生凭借自己的回忆和理解就某一知识单元或某一主题自己"织就"概念地图。这张显示主题和有关于主题的"网"对于学习活动的进行和评价有重要意义,有助于学生以具体且有意义的方式表征概念,促进思维外化和学习反思。教师也可以将学生所绘制的概念地图与理想的概念地图进行比较,从中发现学生理解上的问题所在,认识学生的学习风格和思维习惯。

(5)量规

量规是目前使用比较普遍的一种评价工具。这种评价工具的产生源于任务驱动学习活动产生的结果,常常是多种形式的,如电子作品、调查报告、观察心得、真实作品等,这就要求评价工具不但要关注学习过程,还要具有操作性好、准确度高、能够比较全面地评价学生的学习过程和学习成果的特点,而设计良好的量规则可以满足上述要求。在设计量规时应注意以下几点。

①要根据教学目标和学生的水平来设计评价指标。教学目标不同,量规的指标体现也应不同。例如,在评价学生的电子作品时,通常从作品的选题、内容组织、技术、资源利用率等方面进行考虑。评价学生的课堂参与性时,则应从学生的出勤率、课堂回答问题情况、小组合作情况等方面进行考虑。

②根据教学目标的侧重点确定各指标体系的权重。指标体系权重的设计与教学目标有直接的关系。还是以电子作品的评价为例,如果教师的主要目的是教会学生制作电子作品,那么技术、资源利用指标的分值应高些;如果教师的主要目的是让学生通过作品展示自己的调查报告,那么作品的选题、内容组织等指标的分值应高些。

③用具体的、可操作的描述语言清楚地说明量规中的每一部分。在对量规的各指标进行解释时,应使用具体的、可操作性的描述语言,避免使用抽象的、概念性的语言。

3.5　信息化教学环境

环境是指某一主体(个人、小组、社会或者系统等)周围的情况和条件。教学环境是指教学活动的场所(如教室、实验室、图书馆等)、条件(灯光、温度、照明、网络访问等),也包括学生与教学材料、支持系统之间进行交流的过程所形成的氛围。20 世纪 90 年代以来,信息化、网络化、数字化技术逐步进入校园和课堂,教学环境进入信息时代。传统教室中配备了黑板、讲台、课桌椅等基础设施,形成了以讲授为主的教学模式,这是与工业社会的教育需求相匹配的。随着信息时代的来临,计算机、投影仪、交互电子白板等设备进入课堂,教室环境具有了高科技含量。如何设计信息化教学环境以适应信息时代的需求,以及如何重构传统教学环境以促进学生的发展,是当前教育技术研究必须正视的问题。

本节将教学环境理解为教学活动开展的场所。场所可以是现实存在的,也可以是虚拟的,即仅仅存在于数字世界中的。在各种类型的教学环境中,教学活动主要发生在常规教室、多媒体教室、网络教室、语言实验室、微格教室等现实教学环境中。随着信息技术的发展,在网络教学平台、虚拟教室和数字化校园等虚拟教学环境中开展的教学活动也日益增多。信息化教学环境设计的主要方面是各类信息化教室装备及与之匹配的教学模式的设计。

3.5.1　多媒体教室

基于多媒体教学的优势以及硬件设备的发展和成本的降低,使多媒体教室在较短时间里从无到有,而且快速增加。20 世纪 90 年代后期,我国开始了大规模的教育信息化基础设施建设。经过二十多年的建设,我国的教育信息化取得了显著成绩,社会对教育信息化的认识也有所提高。在这个信息技术发达的时代,多媒体教室已成为很多大学和中小学,以及各类培训、会议等常用的信息化教学环境之一。多数教师上课从原来的“粉笔+黑板”模式转变成“计算机+投影”的模式。这里的多媒体教室是指配置了多媒体展示台或者交互式电子白板等基于计算机的交互式信息展示系统的教室。

1. 多媒体教室基本组成

多媒体教学设备随技术发展而不断变化,技术性能也不断提高。目前各学校在多媒体教室建设中对设备的配置方案并不一致,投入资金也有差别。但其基本配置一般包括投影机、数字视频展示台、多媒体计算机、中央控制系统、投影屏幕、音响设备等多种现代教学设备。

(1)多媒体液晶投影机,是整个多媒体演示教室中最重要的也是最昂贵的设备。它连接着计算机系统、所有视频输出系统及数字视频展示台,可以把视频、数字信号输出显现在大屏幕上。

(2)数字视频展示台,可以进行实物、照片、图书资料的投影,是一种非常实用的设备。

(3)多媒体计算机,是演示系统的核心,教学软件都要由它运行。它在很大程度上决定着演示效果的好坏。

(4)中央控制系统,用系统集成的方法,把整个多媒体演示教室的设备操作集成在一个平台上,所有设备的操作均可在这个平台上完成。它实现了多媒体教室各种电子设备的集中控制。

在考虑设备配置、确定技术指标时应综合考虑:当前多媒体教学设备技术的发展水平;满足大多数课程教学的需要、经费状况等几方面的问题。

2. 多媒体教室管理

多媒体教室的使用离不开日常的管理与维护。多媒体教室在管理、维护上有一定难度,这就必然带来在管理维护上、使用上及设备安全上的诸多问题。而这些问题不仅与管理多媒体教室的人员有关,而且也受运行经费和使用人员等多方面的因素影响。所以,多媒体教室的管理应是对各个相关环节的综合协调管理,主要有以下几个方面:

(1)明确多媒体教室管理人员职责。应设置负责多媒体教室管理的部门,并由专人进行管理和维护,明确其工作职责,做好设备的日常管理与维护、故障排除、防盗安全等工作,保证多媒体教室正常使用,以保证正常的教学秩序。

(2)多媒体教室的管理方式。探索多元、可行、低成本的多种管理方式,如技术人员与非技术人员相结合、定点管理维护与非定点管理维护相结合、学校与企业相结合等,保证多媒体教室的正常使用,提高使用效率、降低管理成本。

(3)多媒体教室管理制度化。搞好多媒体教室的管理、维护及维修,需建立一套制度化的管理方式,使多媒体教室管理等工作规范化、程序化,确保设备使用良好、管理有序。

(4)多媒体教室的运行经费。确保有足够的经费预算,才能保证多媒体教室正常维护、维修的经费支出。

(5)多媒体教室使用培训。多媒体教室使用状况的好坏与使用者有较大关系,若使用者不能较好地按使用要求进行操作,不但会增加故障率,同时会大大降低设备的使用寿命。因此,要重视开展对教师的教育技术培训,使其熟练掌握多媒体教学设备的使用方法,提高教师对多媒体教学设备的整体运用水平。

(6)多媒体教室的安全管理。多媒体教学设备价值较高,且安装在公用开放的教室里,如何防盗也是值得重视的问题。总之,在多媒体教室的管理上,要使管理更科学、服务更周到、维修更及时、维护更经济,使其在教学改革、人才培养中发挥出更大的作用。

3. 多媒体教室的应用困境

多媒体教学改革仅停留在教学"表演"形式上,课堂教学也出现了由"人灌"变成"电灌"的现象。当前这种数字学习环境依然侧重于支持"回忆、理解和应用"等低阶认知目标的培养,不利于培养学习者达到"分析、评价和创造"等高阶认知目标,主要表现在以下六个方面:

(1)多媒体呈现内容的堆砌妨碍了学生对内容的消化。投影机是多媒体教室的基本配置,在许多教室里,投影屏幕几乎替代了过去的黑板,成为教师展示教学内容的主要媒介。在技术支持的课堂教学活动中,大多数教师只是利用投影代替板书,将原本写在黑板上的内容简单"复制"到大屏幕上,内容也是静态文字居多。这实际上只是运用屏幕替代了黑板的内容呈现作用。对于这种方式的教学,学习者往往没有时间对知识进行联系和对比,认知活动容易受到阻碍。

(2)多媒体呈现工具的间断性展示割裂了教学内容的前后联系。在传统课堂中,有经验的教师使用板书时能够将定理、公式、推导过程、发展脉络等重点内容保留在黑板上,这种做法有利于学生的理解;而目前的多媒体呈现工具,如微软公司的 Power Point、苹果公司的 Keynote 等都是按顺序逐一呈现页面,容易导致学生思维的不连贯。

(3)固定在讲台位置上的多媒体控制台限制了教师课堂教学能力的发挥。在基于黑板的教学活动中,教师在书写板书的过程中可以循循善诱,让学生有足够的时间来思考和消化所学内容。而在多媒体的教学过程中,教师为了操作课件,要坐在控制台前面对电脑屏幕,不走动,不与学生互动,计算机的操作消耗了教师相当多的精力,不知不觉中双边交流被忽略。这影响了师生的交互和学生跟随教师逐步展开思维的主观积极性。

(4)统一固定的座位布局不利于多种教学活动的开展。教室大多采用"秧苗式"的座位布局,虽然这种形式有利于教师的课堂讲授,但无形中强化了学生的顺从倾向和对教师言行的认同心理。随着"以学习者为中心"学习理念的兴起,协作学习、探究学习、基于项目的学习、基于问题的学习等多种学习方式不断涌现,只有灵活运用矩形、圆形和马蹄形等多种座位布局形式才能满足当前教学的需要。

(5)网络教室的系统功能和网络安全阻碍教学进程。多媒体网络教室安装的多媒体网络教学系统涉及广播教学、学生演示、个别辅导、语音教学、双向对讲、电子白板、分组讨论等多种功能。但在实际应用中,很多功能由于种种原因得不到应用,也就不能完全发挥网络教室的功能优势。网络教室是计算机安全问题的重灾区,时常出现病毒入侵、信息设置被修改、信息丢失等问题。病毒防范与信息安全措施不利,阻碍了多媒体网络教室的教学进程。

(6)由于教学工具的缺乏,教师难以及时获知学生的学习状态,也很难根据学习者的学习情况调节教学节奏。学生规模过大及网络接入不便利,导致学生很难在课堂上获得合适的学习资源和进行实时的互动,并得到及时的帮助。另外,多媒体教室的管理和维护也一直是困扰教学管理人员的一个难题。

从某种程度上来说,当前多媒体教室的困境与教室环境设计和技术装备不完善存在密切关系。重构教室环境,创建适合学生学习和教师教学的新型教室环境是一种必然趋势。

3.5.2 微格教室

1. 微格教学

微格教学通常又被称为"微型教学",它是由美国斯坦福大学艾伦教授等人创立的一种利用现代视听设备(摄像机、录像机等),专门训练学生掌握某种技能、技巧的小规模教学活动。微格教室是在装有摄像、录像系统的特殊教室内,借助摄像机、录像机等媒体,进行技能训练和教学研究的教学环境。它一般用于师范院校的学生和在职教师教学技能训练的模拟教学活动。在20世纪70年代末,微格教学已逐步被一些国家作为培训教师教学技能、技巧的一种有效方法而采用。在英国,有90%以上的教师培训院校开设了微格教学课程。这门课一般安排在大学四年级,学习者经过微格教学的学习后再到中学进行教学实习。我国在20世纪80年代开始引进这种教学方法。

微格教学依照教育学与心理学理论,以现代视听技术为手段,对学生和教师进行模拟教学训练,在教学行为的训练中起到显著的作用。微格教学技术自诞生以来,得到了迅速推广和应用,尤其受到世界各国师范教育界的重视。20世纪70年代末以来,微格教学已成为欧美国家教师培训的基本课程。我国各类师范院校几乎都建有微格教室,微格教学的应用与研究工作正在兴起。我国其他类别的(如体育、音乐类)高等院校也相继开展了微格教学的应用。

2. 教学方法

进行微格教学的一般方法是:由受训者(人数以 10 人为宜)用 10~15 分钟的时间,对某个教学环节如“组织教学”或“授新课”进行试讲。试讲情况由录像机记录,指导教师和受训者一起观看,共同分析优缺点,然后再进行训练,直至受训者掌握正确的教学技能。由于这一训练活动只有很少的人参加,时间很短,而且只训练某一项教学技能,所以称之为微格教学。

3. 微格教室结构

从训练的规模来看,微格教室可分为标准型和集中控制下的分布式训练型。标准型微格教室一般由模拟教室(微型教室)、观摩研讨室、控制室、准备室和声锁间五部分组成,其结构布局如图 3-3 所示。分布式微格教室一般由示范观摩室、控制室和多间模拟教室(微型教室)组成,其结构布局如图 3-4 所示。

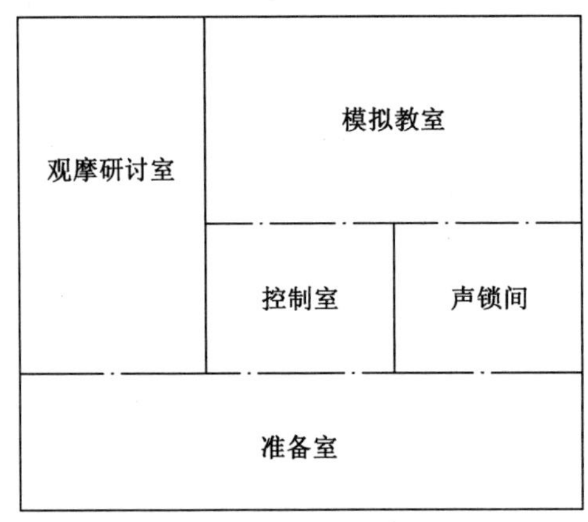

图 3-3　标准型微格教室的结构布局

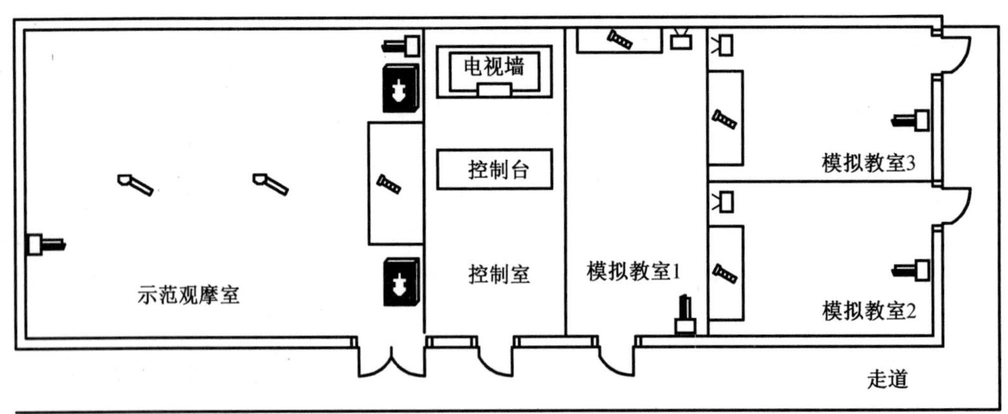

图 3-4　分布式微格教室结构布局

从技术模式来看,微格教室可分为视听型和多媒体型。视听型微格教室一般由摄像机、录像机、视音频切换器、混音器、监视器、云台控制器和话筒等多种视听设备构成,并通过视听技术手段实现教学实况录像、播放、转播、监控和示范教学等功能。多媒体型微格教室是在视听技术基础上引进多媒体技术和通信控制技术,通过多媒体计算机实现对各室的录像、播放、转播和监控,并实现对各室摄像机云台的控制。

从训练的内容来看,微格教室可分为教学技能训练型、实验技能(主要是理工科实验)训练型、运动技能训练型和音乐技能训练型等。

不同类型的微格教室,其系统结构稍有不同。最简单的微格教室仅由模拟教室(微型教室)和控制室组成。但从系统的组成原理来看,微格教室都是由视频摄像系统、音频系统、切换与转播系统和录像播放系统等部分构成的。

4. 单元

(1)模拟教室(微型教室)

模拟教室里装有话筒和摄像系统,用来拾取"模拟教师"的声音和教学活动形象。如有条件,还有另一台摄像机用来拾取"模拟学生"的学习反应情况。室内还设置有电视机,用来重放已记录的教学过程录像,供同学们进行评价分析。

(2)控制室

控制室装有电视特技机(信号混合处理器)、调音台(混音器)、录像机、视频分配器、监视器等设备。从每间模拟教室送来的"模拟教师""模拟学生"教学活动的两路视频信号经电视特技台控制,一路送到录像机进行录像,另一路则可经视频分配器把教学实况信号直接送到观摩室,供同步评述分析。

(3)示范观摩室

这是一个装有电视机的普通视听教室。把控制室中经视频切换器选择后的视频信号送到电视机上,即可同步播放教学实习的实况,供指导教师现场评述,并供较多的学生观摩分析。

5. 功能

(1)教学功能

①教学模拟。微格教室可以同时开展一组或多组微格教学活动,同时对一个或多个学生进行模拟教学(或其他技能)训练。教师课堂教学基本技能包括导入教学技能、应变教学技能、讲解教学技能、板书板画教学技能、媒体演示操作教学技能、提问教学技能、反馈强化教学技能、归纳总结教学技能、课堂组织教学技能等。微格教室都应该具备训练这些技能的功能。

②示范观摩。利用示范观摩室(也可兼作模拟教室使用),可以让全班学生集中观摩教师的教学示范。在模拟教学之前,指导教师往往通过示范观摩室进行示范讲解,分析典型课例,组织学生观看优秀教师课堂教学录像,给受训学生或教师提供示范,以便仿效。

(2)管理功能

①实况录像与播放。微格教室具有实况录像与播放功能。在中心控制室可以对各个模拟教室进行教学实况录像,并重播录像节目供各模拟教室观看。各室可以播放同一节目内容,也可以根据需要播放不同节目内容。

②教学转播。微格教室具有转播功能。在中心控制室可以转播任一模拟教学现场供其他模拟教室或示范观摩室的师生观看。

③监视。微格教室具有全方位的监视功能。在控制室的监视器中,可监视各模拟教室的教学活动实况。

④控制。在控制室中,利用云台控制器可以控制各模拟教室的摄像头上、下、左、右移

动和摄像头的调焦、变焦及光圈大小;利用矩阵切换器和录像播放系统,可以实现各路视频、音频信号的切换、转播和录像等功能。所有的控制操作均在控制台上完成。

⑤对讲。在控制室,教师可以与任一模拟教室进行双向对讲,以便在学生遇到问题时提供及时的指导。

(3)反馈评价

①反馈及时、准确。在微格教室中,教师借助摄像监控系统可以实时掌握每一组学生的训练状况;学生在模拟教学训练后,通过及时回看录像,也可了解自己训练的情况。

②评价客观、全面。在微格教学训练过程中,具有多种形成性评价方式:可以是“教师”扮演者通过重播自己训练的录像,肯定成绩,分析问题,进行自我纠正和评价;也可以是同组训练的“学生”扮演者通过听课、一起观看重播录像,对“教师”扮演者的模拟教学情况进行讨论、分析和评价;此外,指导老师也要对“教师”扮演者的模拟教学情况进行全面的分析、评价,并提出改进意见。这些评价方式,对于帮助“教师”扮演者提高教学技能是及时有效的。

6. 发展

我国经过引进和深入研究新微格理论,先后推出符合理论要求的多款微格教学系统,代表了国内微格设备的较高水准。这些多媒体微格教学系统,在多媒体软件控制系统和功能强大的音视频数字处理器的支持下,能完成信息的任意交流。教师使用这类系统时具有绝对的指挥、指导、控制权。系统具备更多实用功能,窗口式、图形化、全中文软件界面的设计,使得操作极为方便。

随着技术的发展,摄像机的精度越来越高、自动化程度越来越强,微格教室已然发展为中小学和其他培训机构教学质量检测的一种先进手段。它可以给校长及主管教学工作的领导提供一套关于教学全过程的可信资料,尤其对培养年轻教师有双向促进作用,是提高教学质量、向45分钟要成绩的先进手段。而且它也可以应用到制作教学录像带中,将学校内的优秀教师的课程全程记录下来,编辑成教学的样带,为学校的教学增添更多素材。

微格教室是以电动云台控制的彩色摄像机为基础,装配多倍可变镜头(电动调整光圈、距离、倍率)、高灵敏度拾音器的操作方便且实用性很强的摄录系统。

7. 应用

微格教学是训练学生掌握技能的有效方法。微格教室主要用于训练学生或在职教师的教学语言、板书、讲解、演示和提问等教师课堂教学技能,训练学生或在职教师的导入、强化、组织、试误和结束等调控教学过程的技能,也可以用于音乐、体育等有关技能的训练。

利用微格教室,可以对优秀教师、外聘特级教师的示范课程进行转播或实况录像,供其他师生观摩、学习。学校的重大活动,如外请专家、学者讲课,作报告,进行政治思想教育、爱国主义教育,可与校园卫星电视网结合,把微格教室的活动和课程向全校实况转播,供全校师生观摩、学习。要保证微格教学训练确有成效,有赖于教师课前的精心策划和课中良好的组织工作。

8. 方式

(1)单独授课

单独授课是国外一些大学培养教师普遍采取的一种形式,我国也有一些教育学院将此形式用于对在职教师的培训课程中。微格教学课程有作为公共课程开设和分专业开设两种方式。在课程中,通常把复杂的课堂教学技能进行分解,组成系统的教学技能体系,学生通过对各种教学技能的逐一学习及演练,达到系统掌握的目的。训练师范学生或在职教师的教学技能以及音乐、体育等有关专业的技能即可采用这种形式。采用这种开课形式,学生的实践量多面广,系统性好,这是微格教学的发展方向。但它要求有完善的教学训练设施,有与之配套的文字和音像教材,有较强的指导教师队伍。

(2)教法课程

教法课程就是把微格教学作为教学法课程的一项课内实践内容。这是微格教学手段传入我国后,我国各级师范院校采用较多的形式。受课时的限制,学生训练的课题要注重典型性,体现具体学科的教学特点,并与学科内容密切相关。这是一种有重点的教学技能训练,对掌握学科特定的教学技能有帮助。

(3)教学实习

教学实习即在教学实习中用部分时间做微格教学,学生演练的内容与即将实习试教的内容一致。这种形式实质是运用微格教学的录像反馈提高实习预讲的质量。采用这种形式,学生演练的实战感强,容易进入角色,组织与实施也容易。

(4)第二课堂

在暂时未能列入教学计划的情况下,可以利用课余时间开设第二课堂活动。可将第二课堂安排在教学实习之前,结合实习内容进行。这种形式不受课时限制,实施起来较灵活。

9. 优势

(1)主机先进代表发展方向。采用领先的实时微机控制技术,性能远远超过传统系统。传统系统主机档次低,使用的 8 位 CPU 多采用简单家电的非标系统,只能完成简单的功能,大部分已停产或即将停产,从长远来看,难以保证供货和维修配件。

(2)符合标准,兼容性好。不断有新技术可供升级,保证技术不落后,保护用户投资。传统系统多采用非标系统,随着技术更新就将会被淘汰。软件公司会常年针对教学系统开发新的应用软件和硬件,保证用户能够在原有系统中平滑升级。

(3)最先进的多媒体图像监视。运用最先进的电脑多媒体技术,电脑同时显示监视图像、控制菜单及汉字提示,可观察全局;用户不用记繁杂的面板和各种控制命令,用鼠标和键盘操作;监视图像可放大、缩小,真正体现了高科技系统的优越性。传统系统技术落后,所有控制均由复杂的按钮完成,用户须进行专门培训且需要背命令,系统无任何多媒体图像功能。

(4)设备间采用总线式连接方式。主控用单线连接各前端设备,可以像挂灯泡一样并联,简化了施工,维护方便。传统系统各设备施工线缆设置繁杂,查线维护困难。

(5)Windows 操作平台。可通过汉字对话菜单选择参数,实现任意云台,可改变镜头的操作及硬盘录像等功能,并支持 Windows 系列等多种操作系统。传统系统须死记命令。

(6)功能强大的音/视频数字处理器。可对任一摄像机信号进行监视,控制任何一台摄像机,并可将信号通过 A/B 轨道自由切换,保证能够一次成带。

(7)电脑控制云台和镜头,方便、实用、快捷,拥有快捷键位。

10. 设备

一台多媒体微机系统是中心设备,还需配备显示器和屏幕。小型教室可以用投影仪上复置液晶显示板的形式。

3.5.3 虚拟教室

1. 虚拟教室及其功能

虚拟教室，顾名思义，指在现实世界中不存在、不需要占用物理空间的教室。它是通过电子通信和计算机技术创造出来的虚拟空间。在其中，教师和学生可以像在普通教室中一样进行交流和互动。教室是学校的标志，教师和学生都习惯了在教室开展教学活动。而虚拟教室对于师生来说则相对新鲜，它实现了现实教室的核心功能：师生言语交流和相互提供视觉信息。

虚拟教室的功能类似于远程视频会议系统，主要用于支持教师和学生的实时互动，一般具备如下功能：

(1)语音交互

虚拟教室允许教师和学生通过语音进行交流。“进”到虚拟教室中的师生，所说的话被广播给所有人。教师在讲解时，为避免被学生打断，可以将学生的话筒设为禁用。

(2)电子白板，

电子白板类似于现实教室中的黑板，功能相当于一个绘画软件。教师和学生可以一起在上面写、画。

(3)文本聊天

虚拟教室通常提供文本聊天工具，可以用于教师讲课过程中学生的提问；或者教师将重要的教学信息，例如作业，写在文本聊天室中，以便学生准确感知。

(4)屏幕或者窗口共享

参与者可以选择将自己的屏幕或者窗口共享出去，以供教学信息的呈现。

(5)视频交互

虚拟教室提供教师和学生的实时视频。对于需要让师生相互观察对方的操作过程、动作的教学内容，视频是必不可少的。

(6)文件传播

参与者可以通过文件传输功能，向网络教室中的所有人或者部分参与者传递文件，以共享资源。

(7)特殊符号和公式的输入

上述这些功能是虚拟教室的常见功能。尤其是语言交互、电子白板、屏幕共享和文本聊天，是虚拟教室的必备功能。

在参与者不是很多的情况下(如 15 人以内)，教师可以利用腾讯会议、钉钉等软件组建虚拟教室。

2. 虚拟教室的作用和应用

由于虚拟教室主要用于支持教师和学生的实时交互活动，因此在教学中，虚拟教室的作用主要有：

(1)辅导和答疑。辅导和答疑时，教师和学生需要频繁交换信息，因此及时反馈非常重要。在使用虚拟教室时，师生都在场，师生可以借助语音，快速、及时地交换信息。

(2)系统讲授。借助网络教室的语音交互、电子白板、窗口共享、文件传递等功能，教师可以实现类似于物理教室教学信息的传递，也可以实现系统讲授。

(3)组织研讨。如果教学中需要就某一问题展开深入讨论,那么除了可以利用论坛等异步方式外,还可以借助虚拟教室中的语音功能进行。这可以使教学更加自然,而且可以相互激发观点,讨论效率更高。

(4)学生的远程合作。虚拟教室突破了空间的限制,不同地区的学生可以合作开展研究活动。尤其对于某些社会文化研究来说,通过异地合作,能开阔学生的视野,让学生认识到差异。同时,由于有其他学校学生的加入,这种研究活动更容易引起学生的兴趣。

(5)为学生提供情感支持。如果遇到特殊情况,学生需要长时间和教师、同伴分离,独自开展学习活动,虚拟教室中的实时活动往往能增强学生的归属感和参与意识,满足学生的社会交往需求。而情感上的支持、帮助和满足有助于学生更好地完成学习活动。

在利用虚拟教室开展教学活动时,教师应注意:

(1)熟练掌握虚拟教室软件的各项功能。不但能够独立完成基本操作,还应具备基本的故障排除能力,以便为学生提供技术支持;应熟练掌握顺利授课所需的技能。

(2)习惯没有学生在场的讲解。

(3)鼓励学生参与,及时表扬。参加虚拟教室学习的学生往往是一个人,周围没有学习同伴。教师要注意鼓励和表扬学生积极参与学习。

(4)做好处理突发事件的心理准备并安排好应对措施。

3.5.4　智慧教室

在传感技术、网络技术、多媒体技术及人工智能技术充分发展的信息时代,教室环境应是一种"能优化教学内容呈现、便利学习资源获取、促进课堂交互开展,具有情境感知和环境管理功能的新型教室",这种教室被称为智慧教室。智慧教室是一种典型的智慧学习环境的物化,是多媒体和网络教室的高端形态,是学校信息化发展到一定阶段的内在诉求,是当今这个智慧学习时代的必然选择。

1. 智慧教室的SMART概念模型

智慧教室的"智慧性"涉及教学内容的优化呈现、学习资源的便利性获取、课堂教学的深度互动、情境感知与检测、教室布局与电气管理等多个方面的内容,可概括为内容呈现(showing)、环境管理(manageable)、资源获取(accessible)及时互动(real time Interactive)、情境感知(testing)五个维度,简写为"SMART"。这五个维度正好体现了智慧教室(smart classroom)的特征,可称为SMART概念模型,如图3-5所示。

(1)内容呈现

内容呈现(showing)主要表征智慧教室的教学信息呈现能力,不仅要求呈现的内容清晰可见,而且要求呈现内容的方式符合学习者的认知特点,有助于增强学习者对学习材料的理解和加工。

内容呈现主要包括视觉和听觉呈现两个方面:

视觉方面,涉及清晰度、视野、亮度、视角等多个因素,要求通过电子手段呈现给学生的信息能被教室内所有的学生方便、清楚地看见,不影响学生的健康。研究表明,多屏显示能够降低认知负荷和提高学习成绩。Colvin等专家指出多屏比单屏更能促进学习者成绩的提高;有专家指出双屏计算机程序教学能有效降低学习者的认知负荷,提高学习效果;陈长胜等专家基于双通道理论开发了双屏教学平台,并提出了双轨教学模式。

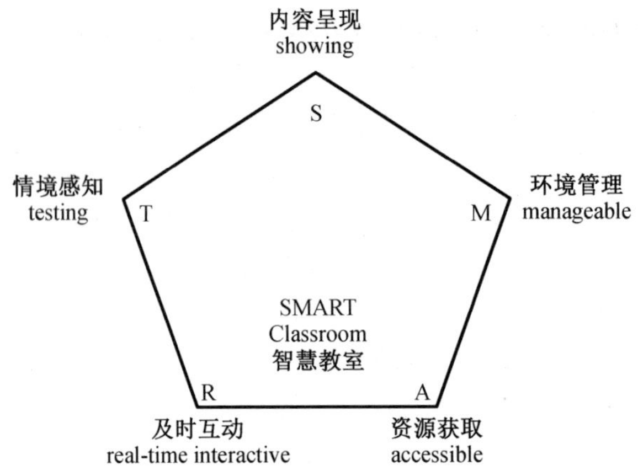

图 3-5 智慧教室 SMART 概念模型

智慧教室可以通过配置多个屏幕来显示教学内容,以有效改善单一屏幕造成的学生思维产生“间断性”的问题。智慧教室的各种显示屏幕都应该具有高分辨率,各种显示屏幕的水平视角一般应在 160 度以上,可以配置光线传感器,以智能判断环境光线的强弱,甚至能自动控制窗帘的开合与室内灯光的启闭,从而保证屏幕的适宜亮度。

听觉方面,良好的听闻环境可保证语言交流的顺畅,利于师生互动。李运江等专家指出教室的声学设计要保持足够低的背景噪声级,合理布置吸声材料,把混响时间控制在合适的水平,充分利用天花的近次反射声,加强教室后部的声能;粟春燕等专家认为语言可懂度是教室听闻环境最直接的评价指标,混响时间和信噪比、过长的混响时间、过多的背景噪声及低信噪比都会降低语言的可懂度。

(2)环境管理

环境管理(manageable)主要表征智慧教室的布局多样性和管理便利性。智慧教室的所有设备、系统、资源都应具备较强的可管理性,包括教室布局管理、设备管理、物理环境管理、电气安全管理、网络管理五个方面。在教室布局方面,传统“秧苗式”布局严重限制了学生之间的互动,造成学生的被动学习。智慧教室的布局应灵活、多样,以支持多种教学活动的开展;充分考虑各种设备的放置,提高空间的利用效率;课桌椅设计除了考虑材料、结构、色彩等因素外,必须应用人机工程学原理,使其符合青少年身体的特征。设备管理应考虑网络设备、传感设备、照明设备、供电设备、空调设备、计算机、屏幕、投影机等因素。物理环境管理涉及声、光、温等环境因素的管理。我国《室内空气质量标准》(CB/T 18883—2002)引入室内空气质量概念,提出“室内空气应无毒、无害、无异常嗅味”的要求,并对室内空气的温度、湿度、空气流速和新风量等做了明确要求。电气安全管理要求教室内的所有设备在供电安全上可以控制,主要包括各种设备的供电、布线、用电安全等问题。网络管理要求教师对室内网络的使用是可控的,包括病毒的防范、网络传输的保障、访问数量的保障等。

(3)资源获取

资源获取(accessible)主要表征智慧教室中资源获取能力和设备接入的便利程度,涉及资源选择、内容分发和访问速度三个方面:陈时见等专家指出,丰富的网络学习资源有利于学生自主学习、交互式合作学习、个性化学习、教育社会化的实现。在资源选择方面,智慧教室应能提供丰富的教学资源，以灵活支持教学活动，计算机、平板电脑、智能手机、PDA、无线投影机、交互式白板等多种设备均可便利接入，并支持在教学的过程中对资源进行互动、操作和再生成。在内容分发方面，与学生学习相关的课程设置、教学计划、教学内容、教学工具等均应能便利地分发到学习终端。在访问速度方面，资源的获取和终端的接入速度均以不影响教学活动为宜。

（4）及时互动

及时互动（real-time interactive）主要表征智慧教室支持教学互动及人机互动的能力，涉及便利操作、流畅互动和互动跟踪三个方面。在便利操作方面，智慧教室应能支持人机的自然互动，所有互动设备及界面具有操作简单、功能全面、导航清晰、符合人的操作习惯等特点，触摸、视觉和语音等互动方式可以改善鼠标、键盘的人机互动体验，使互动更趋于自然。在流畅互动方面，智慧教室中的硬件能够满足多终端、大数据量的互动需求。

在互动跟踪方面，智慧教室能够记录并存储师生、生生以及人机的互动轨迹，为学习分析提供基础数据，从而为教师的决策和学生的自我评估提供支持。《地平线报告》预测：学习分析技术是未来短期内要普及的重要技术。智慧教室应全面支持教学的深度互动，有效地了解学生是否偏离交互主题，从交互过程中及时发现学生的困难与问题并加以引导或帮助，将是智慧教室需要设置的一项重要功能；记录互动的过程轨迹并及时进行分析，是实现该项功能的主要途径。

（5）情境感知

情境感知（testing）主要表征智慧教室对物理环境和学习行为的感知能力。空气、温度、光线、声音、颜色、气味等是环境的物理因素。这些因素直接影响教师和学生的身心活动。传感器技术的发展和普及使得智慧教室可以通过各种传感器，实时检测室内的噪声、光线、温度、气味等参数，根据预设的理想参数，自动调节百叶窗、灯具、空调、新风系统等相关设备，将教室内声、光、温、气调节到适合学生身心健康的状态。学习行为的感知是指能够获取学习者的位置、姿势、操作、情感等方面的数据，以便分析学生的学习需求，提供适应性支持。

2. 三种典型的智慧教室

在 SMART 概念模型中，环境管理（M）和情境感知（T）两个维度是对智慧教室装备的共性要求。环境管理（M）维度要求智慧教室能够实现对所有设备、系统、资源的监控和管理。情境感知（T）维度包括两个方面：一是对室内的空气、温度、光线、声音、颜色、气味等参数的监控，为环境管理（M）提供依据；二是利用课堂录播系统记录教学过程，利用手持设备记录交互过程、监测学习结果，从而完成对学习过程的跟踪。随着“个人探究”“小组协作”等多种教学模式的不断提出，原本以支持知识传授为主的教室环境无法满足当前课堂教学在功能多样性方面的实际需求，普通教室、多媒体教室和网络教室在设计上亟待改善。如果分别从内容呈现（S）、资源获取（A）和及时交互（R）三个维度来增强教室的设计，可把教室建成高清晰型、深体验型和强交互型三种典型的智慧教室。其特征如表 3-2 所示。

表 3-2 三种类型的智慧教室比较

类型	维度				
	教学模式	空间布局	内容呈现	资源获取	及时交互
高清晰型	传递—接受	“秧苗式”为主	双屏显示,无线投影	支持以无线网获取资源	以师生互动为主
深体验型	个人探究	多种布局均可	学生终端	支持丰富的资源和教学工具,全面支持各种终端接入	以生机交互为主
强交互型	小组协作	“圆形”为主	小组终端	支持以无线方式传输小组协助的资源和工具	以计算机为中介的生生交互

(1)高清晰型智慧教室

高清晰型智慧教室更多被应用于“传递—接受”式教学模式。该教学模式的产生和美国著名教育心理学家奥苏贝尔提出的有意义接受学习理论有直接的关系。该理论认为学生的学习主要是接受学习,而不是发现学习,即学生主要通过教师讲授和呈现的材料来掌握前人的知识与经验。但是,这种接受学习应该是有意义的,而不是机械的。为此,必须在新知识与原有认识、原有观念之间建立起适当的、有意义的联系。

①空间布局

该类智慧教室主要支持以讲授为主的课堂教学。学生座位布局以“秧苗式”固定座位为主。其对听课人数无明确限制,甚至可以支持几百人同时听课。

②内容呈现

该类智慧教室可以采用无线投影技术呈现教学内容,支持手势识别的自然交互方式。应根据教室空间大小来配置屏幕尺寸及个数。通常情况下,至少配置两块显示屏幕来呈现教学内容。“双屏配备”可有效加强多页画面的连接,应是智慧教室的标准配置。学生可使用手持设备书写笔记或将其画面投射到大屏幕上。

③资源获取

该类智慧教室应支持师生以无线网的方式获取课程计划、教学内容和相关教学资源。在教学过程中,学生可利用移动设备书写笔记并实现在线储存。

④及时交互

该类智慧教室的交互方式以师生交互为主,其他交互方式为辅。学生也可通过手持设备以电子投票、问题反馈的方式给予反馈。

(2)深体验型智慧教室

深体验型智慧教室更多被应用于探究性教学模式。该模式是指在教学过程中,学生在教师指导下,通过以“自主、探究、合作”为特征的学习方式对当前教学内容中的主要知识点进行自主学习、深入探究并进行小组合作交流,从而较好地达到课程标准中关于认知目标与情感目标要求的一种教学模式。

①空间布局

该类智慧教室支持以个人探究为主的课堂教学。座位布局相对灵活,“秧苗式”或“圆形”布局均可。理想的班级人数为四十人左右。

②内容呈现

该类智慧教室的内容呈现以学生的计算机终端或手持设备为主,以室内的无线投影呈现为辅。学生可利用手持设备记录笔记或反馈信息,并可将其画面投射到大屏幕上。因此要求学生每人配备一台计算机终端或移动手持设备。

③资源获取

该类智慧教室覆盖高速无线网络,支持丰富的资源和教学工具的获取,全面支持各种终端接入,能够保证基于互联网的虚拟实验、仿真教学等在线资源和学习分析工具的便利获取和应用。

④及时交互

该类智慧教室的交互方式以生机交互为主,师生交互、生生交互为辅。学生可通过计算机或手持设备以电子投票、问题反馈的方式给予反馈。

(3)强交互型智慧教室

强交互型智慧教室更多被应用于小组的协作学习。它是以小组活动为主体进行的一种教学活动。学生之间的互相合作、相互作用是教学活动赖以进行的动力源泉。

①空间布局

该类智慧教室支持以“小组协作”为主的课堂教学。理想的班级人数为四十人左右。空间布局以“圆形”布局为主,学生无固定座位,布局灵活。每个小组应至少配备一台计算机终端或手持设备。

②内容呈现

该类智慧教室支持小组使用计算机终端或手持设备讨论问题、绘制思维导图等。其内容呈现以小组终端为主。教室也可配备双屏或多屏显示呈现教学内容,其中应装备至少一台具有触控功能的屏幕或交互式电子白板,供教师或学生面对全班同学展示。

③资源获取

该类智慧教室支持以无线方式传输小组协作的资源和工具,网络传输速度以不影响小组协作为宜。

④及时交互

该类智慧教室特别强调以计算机为中介的生生交互。小组完成学习任务主要依赖小组讨论。讨论过程与结果能够以无线投影的方式投射到大屏幕上。

3. 智慧教室背景

在学校,课堂教学环节是学生接受系统教育最重要的一环,做好教学互动是把握好教学环节的质量,提高教学水平的关键。现行的教学过程中,传统的签到环节、提问互动环节、课堂小测试环节存在诸多问题。签到过程中,使用纸张签到,效率低且存在代签现象,也不便于教师统计;在提问互动环节和课堂小测试的环节中,一般是教师给出简单选择后,学生举手或者口头回答,不能获得准确的统计数据,所以教师只能根据大体情况来判断是否进行教学,不能考虑后期的数据挖掘和数据统计工作。传统的教学方式已经不适应现代化教学的需要。基于物联网技术,集智慧教学、人员考勤、资产管理、环境智慧调节、视频监控及远程控制于一体的新型现代化智慧教室系统得到了逐步地推广运用。智慧教室作为一种新型的教育形式和现代化教学手段,给教育行业带来了新的机遇。

4. 智慧教室用途

智慧教室设备能够体现物联网的三个层次:应用层、网络层、感知层。它运用传感器、射频识别(RFID)等技术,使信息传感设备实时感知任何需要的信息,按照约定的协议,通过可能的网络(如基于 Wi-Fi 的无线局域网、移动通信、电信网等)接入方式,把任何物品与互联网相连接,进行信息交换和通信,实现物与物、物与人的泛在连接,实现对物品的智慧化识别、跟踪、监控和管理。同时,智慧教室还能满足学校物联网技术专业开设的“物联网导论”“传感器原理及应用”“无线传感器网络及应用”“RFID 技术及应用”“物联网工程及应用”“物联网标准与中间件技术”“物联网应用系统设计”等课程的实践实训教学需要,并为学生或教师的物联网技术应用项目开发提供平台。

学生通过智慧教室实验平台,能掌握物联网技术基础理论、物理信息系统标识与感知、计算机网络理论与技术、数据分析与信息处理技术等知识,掌握通信技术、网络技术、传感技术等信息领域的专业知识,具备一定的工程应用系统的开发、实践能力和科学研究能力。

5. 智慧教室建设

建设智慧教室时可以用光载无线交换机构建 Wi-Fi 无线局域网,覆盖智慧教室,加上教室的有线网络交换机、网络路由器,从而建立融合有线网络、无线局域网的物联网关键部分——网络层,各种传感器件通过标准模块 Wi-Fi 设备服务器(串口通信 RS232 转 Wi-Fi 无线网络)无线接入物联网工程信息平台,构成全面涵盖物联网三个层次的一个统一的物联网工程实验平台。这样,其他内置 Wi-Fi 模块的各种手持设备(笔记本电脑、手机等)也能无线接入该实验平台,成为物联网实验设备的一部分;师生教学、科研实践开发的其他感知模块,通过与标准的 Wi-Fi 设备服务器连接,也能轻易接入该实验平台,完成测试、验证。

6. 智慧教室系统

基于物联网技术的智慧教室是一个物联网应用场景,既可供学生进行创新实验研究,也方便教师开展科学研究。智慧教室中的人员考勤系统可用来判断教室内是否有人员,如果教室内无人,则教室内所有系统处于关闭状态;反之,则处于工作状态。

智慧教室主要包括以下九个系统:

(1)教学系统

教学系统由内置电子白板功能的触控投影机一体机、功放、音箱、无线麦克、拾音器、问答器和配套控制软件构成。使用内置电子白板功能的触控投影机代替传统的黑板教学,不但可以实现无尘教学,保护师生的健康,还可以在投影画面上操作电脑,在每个桌位上配置问答器,实现师生交互式课堂教学。

(2)LED 显示系统

广角 LED 显示系统由 LED 面板拼接而成,安装在教室黑板顶部,用于显示课程名称、专业班级、任课教师、到课率和教室内各传感器采集的环境数据(室内温湿度、光照度、二氧化碳浓度等)。

(3)人员考勤系统

人员考勤系统由 RFID 考勤机、考勤卡和配套控制软件构成。可在教室前后门各安装一个 RFID 考勤机,用 RFID 标签(校园一卡通)对学生进行考勤统计,对进入教室的人员进行身份识别,对合法用户进行考勤统计,对非法用户进行告警。同时,可通过 Wi-Fi 无线覆盖,远程对考勤情况进行监控、统计以及存档打印等。

(4)资产管理系统

资产管理系统由特高频 RFID 读卡器、纸质标签、抗金属标签和配套控制软件构成。可在教室前后门各安装一个特高频读卡器,对教室内的实验仪器、设备等资产(贴有 RFID 标签,标签上标注有设备的详细信息)进行监控与管理,对把教室内资产带出教室的未授权用户进行告警,方便设备管理人员对教室设备的统一管理。

(5)灯光控制系统

灯光控制系统由灯光控制器、光照传感器、人体传感器、窗帘控制系统和配套控制软件构成。它是通过人体传感器来判断教室内对应位置是否有人的。如此位置无人,灯光控制系统及窗帘控制系统则处于关闭状态;反之,则处于工作状态。

(6)空调控制系统

空调控制系统由中央空调电源控制器、温湿度传感器和配套控制软件构成。系统通过温湿度传感器监测室内温度。当室内温湿度高于预设的最高门限值时,系统会自动开启空调,当室内温湿度低于预设的最底门限值时,系统会自动关闭空调,从而实现室内温湿度的自动控制。

(7)门窗监视系统

门窗监视系统由窗户门磁模块及配套软件组成。窗户门磁模块用于检测门和窗户的开关状态,并将状态信息及时上传至服务器;同时还用于设置敏感时段,实施对窗户的自动监视和报警。

(8)通风换气系统

通风换气系统由抽风机、CO_2 传感器和配套监控软件构成。系统通过 CO_2 传感器监测室内的 CO_2 浓度。当室内 CO_2 浓度高于软件预设的门限值时,系统会自动开启抽风机来进行换气,通过补充室外空气来降低室内 CO_2 的浓度。

(9)视频监控系统

视频监控系统由 Wi-Fi 无线摄像头和配套监控软件构成。视频监控可为安防系统、资产出入库、人员出入情况提供查询依据。可在教室前后门口各安装一个 Wi-Fi 无线摄像头监控人员出入和资产的出入库情况,在教室内安装一个 Wi-Fi 无线摄像头监控教室内部实时情况,所采集的影像经由远端射频单元传送至终端管理电脑,提供实时的监控数据。

7.智慧教室实验项目

智慧教室搭建成物联网应用场景后,可为在其中学习相关课程的学生进行一系列实验课程提供便利。

(1)人员考勤系统:高频 RFID 应用实验;人员考勤系统设计实验。

(2)资产管理系统:特高频 RFID 应用实验;货物盘点系统设计实验。

(3)智慧照明系统:物联网智慧灯光控制系统应用实验;物联网智慧灯光控制系统开发实训。

(4)视频监控系统:物联网视频监控应用实训;物联网视频监控系统开发实训。

(5)空调控制系统:实验室空调控制系统应用实训;物联网空调控制系统开发实训。

(6)嵌入式实验:温湿度传感器数据采集实验;光照度数据采集实验;温湿度传感器数据通信实验;光照度数据通信实验。

3.6 信息化教学资源

3.6.1 信息化教学资源概述

1. 信息化教学资源的概念

教育资料是指支持教育的所有资源,包括教学资料、支持系统和教学环境等。信息化教学资源是指在信息技术环境下承载教育信息的各种资源,也就是指蕴含大量的教育信息,能创造出一定的教育价值以数字形态存在的教学材料,包括学生和教师在学习与教学过程中所需要的各种数字化的素材、教学软件、补充材料等。

2. 信息化教学资源的分类

根据《教育资源建设技术规范(征求意见稿)》,我国目前主要建设的信息化教学资源有以下几种。

(1)教学素材

教学素材是指教学过程中传播教学信息的基本组成元素,包括文本类素材;图形、图像类素材;音频类素材;视频类素材和动画类素材。

(2)教学课件

教学课件是指根据教学需要,在一定的教学理论和学习理论指导下,经过教学设计,以多种媒体表现、具有良好结构、能够满足某一单元或知识点教学需要的一种软件。

(3)网络课程

网络课程是通过计算机网络表现的某门学科教学内容及实施教学活动的总和,它包括两个组成部分:一是按照一定的教学目标、教学策略组织起来的教学内容;二是网络教学支撑环境,包括教学资源(电子教案、媒体素材课件、试题库、案例、文献资料、常见问题解答库、资料目录或索引等)、教学平台(支持网络课程教学活动的软件工具,如网络课件写作工具、多媒体素材集成软件、网上答疑、网上讨论、在线测试系统软件、工具软件、应用软件等)以及在网络教学平台上实施的教学活动(如实时讲座、实时答疑、分组讨论、布置作业、讲评作业、协作解决问题、探索式解决问题、练习测试、考试阅卷、教学分析等)。

(4)教学案例

教学案例是指由各种媒体元素组合表现的有现实指导意义和教学意义的代表性事件或现象。完整的教学案例通常包括教学设计方案、教学课件、课堂视频实录和教学反思4个部分。

(5)教育游戏

教育游戏是指根据教学需要,在一定的学习理论和游戏理论指导下,开发的具有教育和娱乐目的的计算机软件。

(6)网络课件

网络课件是指对一个或几个知识点实施相对完整教学的软件,根据运行平台可分为网络版的课件和单机运行的课件。网络版的课件需要能在标准浏览器中运行,并且能通过网络教学环境被大家共享;单机运行的课件可通过网络下载后在本地计算机上运行。

(7)文献资料

文献资料是指有关教育方面的政策、法规、条例、规章制度,对重大事件的记录、重要文章、数字教材、数字图书等。

(8)常见问题解答

常见问题解答是针对某一具体领域最常出现的问题给出的全面解答。

(9)资源目录索引

列出某一领域中相关网络资源的地址链接和非网络资源的索引。

(10)试题库

试题库是按照一定的教育测量理论,在计算机系统中实现的某个学科题目的集合,是在数学模型基础上建立起来的教育测量工具。

(11)试卷

试卷是用于进行多种类型测试的典型成套试题。

(12)学习网站

学习网站是围绕学科教学,通过 Web 技术整合多样化的数字学习资源,并提供网络教学功能与支持服务的网站。另外,还可根据实际需求,增加其他类型的资源,如电子图书、工具软件和影片等。以上信息化教学资源可以概括成三大类型:一是素材类教学资源,即前面所说的教学素材;二是集成型教学资源,即根据特定的教学目的和应用目的,将多媒体素材和资源进行有效组织形成的"复合型"资源,如试题库、文献资料、课件与网络课件、专题学习网站、教学软件等;三是网络课程。

3. 信息化教学资源的特点

(1)组织的非线性化

传统教学信息的组织结构是线性的、有顺序的;而人的思维、记忆是网状结构,可以通过联想选择不同的路径来加工信息。多媒体技术具备综合处理各种多媒体信息的能力和交互特性,为教学信息组织的非线性化创设了条件。

(2)处理和存储的数字化

利用多媒体计算机的数字转换和压缩技术,能够迅速实时地处理和存储图、文、声、像等各种教学信息,既方便学习,增加信息容量,又能够提高信息处理和存储的可靠性。

(3)传输的网络化

网络技术的发展与普及,特别是各级教育网络的建立,使教学信息传递的形式、速度、距离、范围等发生了巨大变化,从而为网络教育、远程教育、虚拟实验室等新教育形式的产生和发展奠定了基础。

(4)教育过程的智能化

多媒体计算机教育系统具有智能模拟教学过程的功能,学生可以通过人机对话,自主地进行学习、复习、模拟实验、自我测试等,并能够通过系统实时的反馈实现交互,为探究型学习创设条件。

(5)资源的系列化

随着教学信息化程度的提高和现代教育环境系统工程的建立,现代教材体系也逐步成套化、系列化、多媒体化,这使得人们能根据不同的条件、不同的目的、不同的阶段,自主有效地选用相应的学习资源,为教育社会化、终身化提供了保障。

4. 信息化教学资源开发的原则

(1)教育性原则

信息化教学资源的开发要符合教育教学规律,符合学生的认知水平,体现学生的认知特点,满足教学的需要,符合教学大纲的基本要求。因此,信息化教学资源在内容呈现上要脉络清晰、简明扼要,要用合适的媒体元素恰当地表现教学的内容。

(2)科学性原则

信息化教学资源既要生动、活泼、有趣,又不能违背科学的基本原则,更不能迎合低级趣味。因此,信息化教学资源中的各种操作必须规范准确;选用的材料、例证和逻辑推理必须是科学的、符合客观规律的;所表现的图像、声音、色彩都要符合科学的要求,不能为片面追求色彩的艳丽、声音的悦耳、画面的生动而破坏内容的真实性。

(3)技术性原则

信息化教学资源的开发要符合技术质量标准,即图像清晰、声音清楚、色彩逼真、声画同步,运行方便、灵活、稳定,操作方便、快捷,交互性强、导航方便合理,容错性好。开发者要熟练掌握有关技术,力求精益求精。

(4)艺术性原则

信息化教学资源的内容力求反映自然和社会生活中真、善、美的事物:画面构图要清晰匀称、变换连贯;音乐与声音要避免噪声,音乐要与景物、动作相契合,声音要顿挫有致,使听者愉悦;光线与色彩要明暗适度、调配恰当,使学习者感到舒适。

(5)开放性原则

信息化教学资源的开放性主要体现在开发人员的开放性、资源内容的开放性和结构体系的开放性等方面。开发人员的开放性是指教学资源开发人员既可以是教师、教育专家、学科专家,也可以是学习者及各类愿意贡献智慧和力量的人员;资源内容的开放性是指既要着眼于学校教育、正式教育,又要兼顾非学校教育、非正式教育,要适应泛在学习的需要;结构体系的开放性是指建设的教学资源应该力求立体化、系统化,并能及时更新、补充,具有多样的交互性,实现开放式共享利用。

(6)创新性原则

信息化教学资源的开发一定要与时俱进,以紧贴时代的眼光开发、建设教学资源。信息化教学资源的创新主要包括理念创新、理论创新、内容创新、技术创新、模式创新、形式创新等方面。

(7)经济性原则

信息化教学资源建设力求以较少的财力、物力和人力,开发出高质量、高水平的资源,切忌重复建设低水平的资源,要注意对现有资源的改造和利用,更不能为建而建。因此,信息化教学资源的开发要有周密的计划,避免浪费。

3.6.2 网络教学资源的获取

1. 网络教学资源概述

(1)网络教学资源的类型

关于网络教学资源的类型,目前还没有统一的分类方法。通常认为网络教学资源可分为信息类资源和工具类资源两大类。信息类资源,即互联网上的数字化教学材料,包括文献材料、图片、音频、视频、动画、课件、习题、试卷、电子课本等;工具类资源,即网络环境下可以被教学利用的各种平台,其通常以工具、载体的形式呈现,如搜索引擎、即时通信工具、论坛、博客等。

网络教学资源按照网络资源的组织形式分为以下几种。

①网络课件

常见的网络课件有课堂演示型网络课件(教师讲解的同时,在课堂上用计算机演示一些微观现象或动态图形,或把抽象的内容形象化)、个别化学习型网络课件(包括操练型网络课件、游戏型网络课件、模拟型网络课件、测试型网络课件、问题解决型网络课件、探索学习型网络课件、协作学习型网络课件、流媒体网络课件和多媒体网络课件)等。

②专题学习网站

专题学习网站是指在网络环境下,围绕与某门课程或多门课程密切相关的某个学习专题进行较为广泛深入研究的资源学习网站。专题学习网站通常包括 4 个基本组成部分,如图 3-6 所示。

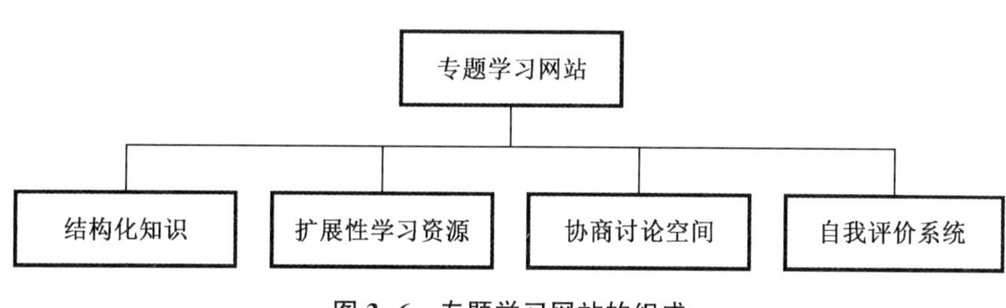

图 3-6　专题学习网站的组成

a. 结构化知识

展示与学习专题相关的结构化知识,即呈现与课程内容相关的电子教材、图形或图像、动画、视频、音频等知识并进行结构化重组。

b. 扩展性学习资源

收集、学习与专题相关的扩展性学习资源,如字典、词典、计算工具、几何画板以及相关资源网站的链接等。

c. 协商讨论空间

根据学习专题,建构网上在线交流、答疑和协商讨论的空间。

d. 自我评价系统

收集、学习与专题相关的问题、形成性练习和总结性资料,并将其设计成基础性强、覆盖面广、难度适宜的题库,使学习者能够对网上自主学习进行评价。

③网络课程

一般来说,网络课程包括课程教学模块、交流协作模块、课程组织模块、辅助工具模块和测试评价模块。网络课程的开发流程如图 3-7 所示。

a. 需求分析

需求分析是对网络课程的用途、使用对象类型、应用环境等各方面的综合分析,以确定网络课程开发的目标和规模,估计网络课程的开发成本和效益,并据此制定网络课程开发计划。这个阶段包括学习者、课程教学大纲、教学目标和教学内容分析。

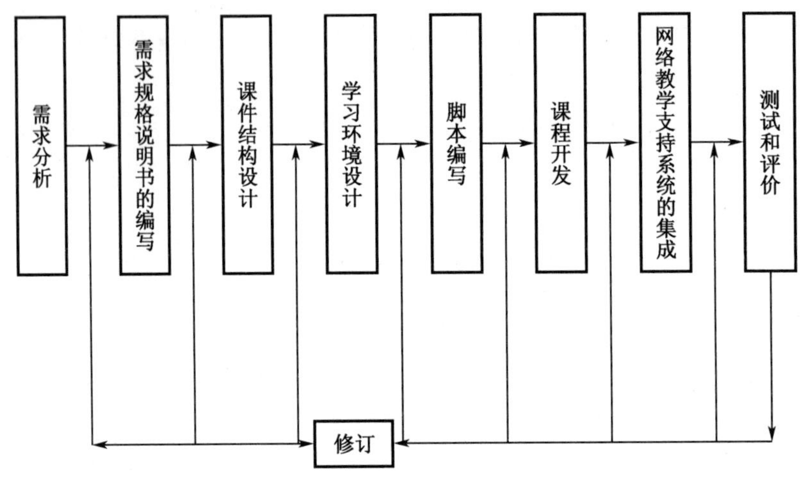

图 3-7　网络课程的开发流程

b. 需求规格说明书的编写

需求规格说明书是网络课程设计的蓝图，它精确地描述了一个网络课程系统必须提供的功能和性能以及它所需要考虑的限制条件，是系统测试和用户文档的基础。网络课程需求规格说明书一般包括设计目标、需求分析、媒体的选择及分析、网络课件模式分析、网络课件的结构和学习环境设计等。

c. 学习环境设计

学习环境设计除考虑学习资源设计和教学策略设计外，还要考虑网络课程界面的设计。开发完成的网络课程要集成到网络教学平台上运行，网络课程和网络教学平台可以相互通信，记录并保存学习者学习的过程数据。

d. 脚本编写

脚本相当于电影拍摄中的剧本，它描述了课程制作的思路、内容、教学过程等信息，方便制作人员了解课程制作的思路，开发出合适的教学课程。脚本的编写要目标明确，让制作人明确教学思路和教学内容，无须太多帮助就能够根据它制作出合适的课程。

网络课程的脚本包括文字脚本和制作脚本两部分。文字脚本是按照教学过程的先后顺序，描述每一环节的教学内容及其呈现方式的一种形式。制作脚本是以文字脚本为基础，对系统结构设计结果的描述，以使制作人员明确如何去制作网络课程。制作脚本一般通过填写制作脚本卡片来完成。在脚本中需要明确规定课程需要的文字、图形、动画、声音、视频、测试题等内容，并需要明确它们之间的关系和出现顺序。制作脚本编写的基本要求有：一是明确教学目的和各教学单元的教学目标；二是根据教学目标，选择准确无误的教学内容；三是根据教学目标和教学内容，选择适当的教学方法和传递教学信息的媒体；四是，无论采用什么样的模式或策略，都必须注意学习理论的应用，以提高软件的教学效果；五是应考虑计算机的输出和显示能力；六是使用的格式必须规范，脚本可以使用不同的格式，但必须规范，其主要内容包括显示信息、注释信息、逻辑编号、媒体、交互信息和“热字”的表示等。

e. 课程开发

在素材采集与制作完成后，将数据入库，利用网页制作与开发工具进行网页制作程序的设计与调试等。完成制作后，还要编写相应的文字材料，例如软件的使用环境、使用的机型、软件的使用方法及其他配套使用的文字材料等。

f. 测试与评价

网络课程测试与评价是为了发现网络课程运行中的错误而执行程序的过程，测试的目的是尽可能多地暴露程序存在的问题；评价贯穿于网络课程开发的各个阶段，在每个阶段的工作完成之后都要进行形成性评价，并根据评价的结果对原来的设计进行修改。

④网络资源库

网络资源库是指各种教学资源的集合，包括与课程内容相关的媒体素材、教学案例、教学课件、资源目录或索引、试题库、网络课程、文献资料及常见的问题解答等。网络资源库既可以支持教师的教授，也可以支持学生的学习。

（2）网络教学资源的特点

网络教学离不开丰富的网络教学资源。一般来说，网络教学资源具有以下几个方面的特点。

①多样性

网络教学资源种类繁多，形式多样。网络教学资源以超媒体形式组织，其超媒体界面可以通过网络超链接直接得到与主题相关的任何信息资源。

②共享性

网络教学资源具有高度的共享性，学习者可以不受时间地域的限制，只要有网络，学习者就可以获取所需要的课程内容和学习资源。

③交互性

网络教学资源改变了传统教学资源单向传输的方式，具有同步与异步、实时与非实时等双向传输功能。学生既可以实现人机交互，也可以与教师或其他学生交互。

④实效性

教师可以利用网络教学资源更新频率高、传播速度快的优势，将最新的信息融入课程内容中，增强知识的实效性，有助于加深学生对知识的理解。

⑤创造性

网络资源的创造性在于它的可操作性和可再生性。在教学过程中，教师可以运用多种先进的信息处理方式对网络教学资源进行重组、修改，学习者也可以采用多种信息加工方式对网络教学资源进行整合、再创造，实现对知识的主动建构。

2. 网络教学资源的获取方法

（1）专业网站或专题网站检索

通过搜索专业网站和专题网站，可以高效地获取教学资源和素材。目前，互联网上关于中小学各个学科的教学资源网站有成百上千个，既包括教育门户网站，也包括各种学科资源网、教学网、主题网站等。

（2）网页搜索引擎检索

搜索引擎实际上也是一个网站，其主要提供信息搜索服务。常见的搜索引擎有谷歌、百度、雅虎、搜狐、新浪、搜狗等。

搜索引擎种类繁多,品牌各异,但操作方式基本相同。搜索引擎都有一个"关键词"输入栏,在该栏中输入要搜索内容的关键词即可。需要说明的是,由于互联网上的信息太多了,其中夹杂着很多无关的信息,如何迅速、有效地找到需要的信息,还需要进一步掌握搜索引擎的使用技巧。

在百度或谷歌中,可以在检索词后面加上文件类型来检索,如想检索 PPT 文件,在检索词后加上 PPT 即可。另外,这两种搜索引擎目前都提供了图片类素材、动画类素材、音频类素材、视频类素材的专门检索页面。百度还提供了众多适合中国用户的个性化搜索功能,如百度快照、拼音提示、错别字提示、英汉互译词典、高级搜索、天气查询等。

(3)分类目录和网络资源指南检索

分类目录和网络资源指南检索,严格来讲不是真正的搜索引擎,而是按照目录分类的网站链接列表;用户完全可以不用进行关键词查询,仅靠分类目录就可以找到需要的信息,如国内的搜狐、新浪、网易等。

(4)专用搜索软件进行检索

有许多专门的软件用于搜索特定类型的素材资源,如图片搜索、流媒体搜索等。

(5)专业数据库进行检索

有很多专业的服务机构开发了大型的教学资源数据库,将这些教学资源有偿地为广大网民提供服务支持,如美国教育资源信息中心(ERIC)数据库全文检索系统,中国知网、万方数据库知识服务平台等。

3. 网络教学资源的下载

(1)网页的下载

①下载网页的常用方法。将有用的网页下载到本机的方法比较简单,只需要在 IE 浏览器的"文件"菜单中选择"另存为"命令,弹出"保存网页"对话框,从中指定文件保存的路径以及文件的名称,然后单击"保存"按钮即可。

②被禁止下载的网页下载方法。有一些网站为了防止别人复制网页上的内容,保存网页时提示无法保存,网页右键被锁定、不能选择或复制,这时可以采用如下方法。

a. 使用百度快照进行下载。在百度中找到要保存的网页条目,单击"百度快照"链接,此时打开的网页内容和原网页相同并且可以保存。

b. 使用源文件功能下载。此功能只能保存被禁止保存网页的文字,单击"查看源文件",选中需要的文字复制即可。

c. 用菜单支持的软件编辑。单击 IE 窗口中"文件"菜单,选择"使用 Microsoft FrontPage 编辑"(有些为"使用 Microsoft Excel 编辑"或"使用 Microsoft Word 编辑")在 FrontPage、Excel 或 Word 中复制所需要的文字。

(2)网页文字的下载

对于网页上的文字,通常是先选中,再单击右键,在弹出的快捷菜单中选择"复制"然后打开记事本或 word 软件,选取"编辑→粘贴"即可。另外,在粘贴文本到 word 文档时,经常会出现表格框或是其他格式,可以通过"编辑→选择性粘贴"中的"只保留文本"来完成无格式粘贴。

(3)图片的下载

网页中静态图片以及背景图片的下载,只需在图片上右击鼠标选择"图片另存为"菜单项,然后在弹出的"保存图片"对话框中指定保存的路径和文件名,以及保存文件的类型。但要注意的是,默认存储位置是计算机 C 盘中"我的文档"下的"My Pictures"文件夹。对于网页上无法下载和保存的图片,可以使用 Print Screen 键、截图或用抓图软件抓取图片后再保存。

(4)声音文件的下载

网络上声音文件下载的常用方法为:将鼠标指针移动到要下载的声音文件的网络路径上,然后单击鼠标右键,在弹出的快捷菜单中选择"目标另存为"菜单项,然后在弹出的"保存文件"对话框中指定保存的路径和文件名,单击"保存"按钮即可。

(5)应用软件的下载

通过搜索引擎或其他途径找到所需要的软件,如网页中提供了下载链接,可以通过网页浏览器的下载功能下载该软件,其方法和声音文件的下载一样。

(6)专用下载工具

当前比较流行的网络资源专用下载工具有网盘、网络蚂蚁、迅雷、超级旋风、电驴等。

①网盘

网盘,又称网络 U 盘、网络硬盘,是由互联网公司推出的在线存储服务。服务器机房为用户划分一定的磁盘空间,免费或收费为用户提供文件的存储、访问、备份、共享等文件管理功能,并且拥有高级的世界各地的容灾备份。用户可以把网盘看成一个放在网络上的硬盘或 U 盘,不管你是在家中、单位或其他任何地方,只要你连接到互联网,就可以管理、编辑网盘里的文件。不需要随身携带,更不怕丢失。

②网络蚂蚁

网络蚂蚁利用了一切可以利用的技术手段,如多点连接、断点续传、计划下载等,大大加快了下载的速度。

③迅雷

迅雷可以进行超文本传输协议、文件传输协议、BitTorrent 协议、eDonkey 网络的下载。迅雷本身不支持上传资源,只提供下载和自主上传功能,但迅雷下载过的相关资源,都能有所记录。

值得一提的是,在获取网络资源并受益的同时,我们也要成为网络资源的建设者。网络最大的优点就是实现了资源共享。在条件允许的情况下,每个人都应该尽可能在网上发布自己的教学资源,供大家交流使用,只有亲自参与网上资源的建设,才能更深切地体会到网络资源的特性。

3.6.3　图像类资源的获取

1. 图像基本概念

(1)位图与矢量图

计算机中的图形、图像主要分为位图和矢量图两种类型。

①位图

位图也称为点阵图或像素图,它是由许多单独的小方块组成的,这些小方块又称为像素点,使用放大工具放大后,可以清晰地看到像素的小方块形状和不同的颜色。位图图像质量由分辨率决定,单位面积内的像素越多,分辨率越高,图像的质量也越好,图像的文件量也会随之增大。

②矢量图

矢量图也称为向量图,是由 CorelDRAW、AutoCAD 等图形软件产生的,它是一种基于图形的几何特性来描述的图像。矢量图中的各种图形元素称为对象,每一个对象都是独立的个体,都具有大小、颜色、形状、轮廓等属性。矢量图与分辨率无关,无论放大或缩小多少倍,它的边缘都是平滑的,矢量图占用的存储空间较小,但是色彩表现力逊于位图。矢量图和位图放大 8 倍对比效果如图 3-8 所示。

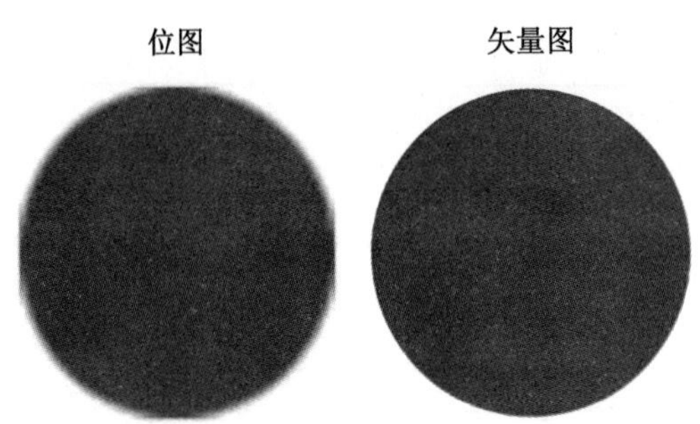

图 3-8 矢量图和位图放大 8 倍对比效果

(2)分辨率

Photoshop 的图像是位图格式,而位图图像的基本单位是像素,因此在创建位图图像时必须为其指定分辨率的大小。图像的像素和分辨率均能体现图像的清晰程度。

①像素

像素由英文单词 Pixel 翻译而来,它是构成图像的最小单位,是位图中的一个小方格。如果将一幅位图看成是由无数个点构成的话,每个点就是一个像素,同样大小的一幅图像,像素越多的图像就越清晰,效果就越逼真。

②分辨率

分辨率是指单位长度上的像素数目。单位长度上的像素越多,分辨率就越高,图像就越清晰,所需的存储空间也就越大。分辨率可分为图像分辨率、打印分辨率和屏幕分辨率等。

③图像分辨率

图像分辨率用于确定图像的像素数目,其单位有“像素/英寸①”和“像素/厘米”。例如,一幅图像的分辨率为 300 像素/英寸,就表示该图像中每英寸包含 300 个像素点。

④打印分辨率

打印分辨率又称为输出分辨率,是指绘图仪、激光打印机等输出设备在输出图像时每英寸所产生的墨点数。如果使用与打印机输出分辨率成正比的图像分辨率,就能产生较好的图像输出效果。

⑤屏幕分辨率

屏幕分辨率是指显示器上每单位长度显示的像素或点的数目,单位是“像素/英寸”或

① 1 英寸=2.54 厘米

“点/英寸”。例如,72 点/英寸表示显示器上每英寸包含 72 个点。屏幕分辨率的数值越大,图像显示就越清晰,普通显示器的典型分辨率约为 96 点/英寸。彩色印刷品的分辨率一般为 300 点/英寸,报纸图像的分辨率一般为 96 点/英寸,网页图片的分辨率一般为 72 点/英寸。

(3)色彩模式

在 Photoshop 中,了解色彩模式的概念很重要。因为色彩模式决定显示和打印电子图像时采用的模式,即一幅电子图像用什么样的方式在计算机中显示或打印输出。

①常用的色彩模式

颜色模式决定显示和打印电子图像的色彩模型(简单地说,色彩模型是用于表现颜色的一种数学算法),即一幅电子图像用什么样的方式在计算机中显示或打印输出。常见的颜色模式包括位图模式、灰度模式、双色调模式、HSB(色相、饱和度、亮度)模式、RGB(红、绿、蓝)模式、CMYK(青、洋红、黄、黑)模式、Lab 模式、索引色模式、多通道模式以及 8 位/16 位模式,每种模式的图像描述和重现色彩的原理及所能显示的颜色数量是不同的。Photoshop 的颜色模式是基于色彩模型的。而色彩模型对于印刷中使用的图像非常有用,可以从以下模式中选取:RGB、CMYK。

②色彩模式的转换

在图像处理过程中,有时需要根据实际情况将图像当前的色彩模式转换成另一种色彩模式。在 Photoshop 中,这样的操作只需要先选择【图像】→【模式】菜单命令,然后在弹出的子菜单中选择相应的模式命令即可。

2. 图像文件

(1)图像文件的格式

数字图像的文件格式种类有多种,每种图像文件各有自己的特点,根据不同的应用领域选择合适的图像文件,一般用于网页的有 GIF、JPEG、PNG 等格式;用于印刷的有 TIFF、EPS 等格式;用于图像处理的有 PSD、PDD、TIFF 等格式。

常见的图像文件格式有 PSD、TIFF、BMP、GIF、JPEG、PNG 等。

①PSD

PSD 是 Photoshop 软件专用的文件格式,它是 Adobe 公司优化格式后的文件,能够保存图像数据的每一个细小部分,包括图层、蒙版、通道以及其他的少数内容,但这些内容在转存成其他格式时将会丢失。另外,因为这种格式是 Photoshop 支持的自身格式文件,所以 Photoshop 能更快地打开和存储这种格式的文件。该格式唯一的缺点是:使用这种格式存储的图像文件特别大。尽管 Photoshop 在计算的过程中已经应用了压缩技术,但是因为这种格式不会造成任何的数据流失,所以在编辑的过程中最好还是选择这种格式存盘,直到最后编辑完成后再转换成其他占用磁盘空间较小、存储质量较好的文件格式。在存储成其他格式的文件时,有时会合并图像中的各图层以及附加的蒙版通道,这会给再次编辑带来不少麻烦,因此最好在存储一个 PSD 的文件备份后再进行转换。

②TIFF

TIFF 格式(Tagged Image File Format),直译为“标记图像文件格式”,是由 Aldus 公司为 Macintosh 开发的文件格式。

TIFF 用于在应用程序之间和计算机平台之间交换文件,是 Macintosh 和 PC 上使用很广泛的文件格式,它采用无损压缩方式,与图像像素无关,TIFF 常被用于彩色图片的扫描,以 RGB 的全彩格式存储。TIFF 格式支持带 Alpha 通道的 CMYK、RGB 和灰度文件,支持不带 Alpha 通道的 Lab、索引色和位图文件,也支持 LZW 压缩。

③BMP

BMP 格式是 Bitmap 的缩写,它可以用于绝大多数 Windows 下的应用程序。BMP 格式使用索引色彩,它的图像具有极为丰富的色彩,并可以使用 16 MB 色彩渲染图像。BMP 格式能够存储黑白图、灰度图和 16 MB 色彩的 RGB 图像等。此格式一般在多媒体演示、视频输出等情况下使用,但不能在 Macintosh 程序中使用。在存储 BMP 格式的图像文件时,还可以进行无损失压缩,这样能够节省磁盘空间。

④GIF

GIF 格式是 Graphics Interchange Format 的缩写。GIF 格式的图像文件容量比较小,它形成一种压缩的 8 bit 图像文件。正因为这样,一般用这种格式的文件来缩短图形的加载时间。如果在网络中传送图像文件,GIF 格式的图像文件要比其他格式的图像文件快得多。

⑤JPEG

JPEG 既是 Photoshop 支持的一种文件格式,也是一种压缩方案,它是 Macintosh 上常用的一种存储类型。JPEG 格式是压缩格式中的"佼佼者",与 TIF 文件格式相比,它的压缩比例更大,但它使用的有损失压缩会丢失部分数据。用户可以在存储前选择图像的最后质量,这就能控制数据的损失程度。

⑥PNG

PNG 便携网络图形格式用于无损压缩和显示 Web 上的图像。PNG 是目前保证最不失真的格式,它汲取了 GIF 和 JPG 二者的优点,存储形式丰富,兼有 GIF 和 JPG 的色彩模式;它的另一个特点是能把图像文件压缩到极限以利于网络传输,但又能保留所有与图像品质有关的信息,因为 PNG 是采用无损压缩方式来减少文件的大小,这一点与牺牲图像品质以换取高压缩率的 JPG 有所不同;它的第三个特点是显示速度很快,只需下载 1/64 的图像信息就可以显示出低分辨率的预览图像;第四,PNG 同样支持透明图像的制作,透明图像在制作网页图像的时候很有用,我们可以把图像背景设为透明,用网页本身的颜色信息来代替设为透明的色彩,这样可让图像和网页背景很和谐地融合在一起。

(2)图像的获取

计算机中的图像是以数字方式进行记录和存储的,数字化图像一般情况下可以通过以下方式获取。

①通过绘图软件获取

使用 Photoshop、Illustrator 和 CorelDRAW 等软件处理图像时,可获取数字化图像。

②通过数位板获取

数位板常用来进行专业的数码艺术创作,从数位板中可以获取手绘风格的数字化图像。

③使用扫描仪获取

可以使用扫描仪将图片和图像转换为数字信息保存在计算机中。

④从手机中获取

随着手机的普及与性能的提高,使用手机相机获取数字化图像已成为一种主流,手机拍完照片,手机处理芯片里的图像处理软件能够自动将照片优化,而无须专业摄影人工电脑处理图像的过程,方便又快捷。

⑤从屏幕上抓取

从计算机屏幕上获取图像又称为抓图,用户可以使用抓图软件进行抓图,也可以按下键盘中的 PrintScreen 键抓取整屏,或按 Alt+PrintScreen 键抓取当前的活动窗口。

⑥从互联网上下载

互联网上的资源丰富,在网络上获取图像常用的方法分为搜索引擎获取、资源库下载和软件获取。用户可在网站上购买图片,许多网站也提供免费下载的图片。

第 4 章　信息化教学活动设计

4.1　信息化教学过程概述

信息化教学过程和传统教学过程相比较，其教学环境、目标、内容、方法以及师生关系等都发生了深刻变化。作为与传统教学相对而言的一种发展形态，信息化教学的重要特征表现在技术对学习过程的有效支持，以及各种现代教学理念在技术应用过程中的融合与发展。

4.1.1　信息化教学的基本理念

信息化教学是与传统教学相对而言的一种教学形态，其特征就是现代信息技术对学习过程的支持和现代教育理念在教学过程中的应用。教育理念的转变从深层次改变了传统的教学方式，而信息技术则从外部提供了强有力的支持手段。信息化教学的基本理念主要表现为 4 个方面。

1. 强调以学习者为中心

在传统教学过程中，教师是课堂的中心，是知识的占有者和传授者，学生围绕教师和教材展开活动。在信息化教学过程中，学生是学习的中心，传统的教师讲授式教学将不断让位于师生互教互学，形成一个真正的“学习共同体”。学生利用丰富的信息资源，按照自己的能力、风格、爱好选择适合自己的学习内容，采取灵活多样的学习方式，提高学习的能力，从而实现学习效果的最优化。教师作为学生学习过程的促进者，主要作用在于指导、监控和评价学生的学习进程。

2. 重视知识意义的自我建构

在传统教学过程中，学习者往往被看作知识灌输的对象，所谓教学就是教师将自己拥有的知识传授给学生，学生的独立性、主动性被忽视了；学生是被教会，而不是学会，更不是会学。在信息化教学过程中，学生在情境、协作与会话等学习环境中，在教师的指导帮助下，主动地富有个性地学习，对当前所学的知识进行意义建构并用其所学解决实际问题。

3. 关注信息技术与课程的整合

早期的信息技术仅仅作为学习的对象，后来发展到作为学习工具，目前更加注重信息技术与课程的整合。当前，学校中的课程和教学并没有因为使用技术而发生根本性的变革，信息技术的教育潜能也未能得到充分发挥，信息技术也还未能有效地融入课程与教学之中，技术与教学还存在“两张皮”的脱离现象。信息化学习过程强调课程与技术的整合，注重把信息技术整合于学习过程中。这种整合不是单纯地在学习中应用信息工具，而是在课程建设和教学过程中有机地整合各种教学理念、教学方法、信息资源和技术工具，把信息技术与课程（知识）融为一体，推动教学过程和教学效果的最优化发展。

4. 注重对学习的过程性评价

在传统的学习过程中，特别是在课堂教学中，对学生的评价大多取决于作业、单元测试、期中考试或期末考试。这些评价方式注重总结性评价，属于静态的评价方式。在信息化学习过程中，人们更加强调过程性评价，即在学习过程中对学生进行监督、评价，并提供实时反馈，让学生在学习过程中不断调整自己的学习，提高学生的元认知策略，达到一种不断上升的学习效果。这是一种动态的、发展的教学评价观。

4.1.2　信息技术对教学过程的支持

信息技术对教学过程的变革提供了有力支持。如开发基于真实问题的研究性课程，开发数字化、多媒体化、分布式的学习资源；有效拓展学习空间，构建新一代网络课堂、虚拟社区、虚拟实验室等学习环境；提供师生之间、学习者之间的方便、快捷、高效的学习交流渠道，创建各种类型的学习共同体等。我国有学者认为，信息技术作为学习者与学习环境互动的中介工具，主要包括学习管理工具、信息资源媒体、信息处理工具和社群互动工具。

1. 学习管理工具

技术的一项重要功能是支持对学习活动的管理和监控。它可以支持对学习活动的规划设计，收集和保留关于学习者学习情况的信息，为学习者提供有效的测评、反馈和建议，并在必要时有针对性地进行干预和控制。在传统的学习环境中，学习监控的职能在很大程度上是由教师人工完成的，而且主要是外部监控。在新的学习环境中，基于计算机的各种工具可以为学习的监控提供有力的支持，包括学习管理系统、电子学档、计算机辅助测验、适应性学习系统等，新型的计算机化学习环境更多地强调通过提供关于学习状况的信息和学习建议来促进学习者对学习过程的自我计划、自我监视和自我调节。

2. 信息资源媒体

信息技术作为媒体可以承载和传输各种内容资源，提高了信息资源的丰富性、交互性、灵活性和开放性。内容资源的具体形式包括课件、教学资源库、教学素材库、电子教材、电子书刊、学生自建数据库、数字图书馆、数字博物馆、虚拟科技馆等。这些内容资源既包括结构化程度较高的课件，也包括各种开放的素材资源；既包括校本资源和本地性资源，也包括全球范围内的分布性资源；既包括专门为教育目的设计开发的资源，也包括各种各样的并非专门为教育目的而开发的但可以用于教育的信息资源。图书馆、博物馆、科技馆、美术馆及大众传媒等公共服务机构可以借助多媒体网络技术为教育提供丰富的、高质量的资源和更便捷的服务。

3. 信息处理工具

学习过程中包含非常复杂的信息加工活动，需要借助一定的信息处理工具，如计算工具、写作工具、绘画工具等。计算机等信息技术从诞生之初就是为了完成信息加工任务的，随着这种高级的信息加工工具的发展，它能够更有效地帮助学习者实现灵活开放的、随时随地的信息处理活动。因此，在信息时代，学习者可以充分利用计算机等信息技术更有效地加工信息，如各种用于处理文字、数据或多媒体信息的应用软件，多媒体与网页制作工具，模拟建模与知识可视化工具，各种面向特定认知任务的认知工具（如概念图工具等），以及帮助学习者完成各种具体任务的智能教育代理等。

4. 社群互动工具

网络等信息技术越来越成为一种人类沟通交流的有力工具,而人际交往与互动则在教育过程中占有核心地位。计算机媒介沟通(computer-mediated communication,CMC)工具可以有效地支持人际互动,扩展参与沟通的成员的范围,扩展理解与思想的广度,促进学生与同伴、教师、专家等人士跨越时空的沟通交流。CMC 既可以支持同步交互(如网上聊天室、视频会议等),让学生能够与身处远方的同学、教师和专家实时交流,也可以支持异步交互(如 E-mail、BBS 等)。而且,利用计算机支持的协同工作(CSCW)工具(如共享白板、MOO/MUD 等)还可以实现学生的网上远程协作学习以及教师之间的合作。

4.1.3 信息化教学过程的特征

信息化教学过程是在技术化环境中以学习者为中心展开的,这是其最基本的特征。在信息化教学过程中,学习者不再是等待知识灌输的对象和外部刺激的被动接受者,而是积极的信息加工的主体,意义的主动建构者;教学不再仅仅关注学生的智力发展,而是关注学生作为一个"完整的人"的发展,即更加注重学生智力和人格发展的协调。

教学过程中的技术是用来强化现行的课程教学,还是实现新型的信息化教学,这在很大程度上取决于教师。信息技术的应用不会自然而然地创造教育奇迹,它可以被用于促进教育革新,也可以被用于强化传统教育;技术的发展并不必然带来教学的革新,只有应用现代教育理念变革传统教学的弊端,才能真正实现信息化教育这一崭新的教育形态。

信息化教学过程和传统教学过程相比较,从学习目标、教学内容、教学方法、教师角色、学生角色等方面都发生了深刻的变化,变化是多维度、多层次、多方位的。表 4-1 比较清晰地反映了信息化教学过程区别于传统教学过程的一些本质特征。

表 4-1　信息化教学过程与传统教学过程的比较

	传统教学过程	信息化教学过程
学习目标	低层次的理解	深层次的理解
教学内容	严格忠实于固定的教材	追踪学生的问题和兴趣
教学资源	主要来源于课本和手册	多样的、情境性的信息
学习控制	主要依赖教师的监控	注重学习者的自我监控
社会情境	缺乏有效的沟通、合作和支持	充分的沟通、合作和支持
教学方法	教师向学生传递信息,学生是知识的接受者	教师与学生对话,帮助学生建构知识
教师角色	指示者、专家和权威	发问者、引导者、帮助者促进者、协商者、谈判者
学生角色	学生主要是独立学习	注重合作学习
教师评价	通过测验、正确答案来评价学生,强调结合报告和观点来评价学生,忽视过程、重视结果。评价主要采取定量分析的方法	既通过测验也通过学生的作品、试验、报告和观点来评价学生,过程和结果一样重要。评价采用定量与定性分析相结合的方法
知识状态	知识是静态的	知识是动态的,注重学生的发现与体验

4.2　教学设计的基本概念

教学设计是以学与教的原理、传播科学和系统科学等为理论基础，以教学系统和教学过程为研究对象，以获取优化的教学效果为目的，是连接教学理论和教学实践的桥梁。

4.2.1　教学设计的基本概念

教学设计又称教学系统设计，是指运用教学系统方法来分析教学问题、确定教学需求、设计教学方案、试行教学方案、评价施行结果，并在此基础上不断改进教学的系统规划和决策过程。教学设计是一门应用性的教育技术，它既具有一般设计的特征属性，同时又必须遵循教学的基本规律。

在日常的教学实践中，教师制订教学计划、分析教学内容、准备教学方案、检查评估教学等都是对教学活动进行的设计工作，但它往往局限在教师的经验和直觉层次上。现代教育技术意义上的教学设计，通常被定义为运用教学系统方法开发媒体学习材料和规划教学活动方案的系统化组织过程，它是对教学系统进行规划和组织的方法步骤和决策程序，其产出结果一般是经过验证的教学系统或教学实施方案。

教学设计有别于设计教学的过程。设计教学只是为了创设教学序列和情境而进行的有计划、有步骤的“设计”活动；作为一种应用性的教育技术，教学设计不仅包括了“设计教学”的过程，还包括了关于设计教学的理论、研究和实践领域，是关于设计教学的结构化、系统化的理论和实践体系。

教学的宗旨是促进学生获得知识和技能，不同类型的知识、技能需要不同的学习条件，教学设计的目的就是开发能够促进学生掌握各种知识和技能的学习材料与教学情境，以满足不同知识类型和不同的学习者对学习条件的不同需求。由于教学系统的结构比较复杂，任何教学理论和教学技术又都具有一定的局限性，因此，教师在从事实际的教学活动和教学开发时，除了应该遵循教学设计的一般原理外，还应该结合自己的教学经验充分发挥自己的创造性，以便体现教学的个性特点。

4.2.2　教学设计的过程模式

教学设计模式是一套程序化的步骤，不同的教学设计模式包含的步骤会有所不同，但一般教学设计模式都包括一些基本的要素。这些共同要素可用 ADDIE（analyze 分析，design 设计，development 开发，implementation 实施，evaluation 评价）模型来概括其一般特征，这便构成了教学设计的一般过程模式。

1. 分析

该阶段是其他教学设计阶段的基础。这个阶段必须界定（确定）问题的来源和可能的解决方案。分析阶段的输出（结果）通常包括教学目标和教学任务。这些输出又将作为设计阶段的输入。

2. 设计

在分析阶段的基础上，设计一个开发教学的策略。这个阶段必须概述如何达到教学目标。设计阶段包括目标对象的描述学习分析、写出目标和测试项目、选择传输系统和安排教学顺序。该阶段的输出是开发阶段的输入。

3. 开发

开发阶段以前两个阶段为基础。该阶段的目的是生成课程计划和课程材料。在该阶段开发教学中所应用到的媒体以及所有支持性资源。

4. 实施

实施阶段是指教学的实际传输,可以是课堂教学、实验室教学或计算机辅助教学。在这一阶段,必须促进学生对学习内容的理解,帮助其掌握学习目标,确保学生能把在教学情境中获得的知识迁移应用到实际的工作中。

5. 评价

这一阶段是检测教学的有效性和教学效率。评价可以是形成性的,也可以是总结性的,但它应当贯穿整个教学设计过程。形成性评价是在每个阶段实施过程中和阶段之间进行的评价活动,而总结性评价则是在实施教学计划之后进行的评价,其结果通常是最终分析教学得失、确定进一步改善策略或决定该教学计划是否继续运用的重要依据。

ADDIE 是一个适用于各种类型学习(包括基于网络的信息化学习)的教学设计的一般模型。传统教学设计模式经过几十年的深入研究与发展,已形成了一套比较完整、严密的理论体系,其可操作性强,目前仍是教学设计的主流。由于受到行为主义教学理论的深远影响,即便是比较重视认知设计的一些理论模式,通常也是更多地重视教师的“教”,因此,这种教学设计理论也常被称为以“教”为主的教学设计。这种教学设计的优点是有利于教师主导作用的发挥,有利于开展系统化教学,并具有较强的实用性和可操作性;其不足之处主要在于这种教学设计理论相对忽视了“学”的设计,学生学习的积极性和主动性受到一定程度的限制,学生的主体作用难以得到充分发挥。

4.2.3 建构主义教学设计观

建构主义认为,学生是认知学习的主体,是知识意义的主动建构者;教师是学生学习的帮助者和促进者,只对学生的学习建构起帮助、引导和促进作用;学习是学生获取知识的过程,但知识并不是通过教师直接传授得来的,而是学习者在一定的学习情境中,借助他人(包括教师和学习伙伴等)的帮助,并利用必要的学习资源,通过意义建构的方式而获得的。因此,建构主义学习理论提倡在教师的帮助和指导下以学生为中心的学习,其学习过程主要包含情境、协作、会话和意义建构 4 大要素,教学设计更强调学习的主动性、社会性、情境性、协作性与开放性。

1. “教学情境”必须有利于学生对知识内容的意义建构

基于建构主义学习环境的教学设计不仅要考虑教学目标分析,还要考虑有利于学生建构意义的问题情境创设,并把情境创设看作教学设计的最重要的内容之一。

2. “协作”活动发生在学习过程的始终

它对学习资料的收集与分析、学习假设的提出与验证、学习成果的评价直至学生意义的最终建构都具有重要作用。

3. “会话”是达到意义建构的重要手段,是协作过程中不可缺少的学习环节

协作学习过程也是一个会话过程,在这个过程中,每个学习者的思维成果都能够为学

习者群体所共享,因此,会话是达到学生意义建构的重要手段之一。

4.“意义建构”是学习的最终目的和归宿,是整个学习过程的终极目标

在学习过程中帮助学生建构意义,实质上是指通过教学情境来帮助学生对知识内容所反映事物的性质、规律以及该事物与其他事物之间的内在联系等达到较为深刻的认识和理解,并形成学生自己关于学科知识的认知结构。

与传统的教学设计过程相比较,建构主义教学设计更强调学习情境的创设、信息资源的设计与应用,以及对学习过程中“会话”与“协作”活动的设计,其教学评价自然也重视过程的会话与协作,以及学习者个体对知识意义的建构和理解。建构主义和行为主义、认知主义指导的传统教学设计并不是相互取代的关系,这些教学理论分别解释了学习过程的不同侧面,在不同的学习情境下它们是互为补充的。建构主义对一些复杂的学习领域高级学习目标的教学设计是比较适合的,可以在很大程度上弥补经典教学设计方法过分分离与简化教学内容的局限。

4.3 信息化教学设计分析

信息化教学设计是以多媒体和网络技术为基础,以设计教学情境和发展问题解决能力为核心的教学规划与组织过程。它强调学生是认知过程的主体,注重学习的主动探索和自主发现,目的是激励学生在信息化环境中通过协作、探究、实践、反思、综合和问题解决等高级思维活动,培养探索精神、创新意识和实践能力等。

4.3.1 信息化教学设计原则

信息化教学设计要求以建构主义理论为指导,充分利用信息技术手段进行基于资源、合作、研究等方面的学习,使学习者在意义丰富的情境中主动建构知识。信息化教学设计的基本原则主要包括5个方面。

(1)强调以学生为中心,体现学生的学习主体地位,注重信息化学习过程中学生探究能力的培养。

(2)教师作为学习的指导者,主要致力于创设问题情境,组织学习活动,引导、监控和评价学习进程,并提供相应的学习资源和技术支持。

(3)注重利用“任务驱动”和“问题解决”开展学习探究活动,重视在具有真实意义的相关情境中开展学习活动,并充分利用各种信息资源和技术工具支持学生的学习过程。

(4)重视学习过程的社会性协作和交互活动。协作学习不仅是指学生之间、师生之间的协作,同时也包括教师之间的协作,以及重视对各种学习结果的社会性交流、讨论和共享。

(5)强调针对学习过程和学习资源的评价,注重过程性评价方式的应用,以评价来促进学生发展。

4.3.2 信息化教学设计过程

信息化教学设计过程一般由单元教学目标分析,学习任务与问题设计,学习资源与工

具设计，教学过程与活动设计，学习案例与作品范例设计，学习评价量规设计，单元教学计划实施，学习评价、反思与调整等主要操作模块构成。在整个教学设计过程中，对于各步骤的分析和操作通常是按照这样一个顺序进行的，但必要时也可以跳过某些步骤或将内容重新排序。教师应在掌握基本设计过程的基础上，结合自己所教学科的特点，因地制宜，创造性地加以灵活应用。

1. 单元教学目标分析

教师需要根据国家或地方课程标准，分析学生特征和课程学习的特点，在此基础上确定单元学习目标，明确将要在教学活动中解决的问题或任务。这是信息化教学设计的起点。

2. 学习任务与问题设计

学习问题或任务（主题或项目）的确定应与单元目标一致，而且应具有趣味性、吸引力和挑战性。任务与问题应反映学科的基本概念、原理、规律或法则，应充分描述或恰当模拟呈现问题产生的情境，具体描述出问题可操控方面的因素，以便有利于学生进入问题情境、拥有问题意识或增强对任务的主人翁感。

教师要设计能够激发学生学习积极性的任务或问题，鼓励学生主动探究与合作。借助丰富多彩的实践活动来融合学科基础知识和技能的学习，融合各种信息工具和资源，将知识的学习和运用有机联系在一起，为意义建构提供必要的真实情境，注重学生创新思维和实践能力的培养。

3. 学习资源与工具设计

根据学习内容和任务主题的要求，教师要设计出相应的学习资源和技术工具，以便在教学活动中提供给学生。在学习资源和技术工具的设计过程中，教师应结合现有信息化条件，有机利用传统教学资源与技术条件，确定各类学习资源的获取方式是由教师提供的，还是由学生根据任务自行查找的，明确各类技术工具的学习作用，尤其是信息化认知工具在学习过程中的应用要求等。

信息化教学设计特别强调教师的信息素养，教师要具备信息获取、加工、整理与评价的能力，能够引导学生有效地利用资源来建构学习。学习资源和技术工具如果由教师提供，教师就必须提前寻找、收集并认真评价相关资源的学习价值，以确保学生获得可靠、有用的学习信息；如果规定学生自行查找，教师则应设计好信息资源查找和收集的目的、要求、策略等，以免学生在信息搜索过程中漫无目的地浪费时间。

4. 教学过程与活动设计

教师要仔细设计帮助学生进行学习和探究的步骤，包括学习进程计划、教材分析与研究、学习活动方案和组织形式、课堂教学的日常开展，以及根据不同学生的差别设计出相应的教学策略和情境要求等。如告知学生在学习过程中如何开展探究活动，需要遵循哪些步骤才能完成任务等。教学活动形式应该多样化，并将课堂教学、学校学习和网络化虚拟学习有机结合，将个性化学习、小组协作（交流）学习和班级课堂教学统一协调，以便教学计划能够得以顺利执行。

5. 学习案例与作品范例设计

为了拓展学生的学习经验，教师需要为学生提供与主题学习任务有内在联系的各种学习案例或学生学习作品范例。学习案例要有利于唤醒学生已有的知识经验，并与学生已有的知识经验相关联。案例必须能描述问题的复杂性，不能采用抽象化和简单化的案例来替代复杂化的问题。

如果没有现成的学习案例或作品范例可用，教师可以模仿学生来设计任务完成时的学习作品。教师设计学生作品的目的是给学生提供学习参考，更为重要的是，教师通过设计制作学生作品，可以加深对教学内容的理解，体会在教学中学生可能遇到的问题和困难，以便及时调整或修改教学计划，使教学设计能够更好地符合学生的学习情况。

6. 学习评价量规设计

评价量规是帮助教师进行教学评价的工具，教师需要根据教学目标制订出相应的评价标准，以便在教学中评价学生的学习过程和学习效果。学习评价量规应当建立在教师和学生共识的基础上，量规的选择与创建必须具有科学性，应该符合对学生预期的学习结果和形式，符合课程或单元学习目标、主题任务、学习者心理特点的需求。学习评价量规应该事先提供给学生，以便使每位学习者都知道教学要求和学习结果，从这个意义上说，评价量规工具也是学生进行学习活动的指导原则。

7. 单元教学计划实施

根据教学设计方案，教师可以制订出切实可行的教学计划和活动方案。在课程或单元教学计划的实施过程中，教学计划可以根据实际的教学情形不断进行调整。在教学方案的实施过程中应该体现学生的自我管理和组织参与，教师应该为学生提供适当的策略建议、咨询帮助、学习指导和心理激励等。

8. 学习评价、反思与调整

教学设计的各个环节都需要对设计工作进行评价和反馈，并随时调整教学过程的各个环节。评价、反思与调整应该贯穿于信息化教学设计过程的始终。在教学设计方案实施的过程中，教师应适时组织学生展示学习结果（作品），并说明结果产生的过程；按预定的学习量规开展自我评价，包括同伴评价、教师评价或外部评价；为学生创建一个学习过程自我评价表，以便学生检视自己的学习过程，并根据评价结果反思学习得失，改进学习策略或调整学习活动等。

4.3.3　信息化教学支撑材料

信息化教学设计必须考虑多方面的学习支持，教师应该为学生提供各种支撑材料作为开展学习活动的支架。学习支撑材料的形式并无一定之规，随学习任务不同、支架类型不同而变化，它一般包括与任务主题相关的参考资源、作品范例、评价量规、学习支持和认知工具等。

1. 课程学习的参考资源

信息化教学倡导以学生为中心的教学理念，教师要尊重学生的学习自主性。在学生学习的过程中，教师通常只是“平等中的首席”。然而在缺乏指导的学习中，学生可能会因受挫而失去深入探究的兴趣，也可能因错误线索的引导而偏离预期的方向。教师在设计教学过程时必须考虑多方面的学习支持，并提供各种相应的支撑材料作为信息化学习的“支架”。

通过创建学习支撑材料，教师不仅可以为学生提供学习所需的资料或资料调研的方向，还可以指导学生问题探究的方法以及表达教学要求和学习期望等。教师提供的参考性学习资源一般包括:符合课程主题和学生特点的学习材料;反映相关史实的参考性信息资源;代表不同认识观点的信息材料;可通过电子邮件取得联系的专家;各类交互式信息与视听媒体资源;传统的书籍、杂志、文献资源和一些网络资源链接等。丰富的学习资源可以在问题探究的过程中将学生思维不断引向深入。对于学生完成学习任务所必需的信息资源,教师应该进行适当的选择、组织或设计,以避免学生搜集信息时在网上盲目"冲浪",导致浪费时间或忽略学习目标。教师可按学习者不同的探究水平来考虑信息和资源加工的深度、物理分布的形态等。总之,信息资源的提供既要考虑学习的需要和学生的认知特点,又要考虑学校的现有条件,并充分利用当地的图书馆、博物馆、社区、家长等资源。

2. 学习支持工具

信息化教学环境下常用的学习支持工具主要有认知工具、协作与交流工具,学习建模工具、效能工具与知识管理工具等。

(1)认知工具

认知工具的概念来自认知心理学领域,广义地说,它包括一切能够支持、引导和扩展用户思维活动过程的智力方法或技术设备。可以看出,认知工具分为两种:一种是有形的认知工具,即技术设备,如铅笔、黑板、投影等;另一种是无形的认知工具,即智力方法,它包括一系列的认知策略,如语义网元认知等。它最主要的特征就在于简化人类的学习任务,使学习者更有效地学习。认知工具在帮助和促进学习认知过程,培养学生形成批判性思维、创造性思维和综合思维的过程中起重要作用。它可以帮助学习者进行信息与资源的获取、处理、编辑和制作等,有利于学习者方便地表述知识问题或思维过程,或者通过其自动功能替代完成一些低级任务或减轻某些认知活动(如计算工具)等,并可用其来更好地表征自己的思想或与他人通信协作等。

任何工具如果使用得当都可能成为认知工具;反之,即使很先进的技术或软件系统,如果运用不当也不会起到认知工具的作用。如使用一个虚拟实验室系统时,如果学生只是按照教师拟订的步骤完成实验,虚拟实验室就没有起到认知工具的作用。只有让学生自己主动设计方案并通过系统去实现时,虚拟实验室才起到了认知工具的作用。认知工具的设计关键不仅在于工具种类的选择,更重要的是工具使用方式的设计。由于学生在学习过程中背景知识、学习习惯和能力、认知风格等有明显差异,因此,学习需要的认知工具也不相同。教师应提供多种具有开放性、探究性的认知工具,以适应不同学生的学习需求。

(2)协作与交流工具

学习者之间的协作与交流不仅有利于知识建构、认知的发展,也有利于学习者情感的发展。因此,在学习过程中,教师要为学习者设计并提供支持交流与协作的工具,以便学习者与同伴进行问题讨论,共享信息资源,寻求教师、学科专家的帮助和指导等。同步交流工具如电话、传真、聊天室、视频会议系统等;异步交流工具如 E-mail、留言板、短信、Blog 等。

(3)学习建模工具

学习建模工具是指根据知识的内在系统原理,利用计算机建造出系统模型,供学习者学习知识时使用,以提高对知识的理解力的各种工具。这些工具允许学习者建构模型或对象,再为验证参数而对模型或对象进行操作。如几何画板、互动物理等,都可以用来帮助学生观察、探索和发现对象之间的数量变化关系与空间结构关系。

(4)效能工具与知识管理工具

效能工具是指能帮助学习者提高学习效率的工具,如文字处理软件(MS Word 2000 和 WPS 2000)、作图工具、帮助系统、搜索引擎、Notespad 等。知识管理工具是指帮助学习者对知识进行管理的工具,如网络日志和电子学档是学习者进行知识管理的好帮手。当然,很多支持学习的工具性软件并不只具备一方面的功能,如数据库软件既可以作为效能工具,又可以作为认知工具使用。

3. 学生学习作品范例

范例是符合学习目标要求的学习成果(或阶段性成果),往往包含了在特定主题的学习中最重要的探究步骤或最典型的成果形式。如教师要求学生通过制作某种电子文档(多媒体演示文稿、网站、新闻稿等)来完成学习任务时,教师可以展示前几届学生的作品范例,也可以从学生的视角制作范例来展示。好的范例在技术和主题上会对学生的学习起到引导作用。范例展示要避免拖沓冗长或含糊不清的解释,帮助学生较为便捷地达到学习目标。

学习作品范例是为了让学生了解学习成果的形式和要求。教师在提供范例的同时要强调它只是为学生完成学习作品提供参考,是对学生的一种启发,要鼓励学生创新而不是用范例来“框”住学生的思想。另外,范例并不一定总是电子文档等有形的实体,还可以是教师操作的技巧和过程。在展示非实体的范例时,教师可以边操作边用语言指示说明,对重要的方面和步骤进行强调。

教师制作学生作品范例时应注意以下问题:

(1)在创建过程中应随时提醒自己是以学生的身份、用学生的思路和语言来设计报告,而不是以教师授课的角度和思路来设计报告。

(2)学生作品范例创建应注意技术应用和学生学习之间的明显联系,技术应用应成为学生学习过程中的一个有机组成部分。

(3)使学生作品范例能够支持高级思维能力。由于学生作品范例实际上是为学生的学习活动进行导向的,因此,教师在创建范例时,应注重思维技能由低级向高级提升,引导学生在活动中将注意力集中到分析、综合、评价等高级思维上。

(4)界面设计简洁,重在学生研究的内容、过程、思路和个性化的研究结果的设计,尤其不能忽略内容和思想的设计与构思,而不是只注重界面设计的精美。

(5)学生作品范例应达到拟订的学习目标,在内容和设计方面应符合教师对学生的最低要求。

4. 学习评价量规表

评价量规表包括对教学活动展开过程中学生的表现(主要是课堂参与、协作学习过程中对小组的贡献、完成任务的情况、学习过程的态度与兴趣)、学生的作品等进行评价的具体项目及标准,包括课堂观察表、学生互评表、自评表、教师评分表等。评价量规表作为一种可参照的等级量表,在学习过程中对于学生具有行为的参照性,有利于学生在探究的过程中自主调节自己的行为,它是学生完成学习活动的基础性目标。

如在“海洋有问题”的网络探究学习过程中,教师提供了一个结构化的定量评价标准,从学生的参与情况、信息的应用能力、概念图的制作及海报的设计等方面详细规定了评级指标,见表4-2。利用这种量规来评价学生的学习过程和学习成果,可操作性强,准确性高,既可以让教师评,也可以让学生自评和互评。

表 4-2　定量评价标准

评价指标	具体指标	量化等级分值				得分	各项小计
		优	良	中	差		
参与程度（25分）	你是否按照学习要求做了	5	4	3	1		
	你按时完成了全部活动吗	5	4	3	1		
	你是否自主学习	5	4	3	1		
	你是否与人合作工作	5	4	3	1		
	你是一个好的听众吗	5	4	3	1		
应用技能（30分）	在开始网络探究之前，你至少想出了 10 个主意	10	8	6	2		
	你是否浏览了所有的资源页面	5	4	3	1		
	你是否从每个站点发现至少 3 条信息	15	12	8	2		
概念地图（25分）	你的概念地图能呈示人、动物和海洋之间 10 条以上的关系吗	10	8	6	2		
	你的概念地图能告诉你学习什么吗	5	4	3	1		
	你的概念地图的组成容易被人理解吗	5	4	3	1		
	你能否把你的概念地图解释给从来没有用过它的人	5	4	3	1		
海报设计（20分）	你是否选择了一项重要事实或者进行了有益的说明	5	4	3	1		
	你的广告画面是否整洁，而且颜色丰富	10	8	6	2		
	你能确信所有的拼写都是正确的吗	5	4	3	1		

4.4　学习情境及活动设计

情境是学习过程的重要组成部分。知识、概念与原理的学习不应脱离具体的活动方式来进行。课程内容、问题情境和学习活动三者是有机融合在一起的。教学应为学生提供一种开放性的、与现实生活不断互动的学习情境，以促进学生主动参与活动、自主探究学习和建构知识意义。

4.4.1　学习情境的创设原则

学习不可能脱离具体的情境而产生，情境是学习中重要而有意义的组成部分。教学设计需要将问题具体化，同一个学习问题在不同的情境背景中（不同的工作环境、社会背景）其表现是不相同的。教科书上的知识内容是对现实生活的抽象和提炼，而设计学习情境则是要还原知识的背景，恢复其原来的生动性和丰富性。因此，建构主义强调真实情境下的学习，这不仅有利于减少知识与问题解决之间的差距，而且有利于促进学生知识迁移能力的培养。

在设计创设学习情境时，应遵循以下 5 个原则。

1. 情境创设要符合学生的认知结构水平

建构主义学习理论指出，要提供与学习主题的基本内容相关的和与现实生活相类似的或真实的情境，使学生具有为理解主题所需要的经验，帮助学生在这种环境中去发现、探索和解决问题。因此，情境的创设应注意对教学内容的把握和对学习者学习特征的分析。

2. 情境创设要尽可能真实

在建构主义学习理论的情境创设中，强调创设真实情境。真实应包括真实性和科学性。只有真实才更富有感染力，才能更贴近学生的生活体验，调动参与学习的积极性，有利于学生对学习主题的认知和意义的建构。因此，情境创设时要注重利用多媒体技术与仿真技术进行生动的社会文化与自然情境的创设；要善于利用各种媒体的长处，尽可能运用真实的媒体，减少对媒体的技术处理与修饰。

3. 情境创设要有多样性

多样性是选择性的基础。建构主义认为，知识是根据自己的经验和社会环境而建构的。每个人的经验存在差异，人们对客观世界的解释和建构也是多样的。因此，在进行教学设计时应该围绕学习主题，力图从不同的角度、不同的方面提供多变与多样化的情境创设，由学生自己去选择符合自己经验的情境进入，按照自己的方式去完成意义的建构。

4. 情境创设要有吸引力

情境创设要善于创新，富于变化，既要让情境与学生的生活经验有一定的联系，又要有新的信息、新的情境、新的问题，善于运用不同媒体的特点去表现不同的效果，以引起学习者的注意。尤其是对问题情境的创设要有吸引力，要让学生带着有吸引力的问题去学习，把注意力放到重要的信息上，还应提供在线帮助系统，以便在学习过程中随时为学习者提供咨询与帮助。

5. 情境创设要有整体性

情境创设、协作、会话和意义建构一起成为学习环境的 4 大要素，它是整个系统中的一部分。媒体课件的情境创设要考虑与其他 3 个要素的衔接和依托，应该有利于其他要素的展开，有助于学生顺利完成对新知识的意义建构。

4.4.2　学习情境的常见类型

情境创设一般分两种情况：一是对于结构严谨的学科的知识内容，如数学、物理、化学等理工科内容一般要求学习环境具有丰富的信息资源和认知工具，并包含许多不同情境化的应用实例和相关资料，以便学习者自主发现和主动探索；二是对于结构宽泛的学科的知识内容，如文学、史学、语言、社科类内容，一般应在丰富的资源环境中创设模拟或仿真情境，以利于激发学生积极参与和交互式学习，并在参与和交互的过程中完成对问题的理解、知识的应用和意义的建构。

1. 问题情境

创设问题情境就是在教材内容和学生求知心理之间制造一种“不协调”，把学生引入一种与问题有关的情境的过程。这个过程是“不协调—探究—深思—发现问题—解决问题”的过程。“不协调”必须要质疑，把需要解决的课题，有意识地、巧妙地寓于各种各样符合学生实际的知识基础之中，在他们的心理上造成一种悬念，从而使学生的注意力、记忆力、思维凝聚在一起,以达到智力活动的最佳状态。教师根据学生情况和教材内容而创设的问题情境能诱发学生的好奇心和求知欲。创设问题情境宜围绕教学目的进行,注意培养学生的发散性思维与创新意识,且难度适中。

2. 真实情境

创设真实情境,让学生亲临现场,在工厂、田间、野外等真实的生活与工作场景中学习知识,运用所学知识解决实际问题。通过创设真实情境,进行现场范例教学,使学生能够学以致用,身临其境,在真实的演练中施展自己的才能,体验受阻的焦虑和成功的喜悦,在积极思考中提高解决实际问题的能力。在工程教学中宜采用此法。

3. 模拟情境

一些危险性强、不易或不宜真实接触的必修教学内容与学习内容可以用创设模拟现实情境来满足教与学的需求。例如,法律专业的学生创建模拟法庭来模拟法庭现场进行演练;学生自编、自导、自演英语话剧来锻炼他们的英语听、说能力等。

4. 合作情境

教学中的合作有利于开拓学生的思路,改善课堂氛围,培养与人协作的作风,能充分调动学生学习的主动性。合作中有竞争,既能发挥学生个体的积极性,又能促进学生之间相互团结、密切配合,增强集体荣誉感。通过合作教学,不仅充分发挥了学生的主体作用,而且能培养学生的交互协作和竞争能力。在进行探索性的研究或问题解决式的教学时宜采用此法。

5. 资源情境

具有丰富学习资源的情境是指提供丰富的学习资源,学生充分发挥学习主体的作用,教师则起学习的引导者作用,使学生在探索中学习、求知,培养其独立钻研、独立学习的能力。资源的共享是时代发展的要求,学习的根本在于拥有学习资源。具有丰富学习资源的情境将是未来教与学环境发展的总趋势。创设良好的教学情境有助于学生产生积极的情感,激发求知欲,使学生在“乐”学中掌握知识、培养能力。

各类教学情境不是彼此割裂的,而是相互联系、交叉与重叠的。在现实的教与学中,应根据教与学的实际需求选择、创设各类情境,对其进行优化组合以取得教与学的最优效果。

4.4.3 学习活动的设计流程

学习活动是指学习者以及与之相关的学习群体(包括学习伙伴和教师等)为完成特定学习目标而进行的操作总和。学习活动设计是教学设计的重要内容,只有在社会化的,以活动为导向的情境中,学习过程才是最自然和最有效的。高质量的学习活动设计一般应包括合理的活动任务或主题、协调的活动流程和步骤、丰富的活动情境与资源、明确的活动监管和评价规则等。

1. 设计活动任务或主题

任务或主题是为达到既定教学目标而设立的活动内容,如基于资源的学习问题、研究性学习的主题等都是典型的活动任务。活动任务或主题的确立至关重要,它是学习活动设计中最具创造性的设计工作。活动任务或主题设计与具体的学科内容相关。高质量的活动任务不但要将新知识和技能与学习者原有的知识技能联系起来,而且要在新的知识技能与学习者的生活经验、实践领域和学习者的兴趣点之间建立联系,以此促进学习者高级思维能力的训练。

2. 设计活动流程和步骤

活动流程和步骤设计是对学习活动的宏观控制，它通常包括确定活动顺序、明确活动分工和规定成果形式等。一个完整的活动过程一般应包括启动阶段（明确目的和任务、激发活动动机等）、准备阶段（了解先决技能、掌握学习方法、明确评价量规、准备学习材料等）、操作阶段（收集信息、加工信息和发布成果等）及总结评价阶段等。如果只有活动任务或主题，没有流程控制和监管控制，活动实施时教师就基本失去了了解、指导和管理学习的机会，这种活动不利于学生学习。

学习活动有多种具体形式，如收集信息包括阅读、观察、记笔记等，加工信息包括画概念图、论证、列表格等，发布成果包括演讲、展示、写作、答辩等。学习活动设计的每一阶段都要明确师生间的任务分工。

3. 设计活动情境与资源

为促进有效的学习，教师应为学生设计包含知识的有意义的学习情境，以此激发学习者真实的认知需要。情境的创设应力求真实或接近学生所处的真实环境，知识和技能是自然地嵌入真实的情境之中的。情境应具有一定的综合性和复杂性，真实的情境往往是综合且复杂的。在情境中应当努力为学生创设发现问题和提出质疑的机会。同时，教师要为学生提供完成任务所必需的丰富的、充分的信息资源和技术工具，以支持学生的学习活动。

4. 设计活动监管规则

活动监管是学习活动的微观控制。只有流程设计而没有过程监管，活动设计是不完整的。活动监管的灵活性很大，这主要集中在监管规则的设计上，如规定各阶段的活动成果形式（可以是报告、产品、模型等）；规定教师向学生提供的学习支架的内容和类型；规定干预和反馈的时机；规定时间进度安排；规定目标和任务的调整时机；规定相应的奖惩行为，等等。

5. 设计活动评价规则

活动评价是指对学习者完成学习活动情况的评价，不是对活动设计质量的评价。学习活动设计必须事先规定评价方法和量规标准。活动评价规则的设计包括：规定评价主体是由教师、学生还是第三者来评价；规定评价对象（既应考虑学习活动结果，又应考虑学习活动过程）；规定评价方式，是采用事先制订的标准参照，还是学习结果相对参照（适当利用相对参照可以激发学习动力）；规定明确的评价量规，包括对学习成果的评价标准以及对学习过程中行为表现的评价标准；规定评价计分方法，确定是定量积分制还是定性分级或两者结合。

4.4.4　自主学习活动的设计

自主学习活动的设计主要是为学生营造一个能有效促进其主动学习发生的学习环境。虽然自主学习被看作一种重要的学习方式，但很少有教师对学生的自主学习进行有效的设计。这主要是由于一直以来人们更多地关注教师主导的课堂教学设计，忽视对自主学习活动的设计问题。自主学习活动的设计主要包括 4 个方面。

1. 学习目标的设计

在自主学习过程中，教师无法监控整个学习过程和细节，因此，学习目标对学生更具有重要的方向性意义。教师对目标描述不能含糊其词、笼统，必须以明确的方式告知学生。

教师要对学习目标进行系统化设计，详细划分目标层次和类别，确保目标清晰。清晰的学习目标有利于学生及时了解和准确把握自己当前学习所处的层次，同时也便于学生、教师和同伴对学习过程和结果进行评价。

学习目标设计应把握规定性和灵活性。规定性由教师给出，而灵活性则可交给学生自己。学习目标的设计还要考虑长、中、短期目标间的关系，确保三者有效衔接。不同的学生按照自己的意愿和想法可作个性化选择，同时，教师提供指导意见或师生协商制订学习目标。本着“以学生为中心”的原则，因人而异制订目标，从学习者的学习准备开始，就可以让自主学习体现出个性化风格。

2. 问题与任务的设计

教师对自主学习过程中的任务设计应突出问题的真实性、趣味性和挑战性特征。

1）真实性

问题的真实性不仅有利于构建意义，而且有利于培养学习者解决实际问题的能力。对于学习者来说问题越真实或越接近真实，学习情境就越丰富，学习者就越容易定位自己的角色。一个真实的问题和任务能让学习者产生身临其境的感觉，增强学习动机。教师可以利用多媒体或视、音频技术创造可视化的学习环境，在学习者面前展现出真实的问题空间；还可以利用虚拟技术在网络上营造出各种仿真环境或模拟环境，通过与之互动来促进学生解决问题能力和思维能力的发展。

2）趣味性

问题的真实性不能代替问题的趣味性，真实的任务和问题不一定能引起学生的兴趣。设计者首先要了解学习者，通过调查、分析和协商，结合年龄、性别、个人偏好选择与学习目标一致又能引起学生兴趣的问题和任务。同时，设计者必须掌握一些基本的策略或技巧，并通过有目的地运用这些策略调动起学习者的学习兴趣，如 BBS 热点讨论、网上作品公开、技术竞赛与网络学习游戏等。

3）挑战性

问题应表现出一定的复杂性或难度，但又必须是学习者通过努力能够理解和解决的。挑战性的关键在于利用学习者的求胜心理，赋予任务一定的难度，如在前次任务的基础上对难度进行加码，或者给出一个学习者从未接触过的全新问题，能够满足学习者对挑战性任务的需要。挑战性的前提是，教师必须对难度有全面且准确的把握，以确保学习者经过努力能够解决，而且对学习过程要辅以技术支持和方法引导，否则，过重的挑战反过来会打击学习者探究和解决问题的积极性与自信心。

3. 信息库与案例库的设计

为了支持对事物现象或过程的体验，学习者经常需要关于这些现象或事物过程的额外信息。教师应为学生提供与问题相关的信息库，以及与学习过程相关的文本图表和视听资源等。信息要在适当的时候以学习者便于选择的方式呈现，或者在合适的结点上提供嵌入相关资源的超级链接。

由于初学者通常缺乏领域学习的经验，因此，相关案例能为他们提供该领域知识的多样化展示，并可支持学习者获得这些经验。学习环境中的相关案例主要以两种方式支持学习：一种是通过基于案例的推理来支撑记忆，相关案例向学习者提供他们不具备的经验表征来支持意义的形成，这使他们能有意识地体验在解决问题过程中涉及的活动系统的本质;另一种是对复杂性进行表征,因为相关案例同时也向学习者提供所探讨的问题的多种观点和方法,帮助他们表征学习环境中的复杂性。

4. 学习工具的设计

有效的学习活动需要借助适当的工具来完成。教师要明确学生在完成学习目标过程中可以利用哪些工具,每种工具的主要性能和特征以及能支持哪种活动和操作等。对于支持学习的工具性软件,可进一步划分为认知工具、交流工具、问题解决与决策工具、效能工具等。让学生使用这些软件工具来完成作业、从事课题设计、进行数据处理等,可以帮助和促进学习者的认知过程,提高其学习效率。

4.4.5　协作学习活动的设计

常用的协作学习的活动方式主要有竞争性活动、合作性活动、问题解决和角色扮演等类型。协作学习可以为学习者提供对同一问题用多种不同观点进行观察、比较和综合分析的机会,通过小组讨论、课堂辩论、角色扮演等方式,学生主动地参与讨论、探究、解释、评价等活动,深化对问题的理解,并形成自己对问题的观点与解决方法,同时建立社会化的交往方式,培养其基于团队的协作学习能力。因此,协作学习活动的设计直接关系到学生之间的合作能否取得成效。

1. 竞争性协作

竞争性协作是指协作者针对同一学习内容或学习情境参与学习过程,并有教师参加的竞争性学习。在教学中,教师根据学习目标与学习内容,对学习任务进行分解,由不同的学习者单独完成,看谁完成得最快最好。教师对学习者的任务完成情况进行评价,其他学习者也可以对其发表意见。各自任务完成后,就意味着总任务的完成。

2. 合作性协作

合作性协作是指多个学习者共同完成某个学习任务,在共同完成学习任务的过程中,学习者发挥各自的特点,相互争论、相互帮助、相互提示或者根据任务的性质进行分工合作。不同协作者对任务的理解及其观点不完全一样,各种观点之间可以互相补充,从而圆满完成学习任务。

3. 问题解决型协作

问题解决型协作首先需要确定问题。问题的种类多种多样,其来源也不相同。一般根据学生所学学科与其兴趣确定。问题解决过程中可以采取多种方式,如竞争合作、辩论等。在问题解决过程中,协作者需要借助虚拟图书馆或互联网查阅资料,为问题解决提供材料与依据。问题解决的最终成果可以是报告、展示或论文,也可以通过汇报的形式呈现。问题解决是协作学习的一种综合性学习模式,它对于培养学生的各种高级认知活动和问题解决与处理能力具有明显的作用。

4. 角色扮演

角色扮演是让不同学生分别扮演指导者和学习者的角色,由学习者解答问题,指导者对学习者的解答进行判别和分析。如果学习者在解答问题过程中遇到困难,则由指导者帮助学习者解决。在学习过程中,他们所扮演的角色可以互相转换。通过角色扮演,学习者对问题的理解会有新的体会。角色扮演的成功会增加学习者的成就感和责任感,并可以调动学习者掌握知识的积极性。

4.5 信息化教学应用模式

教学活动存在于一定的时空关系之中,它在时间上表现为活动进程或教学序列的安排,在空间上表现为对教学过程各要素及其相互关系的处理和协调。不同的教学思想、任务和目标,以及不同的师生活动方式和组织形式,构成了不同的教学模式。

4.5.1 信息化教学模式的内涵

模式(model)通常被认为是再现现实过程或系统的一种理论性简化形式,其目的是帮助人们形象地把握某些难以直接观察或过于抽象复杂的事物。教学模式则是教学理论的具体化,它作用于教学实践,是教学理论和实践之间的中介。所谓教学模式,是指为完成特定的目标和任务而在一定教育思想指导下建立起来的稳定、简明的教学活动程序和结构方式。而信息化教学模式则是教学模式在信息化条件下的新发展,主要是指技术支持的各种教学活动结构和教学方式,有时也称为基于技术的教学模式(IT-based instructional model)或数字化学习模式(E-Learning model)等。

我国教育技术学者从文化与心理两个维度对信息化教学模式进行了分类,如图 4-1 所示。这一分类将信息化教学模式划分为 4 个区域:I 区侧重于以教为中心的个别化教学,一些传统的 CAI 模式主要集中在这里;20 世纪 80 年代以后,由于建构主义学习理论在教育技术中的应用和多媒体技术的发展,国际上信息化教学模式的研究兴趣转移到Ⅱ区,强调以学生为中心的个别化学习;20 世纪 90 年代后,由于网上教育的兴起,出现了以合作学习为中心的多种虚拟学习环境(Ⅳ区);位于Ⅲ区的教学模式则是从传统的电化教室发展而来,只不过增加了多媒体教学应用,虚拟教室的出现大大扩展了其概念;中心区域表征的是综合了多种信息化教学模式的集成化教育系统。

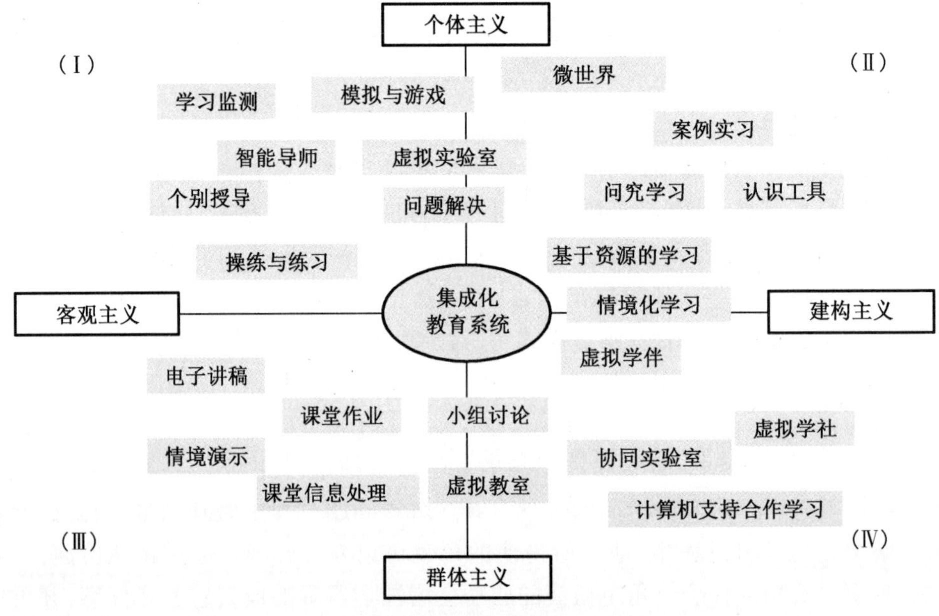

图 4-1 信息化教学模式的文化分类

信息化教学模式丰富多彩,但归结起来却不外乎以教师为主导的课堂教学模式和以学生为主导的自主学习与协作学习等,如课堂讲授式教学,基于案例的教学、基于问题或项目的教学、基于资源的自主性学习、网络化探究学习等。对于同一学习主题而言,采用不同的教学模式可能会产生不同的学习效果,因此,教师必须要了解并熟悉信息化教学模式的常见类型、特点及应用方法等。

4.5.2 信息化教学模式的特点

1. 信息源丰富、知识量大、有利于情境创设

现代教育技术手段为课堂教学所提供的教学环境,使得课堂上信息的来源变得丰富多彩,教师和课本不再是唯一的信息源,多种媒体的运用不仅能够扩大知识信息的含量,还可以充分调动学生的多种感官为学生提供一个良好的学习情境。

2. 有利于提高学生的主动性、积极性

现代教育技术手段的加入,尤其是多媒体计算机和网络的加入,使教师的主要作用不再是提供信息,而是培养学生自身获取知识的能力,指导学生的学习探索活动,让学生主动思考、主动探索、主动发现,从而形成一种新的教学活动进程的稳定结构形式。在整个进程中,教学媒体有时作为辅助教学的教具,有时作为学生自主学习的认知工具,教材既是教师向学生传递的内容,也是学生主动建构的对象。

3. 便于开展个别化教学,有利于因材施教

计算机的交互性,为学生提供了个别化学习的可能,学生可以通过多媒体技术完整呈现学习内容与过程,自主选择学习内容的难易、进度,并随时与教师、同学进行交互。在现代教育技术手段所构造的教学环境下,学生逐步摆脱传统的教师中心模式,学生由传统的被迫学习变为独立的主动学习,在学习过程中包含更多的主动获取知识、处理信息、促进发展的成分,有利于因材施教。

4. 学生互助互动,有利于培养协作精神和团队意识

计算机的网络特性有利于培养合作精神并促进高级认知能力发展的协作式学习。在网络的帮助下,学习者通过互相协同、互相竞争或分角色扮演等多种不同形式来参与学习,这对于问题的深化理解和知识的掌握运用有好处,而且对高级认知能力的发展、合作精神的培养和良好人际关系的形成也有明显的促进作用。

5. 有利于培养创新精神,促进学生信息素养的提升

多媒体的超文本特性与网络特性的结合,为培养学生的信息获取、信息分析与信息加工能力营造了理想的环境。众所周知,互联网是世界上最大的知识库、资源库,它拥有最丰富的信息资源,这些知识库和资源库都是按照符合人类联想思维的超文本结构组织起来的,特别适合学生进行“自主发现、自主探索”式的学习,这样就为学生发散性思维、创造性思维的发展提供基础,为创新能力的孕育提供了肥沃的土壤。

4.5.3 基于课堂的信息化教学模式

1. 技术支持的讲授式教学

1)讲授式教学概述

讲授式教学是教师通过语言系统向学生描绘情境、叙述事实、解释概念、论证原理和阐明规律的一种教学方法。课堂讲授教学方式以学生对现成知识技能的理解、记忆、巩固、熟练和迁移应用为主线,主要目的是系统学习基本知识和训练基本技能。

讲授式教学以奥苏贝尔的有意义学习理论为基础,主要分为3个阶段:第一阶段,教师首先要阐明本节课的目的,引起学生注意和明确学习目标;其次呈现组织者概念,强调概念的本质属性,并通过实例不断促进相关知识间的联系,同时,提醒学生目前的学习任务,促使学生把先行组织者与原有知识经验相联系。第二阶段,可以通过讲演讨论、录像、实验或阅读等多种形式呈现新的学习任务和材料,使学习材料的组织结构和逻辑顺序明显化。第三阶段,通过融会贯通使新材料与学生原有认知结构牢固地联系起来,并形成新的认知结构。

讲授式教学法应用简单操作,过程程式化,它强化了教师在课堂中的中心角色,由此也招致了猛烈的批评。事实上,讲授法和其他任何事物一样有其两面性,其优点是有利于教师主导作用的发挥,有利于系统、高效地传授基础知识。但其缺点也非常明显,教学过程由教师控制,难以发挥学生的主动性;课堂讲授主要面向全体学生,难以顾及个别差异;师生交流往往只是单向作用,缺乏教师、学生间的多向互动。

2)同步式讲授教学

技术支持可以使传统的讲授法运用得更为灵活,教师借助于各种媒体手段,通过讲授将知识传授给学生,帮助学生形成对知识的理解和解决问题的技能。信息技术对于讲授式教学提供的支持主要包括作为教师的教学演示工具、用来拓展学习的信息资源,以及作为学生学习的支持工具等。在同步式讲授教学中,教师和学生在空间上是分离的(即不在同一地点上课),但在时间上是一致的,教师在讲的同时学生就在听,而且师生之间可以有一些简单的交互,这与传统教学模式是一样的。在教学过程中,教师在配有摄像机、话筒、电子白板、投影仪的授课教室中讲课,学生在配有同样设备的远端教室中聆听教师的授课,教师讲课的形式与传统课堂讲授形式一样在电子白板上写板书,通过投影系统观察远端教室中的学生的表情,通过视频控制系统接收学生的反馈信息等。

同步式讲授的优势在于可以延续传统教学模式,对教师教学要求比较低,而且课堂学习氛围较好,比较适合目前学生的学习习惯;缺点是缺乏实质性交互,由于课堂授课时间有限,一个教师同时要面对众多的学生,绝大多数学生是无法与教师进行交互的,总体的交互水平较低。另外,同步教学要求学生的学习时间与教学同步,而参与远程学习的学习者群体大、地域范围分布广、结构复杂,很难在一个时间集中进行学习。

3)异步式讲授教学

异步式讲授指教师和学生不仅在空间上分离,在时间上也是分离的,即教师在讲授的时候,远端不一定有学生在听,而学生可能是在教师讲完后,在合适的时间去学习。教师将教学要求、教学内容以及教学评测等教学材料上传到专门的学习网站上,学生通过浏览这些页面来达到学习的目的。当学生遇到疑难问题时,可以通过 BBS 或 E-mail 的方式与教师或其他学习者进行交流。

这种模式的优点在于教学活动可以全天 24 小时进行,每个学生都可以根据自己的实际情况确定学习的时间、内容和进度,可随时在网上下载学习内容或向教师请教;其主要缺点是缺乏实时的交互性,对学生的学习自觉性和主动性要求较高。这种教学模式要取得比较好的教学效果,必须要有一套能充分体现学习者特点,并适合网上信息表达与传输的图、文、声并茂的优秀电子教材;要为学生提供与该课程紧密配合的大量信息资料(最好能建立一个虚拟的图书馆)。此外,还要建立一个专门负责解答学生疑难问题,并能对学生作形成性评价的应答与评测反馈系统。

2. 五星教学基本原理

五星教学模式(5-Star instructional model),又称“五星教学原理”,是由美国著名教学技术与设计理论家梅里尔(M. David Merrill)博士于 20 世纪初提出来的。这一模式的本意在于从多种教学理论中概括出共同的成分,探究其一致性,它为寻找优质高效的教学提供了一种选择。在“面向完整任务(聚焦解决问题)”的教学宗旨下,梅里尔认为教学应该由不断重复的 4 个循环圈,即“激活旧知”“示证新知”“尝试应用”和“融会贯通”构成,共有 5 个原理(阶段)。具体的教学任务(教事实、概念、程序或原理等)应被置于循序渐进的实际问题情境中来完成,即先向学习者呈现问题,然后针对各项具体任务展开教学,再展示如何将学到的具体知识运用到解决问题或完成整体任务中去。只有达到这样的要求,才是符合学习者心理发展要求的优质高效的教学。

五星教学模式的基本原理主要包括聚焦解决问题、激活原有知识、展示论证新知、尝试应用练习以及融会贯通掌握过程性要素。

(1)聚焦解决问题

当教学内容在联系现实世界问题的情境中(problem-centered)加以呈现,学习者介入解决生活实际问题时,才能够促进学习。

(2)激活原有知识

当教学中激活(activation)了相关的旧经验时,才能促进学习。

(3)展示论证新知

当教学中展示论证(demonstration or show me)了要学习的东西而不是仅仅告知相关的信息时,才能够促进学习。

(4)尝试应用练习

当教学中要求学习者尝试应用(applicaion or let me)刚刚理解的知识或技能解决问题时,才能够促进学习。

(5)融会贯通掌握

当教学中学习者受到鼓励将新知识、技能融会贯通(integration)或迁移到日常生活中去时,才能够促进学习。

在实施五星教学模式时,应该同时考虑指引方向、激发动机、协同合作和多向互动等。

(1)指引方向(navigation)

让学习者知道他们将要到哪里去;让学习者了解学习内容是如何加以组织的;让学习者在学习程序和时空协调上能够进出自如、通达、顺畅;让学习者能够有自我更改错误的机会。

（2）动机激发（motivation）

创建有针对性、可达成的和富有吸引力的学习环境；在学习中让学生承担一定的风险和挑战性，有公开交流和表现所学东西的机会；在一个有真实场景和真实用途的学习环境中学习；对学习内容作个性化处理，能够适应个人的特点；完成一个完整学习任务而不是零碎、片段地学习或行动；不是简单地告知学习者对错，而是重在学习所得的内在反馈与激励；不是匆忙地作出结论，最好是适时延迟判断。

（3）协同合作（collaboration）

安排学习者在2~3人的异质小组中分工合作、取长补短，完成共同的任务。

（4）多向互动（interaction）

解决实际问题或完成整体任务。互动一定要体现出情境→挑战→活动→反馈的程序，也就是说，互动绝不是图热闹，一定要落在学习实效上。

3. 案例教学模式

（1）案例教学的含义

案例教学法（Case Methods of Teaching）从广义上可界定为通过对一个具体教育情境的描述，引导学生对这些特殊情境进行讨论的一种教学方法。它最突出的一个特征就是教学案例的运用，这也是案例教学区别于其他方法的关键所在。

基于案例的教学模式首先需要提供一个具体的学习案例，学习者通过对案例的分析、思考和推论过程来获得学习启示，再通过相互之间的讨论、交流和表达，来提高各自对事物的看法和理解，从而获得问题解决能力的提升。案例教学法是一种基于真实情境的教学模式，其着眼点在于培养学生解决实际问题的能力和创造能力，而不仅是获得那些固定的知识、原理或规则。

案例教学法的优势在于能够缩短教学情境与实际生活情境的差距，提高针对实际情境解决问题的能力；案例为学生提供了知识所依托的情境，有利于激发学习者的内在认知动机；对案例的分析、讨论，能够使学习者多角度、深层次地观察和分析事物，增强其批判性思维能力。但案例教学法也有其局限性，如案例的形成过程往往花费时间较长，案例教学对教师和学生的要求相对较高等。

（2）基于案例的教学过程

基于案例的教学过程主要包括案例教学准备、组织讨论、总结和评价等步骤。

1）案例教学准备

①进行理论备课，这是搞好案例教学的首要前提。

②精选案例。根据教学目的和内容、学生的知识和经验积累情况来选择案例，并适当考虑案例的典型性、代表性以及教学手段、设备等相关条件。

③熟悉和研究案例。教师应熟悉案例，正确把握案例性质并设计讨论方案。

④向学生布置案例并交代要求。学生的准备工作包括阅读教材和参考书，了解相关理论；熟悉案例，拟写讨论提纲等内容。

2）组织讨论

在教师指导下，以班级或小组为基础，组织学生对案例进行分析、研究、辩论，去发现问题和解决问题。学生的讨论发言可以不拘一格，不强求答案统一，但教师必须把握住讨论的进程并予以指导。教师尤其应注意启发学生讨论或辩论，及时将偏离主题的讨论引入正题，对问题进行概括，指点迷津，让每名学生都有发言的机会。

3)总结和评价

对讨论进行小结，指出各种观点的分歧并予以评价；对讨论中的重点和难点进行补充或提高性阐述；表述教师本人对案例的看法；由该案例引出掌握相关理论的现实意义，激发学生的学习热情；系统介绍相关理论，实现知识的迁移。

4.5.4　学生主导的信息化学习模式

1. 基于问题的学习

(1)定义及特征

基于问题的学习(Problem-Based Learning，PBL)是把教学、学习置于复杂的、有意义的问题情境中，通过让学生以小组合作的形式共同解决复杂的、实际的(Real-world)或真实的(Authentic)问题来学习隐含于问题背后的科学知识，形成解决问题能力的一种教学或学习模式。旨在通过引导学生解决复杂的、实际生活中的问题，使学习者建构宽广而灵活的知识基础，从而激发学生的内部学习动机，形成有效的问题解决能力、合作能力、自主学习和终身学习能力。基于问题学习模式的特征与优势见表 4-3。

表 4-3　基于问题学习模式的特征与优势

特征	优势
①是一种以学生为中心的教学方法 ②以问题为中心组织教学并作为学习的驱动力 ③问题是真实的、劣构的，是提高学生解决实际问题能力的手段 ④以学生小组为单位的学习形式 ⑤真实的或基于绩效的评价，重过程轻结果 ⑥教师是辅导者、引导者	①强调意义而不是事实 ②通过问题解决过程，增强学生自主学习能力 ③问题驱动引发比传统更深入的理解和更高能力的提升 ④小组学习形式促进人际交往能力、团队合作能力的提高 ⑤师生间的关系更融洽 ⑥培养学生运用知识解决问题的能力，提高整体学习水平

(2)基本操作步骤

PBL 学习模式主要在于通过提出和解决问题的过程来实现学生对知识经验的建构。通常情况下，基于问题的学习模式一般包括 5 个教学环节。

①创设情境，提出问题

问题是“基于问题式学习”的起点和焦点，应根据教学目标和教学内容设计结构优良的、开放的、真实的问题情境，如真实的事件、真实的现象等，尽量引出与所学内容相关的概念、原理等。问题情境的设置常常使学生处于“心求通而不解”的状态，在强烈的求知欲驱使下，他们的探究热情高涨，必然会取得良好的教学效果。

②分析问题，提出假设

学生进入实质性探究的开始，在整个问题解决中起着至关重要的作用。它能为收集、分析和解释信息提供一个大致的框架，能为后面制订计划、验证假设提供必要的基础。能否提出假设或判断假设的正确与否,直接影响着整个问题解决过程的成败。在此阶段,教师要采用多种手段引导学生形成正确、合理的假设。另外,教师还要组织小组学习,让学生进行合作、交流和讨论,强化学生对假设合理性的探讨。

③讨论交流,解决问题

解决问题并不是唯一的目的,它只是一个过程,学生将通过问题的解决获得新的知识,也更进一步学会如何分析问题和解决问题。此时,教师需做好引导者,促进学生进行探究和思考,发现学生在解决问题时的困难和障碍,并及时进行引导、分析、建议和帮助。

④反思评价,达成共识

在问题解决过程中进行反思,教师要有意识地培养学生对要解决的问题所采用的知识和方法进行反思和归纳,引导他们思考现在的问题与以前解决的问题之间是否有联系,与其他的问题有什么相似和不同之处,采用的方法是否恰当,有没有更好的方法等。这种反思有助于学生概括并懂得何时可以应用这种新知识和方法,使学校教育与社会需要的差距缩小,使学生灵活掌握知识,实现有意义的学习。更重要的是通过评价自己的成果,反思自我引导学习和合作解决问题的有效性,有利于发展学生高层次思维能力。

⑤归纳总结,拓展创新

得出结论并不是问题的终结,也不是“基于问题式学习”的结束,还需让学生运用所学的知识和结论去联系实际,把这个问题推广到一个新的高度,从而提高学生解决问题和分析问题的能力,激发学生的兴趣,有助于后续学习。

(3)问题设计

所谓问题设计,是指围绕学科基本概念而进行的学习任务设计,它通常是通过问题的形式来重新组织课程内容,给学习者创设一种真实的、复杂的,具有挑战性和吸引力的学习任务。PBL 学习模式中的问题设计是影响有效实施 PBL 学习模式的重要机制。对问题设计来说最重要的是区分“基本问题”和“单元问题”。

①基本问题是指学科中处于核心位置的基本概念,是指向学科核心思想和深层次理解的、能够揭示学科内涵的丰富性和复杂性的问题。其特点是指向学科的核心,在某一学科领域的基本概念、规律和原理中,包含其他重要的问题。如“人类的历史是一个进步的历史吗?”“有机体是怎样适应周围环境而生存下来的?”等。

②单元问题是指引导学习者探索基本问题的,比较具体和容易理解与操作的问题。它以单元教学或学习主题开展活动,没有明显的“正确”答案,能激发学生的学习兴趣并引发思考。与基本问题相对应,如“同 50 年前相比,现在的教育公平性是提高了还是退步了?”“两栖类和爬行类动物是怎样适应环境而生存的?”等。

另外,PBL 学习模式中的问题设计还要注意以下 5 点:

①问题必须能将学习者置于复杂的、实际的问题情境中;

②选题应力求体现时代性,贴近学生生活实际,能激发学生兴趣,也给学生思考和研究活动留下较大的空间;

③问题应以课程目标为基础,保证问题有一定难度、深度,并确保问题的复杂程度与真实生活中的问题复杂程度相当;

④设计的问题要允许教师采用不同的教学风格,同时允许学生运用不同的学习风格来解决;

⑤问题所涉及的知识领域是劣构领域，没有确定性法则，不能简单套用已有的解决方法。

总之，对具体教学设计来说，问题设计的思路是着眼于基本问题、着手于单元问题。每个单元问题的设计要体现基本问题的思想精髓，也要考虑渐进的或操作的学习活动方式。同时，一个好的问题应该是有挑战性的、可行的和有趣的，并能促进学习者运用发展高级思维能力的学习任务。

2. 基于资源的学习

(1)定义和特征

基于资源的学习是指在信息化教学环境中学生利用多种媒体资源，主要依靠自主探索来实现学习目标的教学活动。在这种学习模式中，学生的学习是一种积极主动的活动，教师给学生提出问题或探索主题，学生借助各种学习资源，利用广泛的学习材料进行自主性的探究学习。

灵活性和自主性是这种学习模式的基本特征。针对同一问题，学习者可以根据自己的学习风格、兴趣爱好、能力水平进行灵活的调节，选择自己认为有价值的材料，选择自己喜欢的研究方式来研究解决实际问题。因此，基于资源的学习模式可以适用于不同的学习风格和学科领域。另外，在基于资源的学习过程中，学生可以利用资源并结合自身经验来探究学习问题，因此，它也有利于培养学生自主学习的能力。

(2)操作步骤

基于资源的学习模式一般由教师提出学习问题或疑难情境，学生对问题或情境进行分析，然后围绕问题收集信息，尝试解决问题并形成答案。学习过程的关键是要让学生懂得分析问题和获取信息的方法。教师应对问题或任务作出明确界定，以便学生开展自主学习、探索和交流。

基于资源的学习模式一般包括以下操作步骤：

①选择确定恰当的学习主题。教师应帮助学生选择恰当的学习主题。问题、事件或情境要有意义，并且具有一定的挑战性，以利于激发学习者的求知欲望和探索精神；问题应与学生已有知识和经验能够联系起来，以便让他们能根据已有的知识基础，经过自主探索并利用获得的资源解决问题。

②确定信息搜寻的具体目标。让学生明确学习结束后应该达到怎样的目标，要接受怎样的评价，了解信息搜寻方法需要的信息工具、可能经历的过程及所需的大致时间等。

③实施搜寻信息资源策略。如果是网络资源，教师应帮助和引导学生确定正确的网络节点，以减少学习者搜寻网络信息的盲目性，节省学习时间，必要时给学生提供导航策略，以免学习者迷航。

④实施信息搜集过程。教师应解释信息搜寻的原则，使学生明确怎样用相关信息解决问题，怎样记录和保存原始信息，并逐渐形成一个可能的答案或有意义的解释。信息搜集活动可以按全班、小组或个人等形式进行，搜集活动实施前一定要确保学生理解所需信息及搜集方法和途径等。

⑤评估组织信息材料。学习者应整理所收集的与主题相关的信息，并确定这些信息的适用性，删除不当信息，再对所有信息进行评估，并按一定的逻辑方法或结构形式加以组织。

⑥形成答案并能合理地解释。学习者对所搜寻和整理的信息进行分析、概括、总结，最终形成一个完整的答案，并能合理地解释，对所探究的问题作出清晰、圆满的论证。

⑦反思过程，评价结果。师生一起讨论、交流，反思整个学习过程，分析在学习过程中运用和发展了哪些信息能力。对学习过程和学习结果作出恰当的评价，可以使学生增强自信，明确进一步努力的方向以及今后应注意的问题等。

3. 研究性学习

(1)研究性学习的基本概念

研究性学习也称综合学习或专题学习，它是20世纪90年代以来国际教育界普遍推崇并力行实践的一种新型教学模式。它通常是指学生在教师指导下，遵循科学研究方法，依据学科课程或直接从自然现象、社会现象和现实生活中选择确定研究主题，进行主动探究，获取知识，并应用知识来解决问题的学习活动。从某种意义上说，研究性学习与“探究式学习”基本同义，属于教学方法论的范畴，因此，它适用于学生对所有学科知识的学习。

(2)研究性学习的实施步骤

一般来说，研究性学习过程可分为确立研究主题、制订研究计划、开展研究活动、总结研究成果等阶段。研究过程中这些阶段并非截然分开，而是经常重叠、交叉和相互推进的。

①确立研究主题

这一阶段教师可以开设专题讲座或组织相应的考察活动，目的在于了解相关知识或问题的背景，掌握必要的研究方法与技能，激发学生的研究兴趣，并提供大致的选题范围或研究方向。选题应尽量与学生生活密切关联，范围不宜过大或过于宽泛，切入口应适当并能体现地方特点。围绕选题范围，师生合作或由学生自己提出问题，以确定研究性学习主题。在确定研究主题的过程中，教师应为学生提供必要的指导，包括提供实验条件、联系社区资源、聘请辅导教师等。

②制订研究计划

研究题目一经确定，根据课题要求，学生就可以在教师指导下制订研究计划(或设计方案)。研究计划书(或设计方案)一般应包含如课题题目、研究目的、研究方法、任务分工、时间安排、成果形式等。这是保证课题能高质量按时完成的一个重要环节。

③开展研究活动

这是研究性学习的问题解决阶段，它具体包括收集和分析信息资料、开展调查研究或设计实践、交流调研结果或设计成果等。

a. 收集、分析信息资料。学生应了解和掌握信息资料收集的方法，包括实地访谈、网络查询、使用图书馆、资料室或问卷调查等方式；要学会识别信息资料的真伪、优劣，判断信息资料的应用价值；学会有逻辑、有条理地整理信息，发现其中的关联、趋势和问题，并通过归纳、综合与判断得出相应的结论。

b. 调查研究或设计。根据自己或小组集体设计的研究方案，按照确定的研究方法，选择合适的范围进行调查并获取结果，或根据设计方案进行新产品的设计与开发制作等。学生应如实记录调研或设计过程中获得的信息或经验，并形成文字、音像等不同形式的记录“作品”，同时，要学会归纳问题解决的方法和程序，并不断反思是否获得充足的证据，是否存在其他解决办法，或是否有更佳的设计方案等。

c. 初期成果的讨论、交流。学生的初步研究成果应在小组或同伴之间充分交流，以便经过相互讨论,逐步丰富或完善个人或小组研究成果。在这一阶段,学生应学会正确认识和分析事物,认真对待他人意见和协作建议,正确地认识和评价自我,培养科学精神与求实态度;教师应指导学生写作研究日记及时记载研究情况、真实记录个人体验,为以后的教学总结和评价提供依据。

④总结研究成果

研究性学习的最后阶段,学生要将取得的成果进行归纳整理或总结提炼,形成书面材料或电子报告。成果表达方式提倡多样化,除了按要求撰写实验报告、调查报告外,还可以采取辩论会、研讨会、展览板、多媒体电子刊物、专题网站等方式。同时,还应要求学生以口头报告的方式在班级内进行交流,或通过指导教师主持的论文答辩或设计鉴定等进行总结展示。在成果交流与研讨中,学生要学会理解和宽容,学会客观分析和辩证思考,同时也要学会为自己据理力争和据实申辩。

(3)研究性学习课题的选择与确定

在研究性学习中,课题的选择和确定环节实际上是一个初步明确研究方向、研究目的、研究内容、研究方法和步骤的过程,它直接关系到学生学习积极性、创造性的培养,研究成效的高低,甚至关系到某项研究性学习课题的成败。因此,重视和加强对研究性学习的选题指导,有利于促进研究性学习课程的顺利实施,有利于提高研究性学习的成效。可按以下方法生成研究性学习的课题:

①纵向递进,是对一个比较宽泛的问题从纵深方向进行递进分解,构成“问题树”,从中选择适合自己研究的子问题作为研究课题。

②横向拓展,是把自己发现的问题或现象进行横向扩大和拓展,使其成为一个值得研究的课题。

③边缘搜索,是在学科研究的边缘地带寻找和确立研究课题。在学科研究中,“边缘地带”往往是在学科研究之间的交叉处、结合部或连接点。大量的科学研究事实表明“边缘地带”生成研究课题有利于新理论、新知识的产生。

④热点探讨,是指在某段时间、某个领域急需解决的人们热衷讨论的问题。围绕热点来生成和选择研究课题,更容易引起众人的关注,使研究成果更快取得社会效益和学术效益。但热点问题时效性太强、转换太快,因此,参与热点问题的探讨必须选好研究的角度和切入口,注意突出个性、减少共性。

⑤查缺补漏,是指在阅读有关教育研究文献时,以“吹毛求疵”的治学态度寻找别人在研究中的空缺、遗漏及不足,并以此作为研究课题而后付诸研究。

⑥学科移植,是借用其他学科的成果、原理、方法、技术,来解决本学科中的问题。研究性学习课题的生成是一个创造性思维的过程,需要学生在日常的学习、工作中多观察、多思考,多看相关的专业文献,多积累实践资料,不要贪大求全、好高骛远,而应结合自己的学习和生活实际,生成和选择适宜的研究课题。

第5章　数字化学习环境建设研究

当前的时代可以说是数字化时代,网络和数字媒体使得人们的思维方式、生活方式、工作方式等发生了翻天覆地的变化。在其影响下,人们的学习方式也发生了巨大变革,即数字化学习逐渐兴起。数字化学习的实现,离不开数字化学习环境的有效建设。在本章中,将对数字化学习环境建设的相关内容进行详细阐述。

5.1　数字化学习环境的内涵

在对数字化学习环境的内涵进行理解前,需要先了解学习环境的相关内容。

5.1.1　学习环境的内涵

1. 学习环境的定义

学习环境是一个复杂的系统,基于不同的视角和理解可以形成不同的框架。也就是说,从不同的角度对学习环境进行界定可以得出不同的定义。而且,在很多情况下,学习环境与教学环境这两个词语是混用的。

美国心理学家勒温认为,学习环境是学习发生并使学习者行为发生变化的条件之一。这里所说的环境总是相对于某一中心事物而言的。环境因中心事物的不同而不同,随中心事物的变化而变化。围绕中心事物的外部空间、条件和状况,构成中心事物的环境。

美国学者诺克认为,教学环境主要是指由学校和家庭的各种物质因素构成的学习场所,是由学校建筑、课堂、图书馆、实验室、操场以及家庭中的学习区域所组成的学习场所。

国际教育评价学会认为,教学环境是由学校环境、家庭环境和社区环境共同构成的学习场所。澳大利亚学者弗雷泽认为,教学环境是由课堂空间、课堂师生人际关系、课堂生活质量和社会气氛等因素构成的课堂生活情境。

我国学者顾明远认为,教学环境是影响教学活动的各种外部条件;田慧生认为,从学校教学工作的角度来看,教学环境主要指学校教学活动的场所、各种教学设施、校风班风和师生人际关系等;张楚廷认为,教学环境是由影响人(师、生)的教学因素组成的总体,所谓的教学因素即指那些与教学有关,影响教学并通过教学影响人的因素,包括教学自然环境、教学物质环境、教学人际环境、教学观念环境、教学班级环境、教学社会环境。

2. 学习环境的构成要素

在当前,关于学习环境的定义虽然没有形成一致观点。但透过这些不同的定义,可以得出学习环境的构成要素。具体而言,学习环境的构成要素主要可以分为两个维度:一个维度是环境的范围,包括学校、家庭和社会;另一个维度是环境的性质,包括客观物质因素、人的因素和其他非客观物质因素。其中,客观物质因素包括为学习创设的物理环境;人的因素包括教师、师生心理、师生关系、教师教学风格、学生学习风格等;其他非客观物质因素如社会交往、社会信息、社会教学观念、国家教育政策等。由此可以得出学习环境的具体构成要素,即学校环境、家庭环境和社会环境。

(1)学校环境

学校环境也就是通常所说的教学环境,是学习环境的一个子集。它是指与教学有关,影响教学并通过教学影响学习者的因素的总体。学校作为专门化的教育场所,有其特定的内涵,具体指学校教学活动的场所、各种教学设施、校风班风和师生人际关系等。

(2)家庭环境

家庭环境是个体社会化的最早单位,包含着多种环境因素,诸如家庭居住环境、物质条件、家庭情感气氛、家庭社会阶层背景、家长的教育观念、受教育程度、价值观念和处世态度等。

(3)社会环境

社会环境涉及社会大环境和社区环境,社会大环境是指在一个国家范围内存在的宏观社会系统,它包括国家的政治经济制度、历史文化传统和科技发展状况等。社区环境是指占有一定地域的人口集体,通过在一定的社会关系中进行经济、政治和科技文化活动而组成的一个相对独立的社会。

5.1.2　数字化学习环境的内涵

随着社会对应用型人才和创新型人才的不断需求,开放式教学环境日益受到人们的关注,这种教学环境有利于学生学习积极性和学习潜能的充分发挥,有利于创新人才的早期发现和快速成长,有利于学生自主学习和个性化发展。而信息化技术尤其是互联网的普及应用,使学习的物质环境从教室、实验室等物理环境向基于网络的数字化学习环境拓展,由此带来学习环境概念的变化。相对于教室、实验室等传统的真实学习环境而言,数字化学习环境存在于网络虚拟空间中,因而也被称为虚拟学习环境。

1. 数字化学习环境的概念

对于数字化学习环境的概念,国内外的学者从不同的角度进行了理解与界定。有不少学者认为,数字化学习环境就是借助于一定的技术手段,通过对课堂教学方式的模仿而创设的一种纯粹的数字化虚拟环境。不过,从本质上来说,这样的数字化学习环境与传统的课堂教学是一致的,仅仅是运用数字化的方式对传统的课堂教学进行了重新呈现。因此,这一数字化学习环境的概念是不够科学的。

对于数字化学习环境来说,其更为贴切的概念应该是将课堂学习与网络平台(这一网络平台的开发是以信息技术手段为基础的,并有助于有意义学习的实现)进行有机融合的混合式学习环境,是在时空上对课堂学习环境进行了拓展与延伸,既要对课堂学习环境和虚拟学习环境各个要素之间的制约与联动进行兼顾,又要对学习活动中虚拟学习环境所具有的支持作用进行充分考虑,以促使学习者在学习中能够有效地解决遇到的问题,并与其他学习者通过有效的交流、合作与反思来实现有意义的学习。对数字化学习环境的这一概念进行深入分析,可以发现其包含以下几方面内容。

第一,数字化学习环境是一个物质环境,相对于传统的学校物理环境,它是随着计算机技术尤其是互联网技术的发展而来的,是一个虚拟环境,其呈现形式是一套复杂的软件系统。

第二,数字化学习环境是一个基于信息技术的学习空间,不是具有学习内容和学习活动的学习情境。从前面的讨论可以看出,在学校构建的数字化学习物质环境(学习空间)中,教师或其他教学人员进行一定的教学设计,将其与人的因素和其他非物质因素有机整合起来才能构成面向学生的学习环境,即学习情境。

第三,数字化学习环境中需要包含多种技术系统(或工具)以便支持多种教学模式,如维基百科定义的辅助传统的面对面课堂教学活动的教学模式,乔纳森描述的以学生为中心的协作式、研究性的学习模式,以及毕业论文研究模式等。

第四,数字化学习环境的参与者不仅仅包括学生和教师,还包括教育机构中的教学设计人员、教学的管理者和评价者。学生基于该软件进行学习,教师进行教学,教学设计人员进行教学内容和教学活动的预先设置以及学习过程中的协助和支持,教学的管理者和评价者分别进行教学过程的管理和监控,以及教学结果的评价和分析等。因此研究的问题不仅局限在教与学的过程,还有教学过程的管理、监控和评价。

第五,数字化学习环境不仅仅是一个概念框架,还是一套复杂的软件系统,需要研究该软件系统的体系架构和开发技术,并考虑它作为大学数字校园的一个有机组成部分与数字校园系统的技术整合问题。

2. 数字化学习环境的有效性

界定数字化学习环境的有效性可以从"技术有效性"和"有意义学习"两个方面进行描述。有效的技术应该被用来帮助学习者达到有意义的学习,而有意义的学习属性也将被作为衡量技术使用情况的标准。

(1)技术有效性

在数字化学习环境中,学习者要想顺利实现有意义的学习,就必须借助于一些有效的技术。同时,在对数字化学习环境中的技术使用情况进行衡量时,必须要借助于有意义的学习属性这一重要的标准。在传统的教学中,技术主要被用来向学生传授知识与传递信息,而学生被要求对这些知识与信息进行理解并从中学习,其潜在的假设是人们能在技术中进行学习,知识可以从教师传递给学生,同时知识能够被嵌入基于技术的课程中并传递给学习者。但是,不少学者通过对计算机及其相关技术的研究发现,老师教的并不比技术的效果差,技术并未在本质上对传统教学有所变革。因此,应进一步改变信息技术的应用观念,即将"从技术中学习"转变为"用技术学习",使技术真正成为学习者的伙伴,能够帮助学习者深入地思考问题、有效地解决问题。

(2)有意义学习

美国教学设计专家乔纳森曾对有意义学习进行了深入研究,认为其具有以下几个鲜明的属性。

第一,有意义学习是积极主动的学习,即学习者在开展学习活动时,对于任何一项有意义的任务都会积极参与,也会与所处的环境进行良好互动,还会对学习过程以及学习结果进行自觉的反思。

第二,有意义学习是建构的学习,即学习者在学习过程中,能够以自己已有的知识为基础,对新学习的知识或观点进行整合与同化,继而建构出新的知识,并在新情境中对其进行有效运用。

第三,有意义学习是有意图的学习,即学习者在学习过程中会提前确定一个认知目标,并通过自愿地、积极地学习与思考知识来实现该目标。在这一过程中,当学习者能够对自己所学的内容进行清晰表达,能够对自己的学习过程以及自己在学习过程中所需要的决策进行反思时,便能对自己在新的情境中所建构的知识进行更好的理解与运用。

第四,有意义学习是真实的学习,即学习者的学习环境是复杂的、情境化的,而情境化的学习环境是建立在现实生活的基础之上的。在这样的学习环境中,学习者会接触到很多复杂且现实性的问题,并通过自己的学习对这些问题进行有效解决。

第五,有意义学习是合作的学习,即学习者的学习处于知识共同体和学习共同体之中,不同的学习者之间通过知识的交流与分享,可以获得新的知识与新的观点。

5.2　数字化学习环境的技术基础

数字化学习环境是一个基于多种技术建构而成的学习环境,其中影响较大的技术有以下几类。

5.2.1　大众传播技术

大众传播技术也是数字化学习环境的一个重要技术基础。传播一词,是从英语的"communication"一词翻译而来的,原本的意思是交换、传达、交流、共享等,而现在通常被看作特定的个体或群体,即传播者运用一定的媒体和形式向受传者进行信息传递和交流的一种社会活动。传播的过程并不是静态的过程,而是一个连续动态的过程,通常来说包括确定信息、选择媒体、通道传送、接收与解释、评价与反馈和调整再传送六个阶段。

大众传播技术对构建数字化学习环境具有重要的影响,具体表现在以下几个方面。

第一,广播电视这类大众传播媒体最本质的技术特征是声像传播能够覆盖广大区域,它使得数字化教学在保留视听教学系统音像趣味性和新奇体验的同时,使教学内容的传送变得更加便利和经济。

第二,广播电视节目制作同样需要专门的编导和相关的技术人员进行支持,数字教学者无法对教学材料进行自主制作和随时调整。

第三,虽然视听媒体材料在广播电视系统中也具有单向播放的特性,但这类系统具有实况转播的能力,即使学习者无法将学习结果通过该系统反馈给教学者,他们在观看直播教学节目的同时,还可以通过其他技术手段如电话等与教学者进行实时互动。后来发展起来的视频会议系统也解决了实时反馈的问题。

第四,广播电视技术系统的易用性、稳定性和经济性等方面的优势大大增强了数字化学习的实用性。

5.2.2　计算机软件系统设计技术

数字化学习环境是基于互联网的计算机软件系统建构的,因而软件设计技术是其重要的技术基础。基于互联网的计算机系统,其最大特点是系统分为相互联系的两部分:服务器端和客户端,如图5-1所示。

由图5-1可知,所有基于网络的计算机系统都需要具备三个层次的软件,即系统软件、支持软件和应用软件。其中,在计算机网络硬件基础设施上的是系统软件,这类软件操控计算机硬件,并与其一起形成了计算机网络的基础设施。支持软件在系统软件的基础上为应用软件的编制和运行提供支撑。应用软件是最上层的软件,数字化学习环境就处于这个层次之中,涉及的软件开发技术主要包括应用数据库设计技术和程序设计技术,从软件开发的组织管理角度来看还需要软件工程技术。在计算机刚刚发展起来时,软件的开发是较为随意的,既没有形成统一的开发过程,也没有形成公认的开发方法或是开发指导规范,这导致软件开发人员在开发过程中往往各行其是。后来,随着计算机的进一步普及以及计算机技术的不断进步,计算机软件也获得了迅速发展,不仅参与的人员越来越多,而且呈现出越来越高的复杂性以及越来越大的开发规模。不可否认,相比计算机发展的早期,这一时期的软件开发有了很大的进步,但也呈现出不少的问题,如难以对软件开发的质量进行有效保证;难以对软件的开发成本以及开发进度进行有效控制;软件的维护成本越来越高等。于是,在 20 世纪 60 年代末出现了“软件危机”。

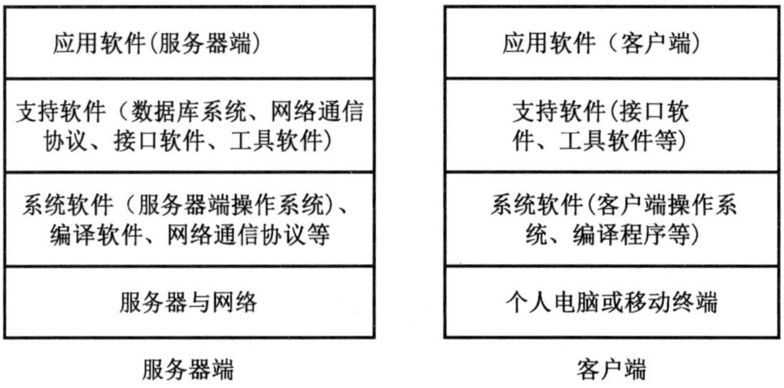

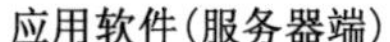

图 5-1　服务器端和客户端

为了对“软件危机”进行有效解决,相关学者和计算机开发人员等提出了“软件工程”的概念,即按照工程化原则与方法对软件的开发过程进行有效的组织与规范,从而对软件开发过程中存在的困难和混乱现象进行有效解决。未来,软件工程在软件开发中的运用会越来越广泛和深入,并将促使计算机软件开发越来越规范、有序。

5.2.3　人机界面设计技术

从大型机、小型机、个人台式电脑,到便携式笔记本电脑,再到智能手机,计算机系统的人机界面设计技术发展日新月异。这一技术的发展集成了多种学科的研究成果,如教育心理学、工业心理学、教学设计、美术设计、技术文献写作、人因工程学、人机工程学、计算机科学等。

1. 人机界面硬件设计

人机界面的硬件设计,主要包括键盘、指点设备、手写笔、语音输入或输出设备、手势输入设备、触觉设备、彩色显示器、触摸屏等内容。

2. 人机界面软件设计

人机界面的软件呈现形式目前还是以图形界面组织信息为主,但其他形式的界面也发展得很快,如使用声音、动画、视频和三维虚拟现实等技术提高人机界面的吸引力、信息容量和互动性。而在进行具体的人机界面软件设计时,以下几个方面要特别予以注意。

(1)人机交互界面设计

人与计算机的信息传播是双向的、即时的,因此人机界面也被称为人机交互界面。

①人机交互界面设计的目标

本·施耐德曼(Ben Shneiderman)根据可测的人性因素,将人机交互界面设计的目标归纳为五方面,具体如下。

第一,学习时间,即一个用户群中的典型成员使用哪个相关的命令完成一系列任务所需要的时间。

第二,执行速度,即程序完成基准任务所需的时间。

第三,用户的出错率,即用户在完成基准任务时会犯多少错误以及犯哪些错误。虽然犯错误和改错的时间可以归入执行的时间中,但错误处理在系统的使用中是很重要的一环,应该对它进行大量的研究。

第四,记忆力保持能力,即用户在使用这个程序一小时、一天或一周后还能记住多少。记忆保持能力是与学习时间紧密相关的,经常使用也很重要。

第五,用户满意度,即用户对这个系统不同方面的看法如何,这可以通过采访用户或让用户填写满意度调查表得知,调查表中应有满意度等级的选项和发表自由评论的地方。

②人机交互界面设计的内容

人机交互界面的软件设计内容包括直接操纵(如命令行、显示编辑器)系统、虚拟环境、菜单选项、表格填充、对话框、自然语言、交互设备控制等,需要考虑的问题包括人机交互的响应时间和界面显示速率、界面显示风格、多窗口策略、计算机支持的协同工作、信息搜索与可视化,以及书面手册和在线帮助等。

③人机交互界面设计的注意事项

在进行人机交互界面设计时,以下几个方面要特别予以注意。

第一,要适应人的多样性。每一个人的能力、知识背景、动机、个性和工作风格都有巨大的差别,这对交互系统的设计来说是一个挑战。

第二,要考虑到人的认知能力和感觉能力。人能够快速理解感官输入的信息,并做出复杂的动作,这是现代计算机系统的基础。

第三,要考虑到人的个性差异。有些人不喜欢计算机而有些人对计算机着迷,有些人喜欢图形而另一些人喜欢数据表格,还有男性和女性的差别等,这些对人机交互界面设计都会产生一定的影响。

第四,要考虑到文化多元性与种族差异。人机交互界面设计的国际化考虑包括字符差别、输入与阅读方式差别、日期和数字格式差别、名字和称谓差别、礼节和隐喻等。

第五,要考虑到特殊人群的需要。比如,为有残疾的用户、老年用户提供特殊的支持等。

(2)视觉艺术设计

在图形界面的设计中,主要考虑的就是人类视觉传达信息的方式和原理。因此,在进行人机交互界面软件设计时,必须高度重视视觉艺术设计。

视觉艺术从本质上来说,是一种对信息进行有效传达的“语言”。这种语言与人们的口头语言和书面语言一样,都具有自身独特的语言结构与语言规则。此外,视觉艺术是社会对话的一种形象语言,因此对话的双方要想顺利理解对方的意思,必须对相同形象符号所具有的社会内涵形成基本一致的认知。就传统的视觉艺术形式来说,艺术家往往通过自己娴熟的艺术创作手法与技巧对大自然中被大多数人共同认为是美的人或物进行复制。当摄影技术还未产生时,这种基于载体的复制技巧对于美好的人或物的传播与流传发挥了极为重要的作用。视觉语言是由视觉基本元素(包括线条、形状、明暗、色彩、质感、空间等)和设计原则(包括布局、对比、节奏、平衡、统一等)两部分构成的一套传达意义的规范或符号系统。

在计算机人机交互界面中,文本、图形、图像是基本元素,因而上述设计原则同样适用于此。

(3)Web 界面设计

数字化学习环境软件系统是基于互联网的,因此这类软件的设计会受到 Web 技术的影响。Web 软件开发技术从总体上来说可以分为两类,即 Web 客户端技术和 Web 服务端技术。在 Web 界面设计中,主要运用的是 Web 客户端技术,具体包括以下几项技术。

①HTML 语言

HTML 是英文 Hyper Text Markup Language 的缩写,它是一种超文本标记语言,涉及图片、链接、音乐、程序等非文字元素。

②Java Applet

Java Applet 即运用 Java 语言所编写的小应用程序,在网页中可以直接进行嵌入,并会产生特殊的效果。在运用 Java 语言编写小应用程序时,可以通过浏览器直接下载 Java Applets,按照指导进行安装后便可使用。

Java Applet 可以提供多媒体服务,从而使得 Web 页面可以动态地对丰富多样的文本或图像信息进行展示。此外,Java Applet 不仅可以在形式上使 Web 页面呈现出良好的视觉展示方式,而且可以在内容上对 Web 页面进行一定的修改或控制。

③CSS

CSS 是英文 Cascading Style Sheets 的缩写,它是一种用来表现 HTML 和 XML(标准通用标记语言的子集)等文件样式的计算机语言。

CSS 的产生,使得开发者在进行页面设计时的信息展现格式的控制能力得到了有效增强。同时,CSS 既可以对页面进行静态的修饰,也可以和其他脚本语言相结合,使页面中的各种要素进行动态展示。

④脚本程序

脚本程序是一种进行动态页面设计的计算机技术,可以直接嵌入 HTML 文档之中。JavaScript 和 VBScript 是在进行脚本程序编写时最常用到的两种语言。

⑤DHTML

DHTML 即 Dynamic HTML,是一种动态的 HTML。它并不是一种新的计算机语言,而是 HTML、CSS 和客户端脚本的一种集成,可以在不启动 Java 虚拟机或其他脚本环境的前提下使 HTML 页面以动态的方式进行呈现。

⑥VRML 技术

VRML 技术基于文本语言,且与平台无关,是目前创建三维对象最重要的技术。借助于这一技术,可以呈现出虚拟但立体的现实世界。

⑦插件技术

插件技术的产生，使得浏览器对多媒体信息进行展示的功能得到了有效增强。在计算机的发展过程中，最早插件是 1996 年出现的 QuickTime，为了能够在 HTML 页面中进行音频和视频的播放，浏览器 Netscape2.0 开始支持 QuickTime 插件。同年，微软公司推出的浏览器 IE3.0 正式支持在 HTML 页面中插入 ActiveX 控件，这为其他厂商扩展 Web 客户端信息展现方式提供了便利。1999 年，Netscape 浏览器和 IE 浏览器开始支持 RealPlayer 插件。

同时，微软在其各种 Windows 版本中对自主研制的媒体播放插件 Media Player 进行了预装。除了以上几种插件外，Flash 插件的运用也是极为广泛的。这一插件是在 20 世纪 90 年代初期产生的，能够使 Web 开发者对自我以及自己的个性进行有效展现，因而深受欢迎。

5.3　数字化学习环境的设计

数字化学习环境的科学设计，对于数字化学习的效果会产生极其重要的影响。因此，要高度重视数字化学习环境的设计。

5.3.1　数字化学习环境的设计的前提

在进行数字化学习环境建设时，一个重要的前提是对数字化学习环境进行深入的分析。由于教育机构在构建数字化学习环境时涉及的因素众多，又面临时间和经费的约束，因此需要将该系统的构建作为一个项目来管理，基于项目管理的思想和方法分析。具体来说，对数字化学习环境进行分析应从以下几个方面着手。

(1)机构的现状分析

对机构的现状进行分析，主要是分析机构与信息化相关的现状，具体包括以下几方面内容。

①机构的组织结构

这里以大学为例进行说明。大学是一个庞大的组织机构，与数字化学习环境构建直接相关的部门有三类：一是教学行政管理部门(如教务处、研究生院、继续教育学院、网络学院等)；二是提供技术支持的部门(如教育技术中心、网络信息中心等)；三是各个学院和系部。

这部分分析的重点是确定这三类部门的组织结构是否能够适应信息化工作的需要，以及这三类部门之间是否已经建立了信息化协调配合的机制。

②信息化基础

信息化基础，包括硬件基础和软件基础。其中，校园网的硬件基础设施的建设是否已经具备实施大规模网络教学(或网络辅助教学)的条件。已经使用的教学应用软件和其他相关软件(如数字校园的统一门户、统一身份认证系统、统一数据中心等)，这些软件和即将构建的数字化学习环境的关系等。

③人员素质

人员素质主要指的是管理人员、技术人员和学科教师的信息、技术素养等。

(2)项目的目标和需求规划

从机构的角度来看，需要制定技术系统建设的长期、中期和短期规划，而规划内容不仅包括本系统的建设目标和构成，还要包括与其他相关系统的关系和整合问题。此外，系统的目标和构成主要从教育的层次和培养目标、学生的类型、教育的组织形式等方面分析。教育的层次和培养目标、全日制学生和业余时间学习的学生、面向工作的培训和授予学位的系统性教育等因素都影响机构的教学组织方法,从而影响数字化学习环境的需求规划。

(3)信息化项目的建设方式

信息化项目的建设方式一般有三种:一是机构自主开发;二是购置现有的软件;三是与校外机构合作进行项目定制。无论哪种方式,数字化学习环境的设计开发流程都是相同的,差别在于整个流程的不同环节在教学机构内部还是在外部进行。若在外部进行,则需要依托外部的技术力量。在这种情况下,需要加强对内和对外的协商工作计划和进度安排,协调内外两个团队之间的运作和互动,评价项目阶段性结果等。

(4)项目的资金预算和时间要求

在以上三方面分析的基础上,要初步提出项目的资金预算,并进行初步的时间估算。

5.3.2 数字化学习环境设计的维度

数字化学习环境设计的维度主要有三个,即学习内容、学习支持系统和师生关系。

(1)学习内容设计

在进行数字化学习环境设计时,学习内容设计是一项极为重要的内容。在进行具体的数字化学习内容设计时,需要切实遵循以下几个原则。

①知识性原则

学习者对知识进行学习与掌握,最为根本的目的是对世界进行认识与改造,并对自己在现实生活中遇到的实际问题进行有效解决。因此,数字学习内容的设计必须遵循知识性原则,具体包括以下几方面内容。

第一,要围绕学习者需要掌握的核心知识进行数字化教学内容设计。

第二,所设计的数字化学习内容要能够帮助学习者不断增强自己的知识运用、迁移、创新能力以及解决实际问题的能力。

第三,所设计的数字化学习内容要能够帮助学习者对学科重点概念和学科知识结构进行有效把握。

②深度性原则

数字化学习内容设计的深度性原则,指的是所设计的内容要有一定的深度,方便学习者进行深度学习。对于学习者来说,进行深度学习具有十分重要的意义,具体表现在以下几个方面。

第一,学习者通过深度学习,能够对所学的知识进行批判性分析,继而更好地理解和掌握知识。

第二,学习者通过深度学习,能够更好地将新知识与自己原有的知识进行有机整合和有意义构建,继而获得更为稳固且持久的知识。

第三,学习者通过深度学习,能够更好地将所学知识运用到实践之中,继而有效解决自己在现实生活中所遇到的各种问题。

③实践性原则

学习者在学习了一定的知识后,要想对其进行正迁移和合理内化,必须借助于具体的实践。因此,在进行数字化学习内容设计时,要尽可能将知识的习得贯穿于真实的活动之中,以便学习者在真实的活动中对原有知识进行正向迁移与内化,并获得新的知识。

(2)学习支持系统设计

在进行数字化学习支持系统设计时,要尽可能使作为数字化学习环境支撑工具的技术在学习环境中发挥重要的作用。建构主义者认为,学习环境是由众多的要素构成的,大致来说可以分为七类,即活动、情境、资源、工具、支架、学习共同体和评价。因此,使作为数字化学习环境支撑工具的技术在学习环境中发挥作用,也就是使技术能够在上述要素中发挥作用。比如,在进行数字化学习环境构建时,可以借助于网络技术和数据库技术为学习者提供丰富多样且优质的数字资源库;可以借助于仿真技术、虚拟现实技术等营造尽可能真实的学习情境,以便学习者能够获得良好的学习环境。

(3)师生关系设计

对于教学中应该是教师处于中心地位还是学生处于中心地位,不同的学者有着不同的观点。其中,客观主义者认为,教师应该在教学中处于中心地位;而建构主义者则认为,教学中处于中心地位的应该是学生。应该说,这两种观点都是十分极端的,正确的做法应该是对两种观点进行有机融合,继而建立一种均衡的教学模式,即混合式学习模式。

混合式学习模式是建构在教学中教师居于主导地位、学生居于主体地位的师生关系基础上的。在这样的师生关系中,既体现了教师在教学中所具有的引导、组织和监控作用,也体现了学生在学习中的主体性和自主性特征。同时,在这样的师生关系中,有助于形成民主、和谐的教学和学习氛围,从而使教师能够有效地引导和启发学生进行有意义的学习和有意义的知识建构,继而获得丰富的知识并对其进行有效运用。

5.3.3 数字化学习环境设计的内容

1.数字化学习环境的总体结构

数字化学习环境的总体结构,包括以下两个方面的内容。

(1)数字化学习环境的教学框架

数字化学习环境的建设有三个重要的目标:一是教师的教学设计产生学习情境进而促进学生的学习;二是促进教学管理,即数字化学习环境需要支持教学管理者对教学进行组织、管理和评价;三是支持教学成果与教学资源的对外展示和共享。

为了达成上述三个目标,在构建教学系统时就需要从两个视角来分析数字化学习环境的系统构成。一个视角是课程教学的微观视角,即需要构建什么样的系统才能支持教师和学生的教与学。当前,已有大量的研究从这一视角出发对构建学习系统的思路和方法进行了探讨。这些研究的一个基本思路是从学习理论和教学理论出发,归纳、总结一些教学模型(如结果参照并基于条件的理论和模型、使用技术合作学习模型、认知学徒教学模型、整体任务教学模型、模型促进的学习模型等),为教学设计和学习系统的构建奠定理论基础。系统构建时对上述教学理论和模型的参照并不是直接的。上述理论和模型为教师设计学习情境提供了理论基础,会间接影响学习系统的构建,由此可以形成多种多样的教学系统。从教学理论到具有可操作应用的教学系统需要大量的研究和设计工作。另一个视角是机构的宏观视角,即需要构建什么样的系统才能完成机构对教学的组织和管理。由于教学的最终目标是学生学业成就的提升,因此,需要从分析学生在学校中的相关活动入手。大致而言,可以将围绕学生的教学组织与管理工作分为五类,分类构建相应的系统。第一类系统针对教学事务管理,即学生从入学到最后毕业离校的事务管理;第二类系统围绕学科课程进行教学组织;第三类系统围绕非学科课程形式的教学项目(教学环节)的教学进行支持,这一类教学项目也被称为活动课程,它是与学科课程相对应的,以围绕学生的发展需要和兴趣爱好为中心、以活动为组织方式的课程形态;第四类系统对教学成果和资源进行管理、评价与对外共享展示;第五类系统对数字化教学资源进行管理,随着信息技术和网络在教学中应用的日益普及,尤其是教学管理和教学过程数字化程度的不断提高,上述教学系统中分散的数字化教学资源的管理和共享就成为教学组织的一个新问题,就需要构建相应的系统。

围绕数字化教学环境的三个目标,上述五类系统相互关联构成一个复杂的系统。根据学校教学的组织方式和各系统之间信息共享的紧密程度,可以将上述教学系统分为三层,由此构成综合数字化学习环境的教育学框架。

最底层是教学事务管理层,在这一层中包含教务管理的众多系统。之所以将其放在最底层是因为教学事务管理不仅是机构对教学组织与管理的基本工作,而且管理过程中产生的基础数据要被其他系统共享。将数字化教学资源管理系统放到最底层的原因也是教学资源要被其他系统共享。

中间层是围绕学科课程和非学科课程形式的教学项目的系统。围绕学科课程的学习系统包括辅助课程讲授的通用教学系统和面向协作活动的研究型学习系统。不同的课程可能会采用不同的教学模式,但大多数课程会在不同的教学阶段采用不同的教学模式,因而需要不同的教学系统支持。当一个课程中需要不同教学系统支持时,这些系统之间就需要围绕同一课程中的学生和教师共享相同的教学数据与资源,如教师团队、教学计划与安排、教学资源、教学评价与管理数据等。支持非学科课程形式的教学项目系统、学生的一些自主学习系统、基于学习社区的博客系统等。这些系统不是以课程为单元组织的,因此它们之间都不会有紧密的信息互换,但是这些系统之间需要教学资源的共享。

最上层的系统不支持师生的日常教学活动,但其对外展示和共享的教学成果和教学资源均来自下面两层系统。由于来自外部的需求不同,教学活动和教学资源对外展示的形式也不同,如精品课程项目需要以课程为单元展示课程建设和教学的成果和资源,特色专业项目需要以专业为单元展示相关课程、教学团队、教学条件、教学资源等。

(2)数字化学习环境的技术架构

数字化学习环境是一个软件系统,因此,在确定了系统的目标和组成部分之后,就需要确定数字化学习环境的技术架构。

①数字化学习环境技术架构的目的

构建数字化学习环境技术架构,主要是为了对以下几方面的问题进行解决。

第一,将数字化学习环境教育学框架描述的教学功能实现为软件系统。

第二,将众多教学系统有机地构成一个整体。

第三,满足不同机构和同一机构不同时期的可持续发展要求。

②数字化学习环境技术架构的内容

要有效解决上述几个问题,构建的数字化学习环境技术架构应该包括基础设施层、教学数据与教学资源层、教学应用系统层和教学门户层四层。

基础设施层即网络与计算机硬件及管理系统,一般由大学数字校园统一建设,构建技术相对成熟。

教学数据与教学资源层中的基础数据库根据相应的数据标准与技术规范,构建学校的共享基础数据中心,为其上的各个系统提供标准化的基础数据。这一部分也是由大学数字校园统一建设的。共享教学资源库通过资源库管理平台对共享资源库中的资源进行管理,同时为上层各应用系统提供一组统一的教学资源中心接口,方便各系统及用户直接进行教学资源的访问。

教学应用系统层包含了上一节讨论的五类系统,即学科课程学习系统、非学科课程学习系统、教务管理系统、教学评价与对外展示系统和数字化教学资源管理系统。

数字化教学环境的最上层通过一个统一的教学门户将各个应用系统集成起来,其使用者包括学生、教师、管理人员、评审专家和校外访客,这些不同角色的用户通过门户网站进入系统,通过统一身份认证获取不同的应用和服务。

2. 数字化学习环境子系统的设计

数字化学习环境中包含不同类型的子系统,如面向学科课程的学习系统、面向非学科课程的学习系统、面向管理和评价的教学系统等。它们相互关联组成一个有机的整体,但每个子系统又具有不同的结构和功能特征,需要对不同类型的子系统进行分析设计。而在对每一类子系统进行设计时,其都应涉及理论基础、系统模型、系统结构、功能模块、关键问题等基本内容。

5.4　数字化学习环境的应用

数字化学习环境的应用,就是教育机构将其引入组织内,实施教学活动的过程。对于教育机构特别是学校来说,应积极创造有利条件,通过组织力量推动数字化学习环境的顺利应用,以达到预期的应用效果。

5.4.1　数字化学习环境应用的理论基础

数字化学习环境应用的理论基础,具体来说有以下几个。

1. 信息技术用户接收理论

信息技术用户接收理论描述的是个体用户愿意使用信息技术的程度,包括用户对信息技术的行为意向和实际使用两方面。戴维斯提出的技术接受模型是这类理论中最具影响力的一个,如图5-2所示。

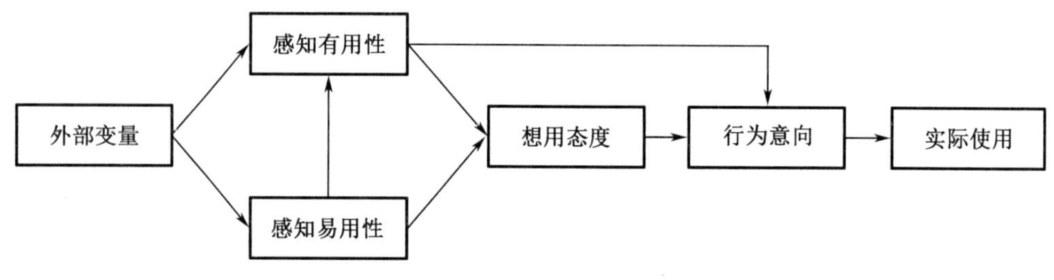

图5-2　戴维斯提出的技术接受模型

这一模型是基于理性行为理论描述用户对信息系统接受程度的模型。其目标是提供对于信息接受决定因素的解释,即通过广泛的终端用户计算技术和使用群体来普遍地、深入地解释用户行为,同时能够承受集约性和原则性的论证。该模型的关键目的是提供一种追踪外在因素如何影响内在信念、态度和意图的基础,认为决定信息技术接受行为的两个主要因素是感知有用性和感知易用性。其中,感知有用性是指用户认为使用某个特定系统能够提高其工作表现的预期;感知易用性是指用户对于目标系统易用程度的预期。同时,感知有用性也受到感知易用性的影响,即当其他因素完全相同时,系统越是易于使用,就越显得有用。

这一模型还指出,用户信息技术接受和使用过程是个体的认知发展过程。个体的想用态度决定其行为意向与实际使用。

后来,文卡特希与戴维斯对这一模型进行了扩展,加入新的控制变量,提出了新的技术接受模型,如图 5-3 所示。这一模型能够说明系统特征对使用行为的影响,有用性知觉比易用性知觉对使用更具影响。

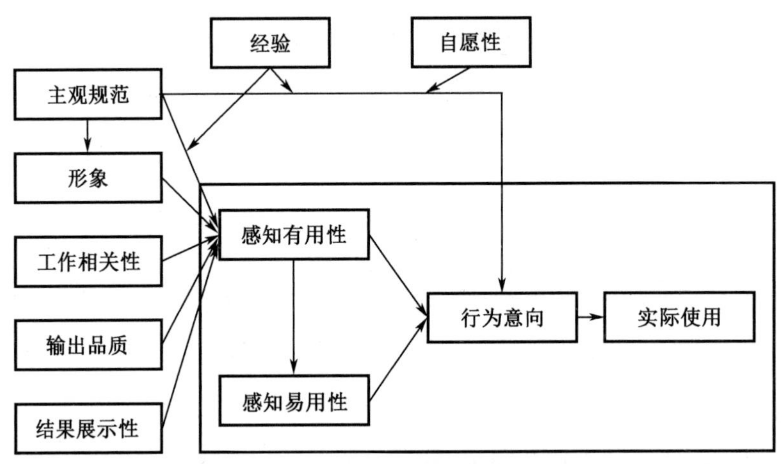

图 5-3　新的技术接受模型

2. 创新扩散理论

创新扩散理论是传播效果研究的经典理论之一,是由美国学者罗杰斯在 20 世纪 60 年代提出的一个关于通过媒介劝服人们接受新观念、新事物、新产品的理论,侧重于大众传播对社会和文化的影响。

罗杰斯提出的创新采纳模型,如图 5-4 所示,是技术扩散理论中影响最大的一个。该模型认为,个体的创新采纳过程是由知识、说服、决策、使用和确认等五个环节共同构成的,并会受到三个重要因素的影响:一是采纳决策者特性;二是创新技术特性;三是初始条件。

这里着重分析一下创新技术特征这一影响因素。创新技术特性从本质上来说是个体对创新特点所产生的一种主观感觉。而一项创新能否真正被人们所认可、采纳并发挥作用,在很大程度上取决于人们对创新特点的主观感受。

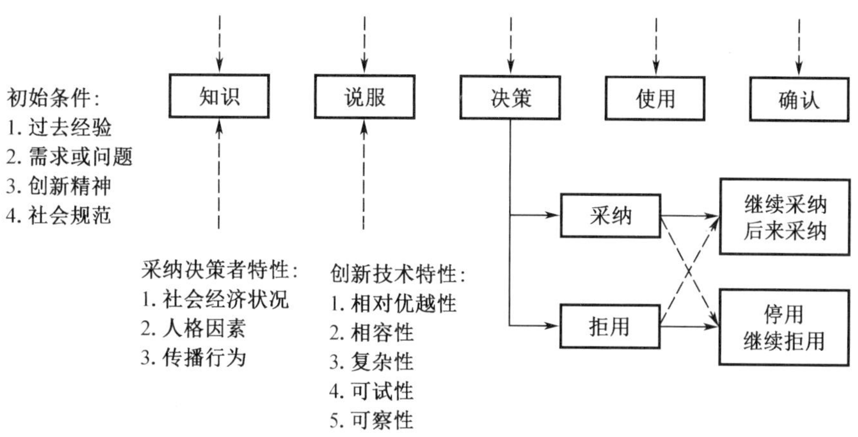

图 5-4 罗杰斯提出的创新采纳模型

3. 任务技术适配模型

任务技术适配模型是由戴尔·古德休和罗纳德·汤普森在 1995 年提出的,用于解释信息技术对工作任务的支持能力,通过描述认知心理和认知行为来揭示信息技术是如何作用于个人的任务绩效的,反映了信息技术和任务需求之间存在的逻辑关系。

任务技术适配模型的提出是对技术接受模型缺陷的补充。该模型由 5 个主要结构组成,即任务特征、技术特征、任务技术适配、技术使用与绩效,如图 5-5 所示。其中,任务特征和技术特征同时作用于任务技术适配,而任务技术适配影响技术使用与绩效。

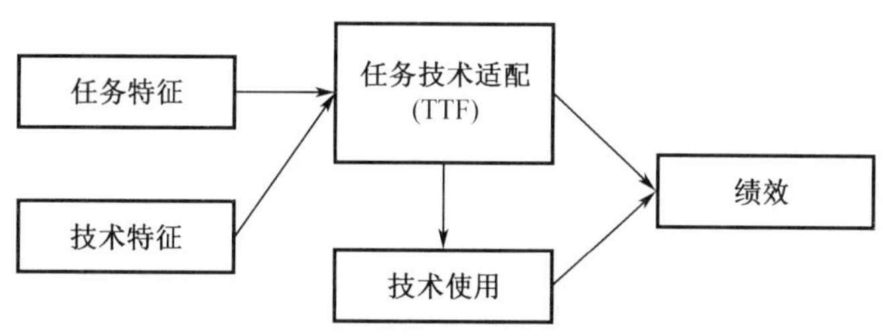

图 5-5 任务技术适配模型

在使用任务技术适配模型前,首先要假设信息技术能被用户获得并被用户使用。一般来说,经验丰富的用户会选择那些面向实现最大绩效目标的技术。如果信息技术没有足够的使用优势,那么它就不能帮助用户提高绩效,因而将被弃用。

4. 信息技术成熟度模型

信息技术成熟度模型是由高德纳咨询公司提出的,其主要包括四个维度,具体如下。

第一,过程维度,包括关注度、标准、整合、衡量等内容。

第二,人力维度,包括组织、角色、文化、技能、培训、衡量等内容。

第三,技术维度,包括标准、效率、灵活性、服务质量、工具等内容。

第四,商业管理维度,包括规划、财政管理、衡量、行政管理、资源、项目管理等内容。

以上四个维度共同作用,企业与组织实施信息技术计划时需要同时考虑,否则任一维度出现短板都将影响整体效益。

5. 整合技术的学科教学知识模型

整合技术的学科教学知识模型如图 5-6 所示,是美国学者科勒和米什拉于 2005 年在舒尔曼提出的学科教学知识的基础上提出的。该模型从教学知识的角度出发,对技术与教学整合进行了研究。科勒和米什拉在一项为期五年的高校教师专业发展项目中,采用基于设计的研究,在学科教学知识的基础上提出了整合技术的学科教学知识,即技术教学内容知识这一教学知识框架。技术教学内容知识,是指教师能够根据具体教学情境的需要,整合学科知识、教学方法和技术支持,设计恰当的教学方案,亦即把技术转化为解决教学问题的方案的知识。

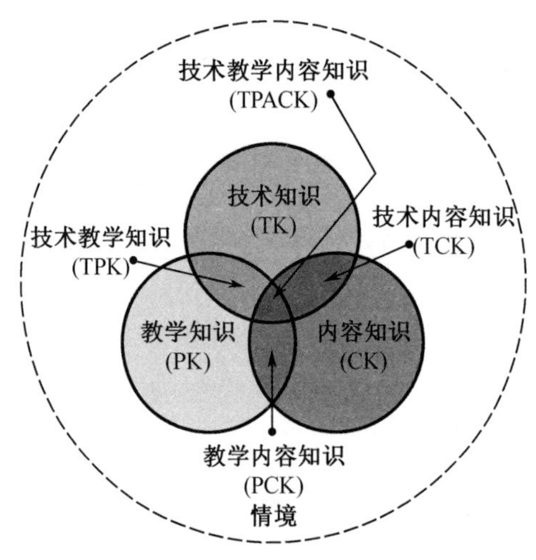

图 5-6　整合技术的学科教学知识模型

对于教师来说,能否进行有效的技术整合,主要取决于其是否具有以下几方面的知识。

第一,是否准确理解并掌握了所要使用的技术的表征概念。

第二,是否对易学以及难学的概念进行了细致区分。

第三,是否知道在对学生所面临的问题进行解决时如何借助于技术这一手段。

第四,是否对学生已有的知识和已形成的学习观进行了深入了解与掌握。

第五,是否知道在已有知识基础上对已有的认识论进行强化,对新的认识论进行发展的技术运用方式。

5.4.2　数字化学习环境应用的影响因素

当将一套技术系统应用到学校时,就会受到众多因素的影响。对于数字化学习环境而言,其在运用过程中会受到以下几个因素的影响。

1. 学校的技术条件

学校的技术条件包括数字校园的技术设施和构建其上的应用服务。其中,技术设施包括校园网络、数据中心、网络信息服务、网络管理、网络安全、多媒体教室建设、仿真实训系统环境、校园网络电视、数字广播和数字安防系统;应用服务主要是指本书研究的数字化学习环境的软件。

2. 课程与教学模式

李秉德提出“教学活动七要素”理论，即课程教学活动包括七个要素：目的、内容、方法、环境、教师、学生和反馈（评价）。这七个要素既体现了课程与教学的系统结构，也体现了课程与教学实施的动态环节。笔者研究团队应用该理论分析在线课程，结果表明，这七个要素之间依然呈现类似的作用关系。

在数字化知识经济时代，尤其是近年来受“互联网+”的影响，上述七个要素都从传统面授教学模式向面授与在线教学混合模式拓展。从学习者的角度来看，混合学习是一种能力，是指选择与自身知识和学习风格相匹配的设备、工具、技术、媒体和教材，有助于完成学习目标。从教师和教学设计者的角度来看，混合学习是指有效组织和利用教学资源（如工具、技术、媒体和教材），提供系统而完善的操作指南。

3. 人员能力

数字化学习环境的应用需要各类人员具备相应的信息化能力，其中人员包括校级领导、教师、管理人员和技术人员。

校级领导具有良好的教育信息化领导力，将对数字化学习环境的应用产生重要的影响。教育信息化领导力良好的校级领导，能够对学校的信息化工作进行有效的指导，并采取有效的措施促进学校的信息化建设，继而为数字化学习环境的运用创设良好的外部环境。通常而言，校级领导需要具备的信息化领导力主要包括三个方面的内容：一是能够对信息化的价值以及对学校发展的促进作用进行有效认知；二是能够对学校的信息化工作进行统筹规划、有效调控；三是能够对学校的信息化实施效果进行评价，这对于推进学校信息化工作的进一步开展是十分重要的。

教师是数字化学习环境应用的核心人员，其信息化能力维度包括信息化意识与态度、信息化知识与技能、信息化应用与创新、信息化社会责任等；也可以根据教师教育教学工作与专业发展主线，将信息技术应用能力区分为技术素养、计划与准备、组织与管理评估与诊断、学习与发展五个维度。具体来说，其核心能力包括以下几方面：一是基本的信息技术素养，包括对信息技术的认知、基本的多媒体技术的操作；二是数字化资源与课程建设开发的能力，包括能根据课程的需要开发相关的数字化学习资源和课程，为信息化教学的开展提供有力支撑；三是信息化教学设计的能力，包括掌握将信息技术与课堂教学深度融合的方式、方法和策略；四是信息化研究、实践与社会服务能力，包括积极运用信息化手段开展教育、教学的相关研究，在提升信息化教学能力的同时，推动自身的专业发展。

教学管理人员信息化教学领导力和管理能力维度包括以下几个：一是对信息化的价值进行认知的能力，即明确职业教育信息化的基本内容，认识到在学校的发展过程中信息化所具有的重要作用；二是对学校的信息化工作进行管理与调控的能力，即能够以学校的发展目标和发展规划为依据，对信息化实施过程中所涉及的各部门进行综合协调，以便有条不紊地、系统地推进师生、员工信息化能力的均衡发展；三是信息化项目实施与推动能力，即能够通过信息化推动信息化教学改革项目的发展，培训信息时代优秀的教师和具有较高信息素养的学生；四是信息化绩效的评估能力，即能够在信息化教学推进的过程中，评估信息化教学的实施成效，诊断问题，推动信息化教学不断向更高水平发展。

技术人员主要是由四类人员构成的：一是学校信息化的建设人员；二是学校信息化的研究人员；三是学校信息化的运行与维护人员；四是学校信息化的培训人员。由于这四类技术人员在学校信息化的发展中所负责的主要任务是不同的,因而对于他们的信息化能力要求也有一定的差异。具体来说,学校信息化的建设人员,要能够将学校的数字校园计划转化成可以实施的技术方案;能够对学校的信息化需求进行准确分析;能够对学校信息化建设所需的软件进行有效开发;能够对学校信息化建设中技术系统的应用效果进行科学评价等。学校信息化的研究人员,要能够对学校的数字化校园建设进行合理的规划与设计;能够为学校的数字化校园建设制定科学有效的规范与规章;能够对学校的数字化校园建设成果进行有效评价;能够将学校的数字化校园建设的成果转变为实施建议或措施等。学校信息化的运行与维护人员,要能够对学校的数字化校园建设中遇到的技术系统问题进行有效解答;能够对技术系统运行故障进行有效解决等。学校信息化的培训人员,要能够对学校数字化校园建设过程中所涉及的人员进行有效的信息化意识和规范培训;能够对相关人员进行信息化基本技能的培训;能够针对应用软件的使用问题对相关人员进行培训等。

4. 政策机制

院校的政策机制是影响数字化学习环境的重要因素。组织结构与体系是数字校园顺利实施、平稳运行和持续发展的保障,包括信息化领导力、信息化组织机构、信息化政策与规范、信息化人力资源、信息化建设与应用机制、运维管理体系和安全保障体系七方面。

5.4.3 数字化学习环境应用的过程

一般而言,数字化学习环境应用的过程可以分为四个阶段,具体如下。

1. 休眠阶段

在这一阶段,数字化学习环境应用的状态是:软件引入是由于外部原因,如精品课程申报、本科教学评估、本科质量工程、职业院校示范校建设等的外部要求;没有清晰的信息化教学改革目标、规划方案,实施计划;没有明确的信息化教学模式;没有有组织的在线课程设计与实施行为;没有教师教学发展体系;没有组织激励政策和机制;软件在学校部署完成后,一直没有太多师生访问。

2. 初步应用阶段

在这一阶段,数字化学习环境应用的状态是:软件在外部原因(如精品课程申报、本科教学评估、本科质量工程、职业院校示范校建设等)施压下,为了完成特定的任务而使用;没有清晰的信息化教学改革目标、规划方案、实施计划;没有明确的信息化教学模式;没有教师教学发展体系;没有组织激励政策和机制;与上述任务相关的师生会访问数字化教学环境软件。

3. 发展跃升阶段

在这一阶段,数字化学习环境应用的状态是:院校领导对技术促进教学模式变革、教学改革有了清醒的认识;制定了清晰的信息化教学改革目标、规划方案,制定了实施计划;明确了的信息化教学模式;正在建立教师教学发展体系;正在建立组织激励政策和机制;教学改革试点的师生访问。

4. 常态应用阶段

在这一阶段,数字化学习环境应用的状态是:信息化教学改革目标、规划方案、实施计划更加完善;制定了动态评估信息化教学效果的方法和程序;提出了有自身特色的信息化教学模式;建立了教师教学发展体系;建立了组织激励政策和机制;大量的师生常态化访问。

第 6 章　“互联网+”环境下的远程教育

随着经济、政治、文化这几大领域的深入融合，形成了多媒体技术、计算机技术与网络技术为核心的信息通信技术。互联网技术通过不断注入新鲜血液，给社会在思维、生产与生活方式方面带来了全新的变革，成为发展的关键。远程教育理念是将计算机技术、多媒体技术与网络技术为核心的互联网系统应用于教育领域，从而极大地丰富教育资源，充分实现资源共享，构建更为多元化的教育平台，使得教育模式得到真正创新。

“互联网+”是一种全新的经济形态，其以互联网为平台，并利用信息通信技术实现各领域的跨越、融合与推进。在这样一个全新的模式下，有助于催生出新的产物。其主要表现为六大特征：创新驱动、跨领域融合、结构重塑、尊重人性、开放生态、连接一切。正是这些特征使得“互联网+”将现实世界与虚拟世界相互渗透，不断融合，这样一种全新的社会生态，在各个领域中都能够充分发挥其智能性、网络性、基础性、全局性与创新性。“互联网+”也隶属于社会操作系统，是社会系统中重要的运行基础，通过对社会功能的有效执行，发挥其社会影响力，从而体现出社会价值。

本章首先对传统的远程教育进行回顾，在此基础上，将深入介绍现今流行的大规模开放在线课程（MOOC）教育。同时，本章也将对“互联网+”环境下的大数据技术、云计算、人工智能等教育新趋势和新方向进行剖析。

6.1　远程教育概述

6.1.1　远程教育的定义

1. 国外远程教育的定义

德国学者多曼（Dohmen）于 1967 年对远程教育作出了描述性定义：远程教育是一种有系统组织的自学形式；在这种形式中，学生的咨询、学习材料的准备以及学生成绩的保证和监督都是由一个教师小组进行的；这个小组的每一个成员都具有高度的责任感。由于媒体手段可以覆盖很长的距离，因此通过媒体手段有可以消除距离感。与“远程教育”相对的是教师与学生直接接触的教育类型，如“直接教育”或“面授教育”。

彼得斯于 1973 年也对远程教育作了描述性定义：远程教学或远程教育是一种传授知识、技能和态度的方法，通过劳动分工与组织原则的应用，以及技术媒体的广泛应用而合理化。特别是通过复制高质量的教学材料，使同一时间在学生们生活的不同地方教导大量学生成为可能。这是一种教与学的工业化形式。

在 20 世纪 80 年代，许多学者继续在这一研究领域进行钻研。1980 年，爱尔兰国际远程教育学者基更综合分析了其他学者提出的被广泛公认和接受的远程教育定义的共同特征，提出了一个有五项基本要素的远程教育描述性定义。远程教育是具有以下特征的教育形态：

(1)教师和学生在教与学的全过程中处于相对分离状态(这使它区别于传统面授教育)。

(2)教育组织通过规划和准备学习材料以及提供学生支持服务对学生学习产生影响(这使它区别于个人学习和自我教育项目)。

(3)应用各类技术媒体——印刷媒体、视听媒体和计算机媒体,将教师和学生联系起来,并以此作为课程内容的载体。

(4)提供双向通信并鼓励学生交流对话和从对话中受益(这使它区别于教育技术的其他使用方式)。

(5)学生在学习全过程中与学习集体也处于相对分离状态,学生通常是接受个别化教学而不是集体教学,但并不排除为了教学和社会的目的而组织必要的集体面授交流。

基更及同期的其他学者关于远程教育定义的经验,其基础主要来自欧洲及英联邦国家的实践,但对美国、俄罗斯和中国远程教育的实践和理论研究成果的概括明显不够。

联合国教科文组织研究提出:远程教育是通过邮政服务、广播、电视、电话或报纸进行的教育,学生和教师没有面对面的接触;教学是通过寄送给个人和学习集体特别准备的材料进行的;学生写下或录下练习过程,寄给教师,教师进行批改,加上评语或忠告再寄还给学生,远程教育就是这样来监控学生进行学习的。

2. 我国远程教育的定义

我国对远程教育概念的定义及其阐述是从国外引进开始的,出版的远程教育专著或编著主要是对基更所提出的远程教育概念的研究及定义介绍。与此同时,我国学者也开始结合国情提出自己关于远程教育概念的定义和理论分析。例如,丁兴富在《远距离高等教育学导论》(1988 年)中给出了远程教育的五项描述性定义:

(1)学生和教师在时间和空间上处于分离状态。

(2)以现代教育技术为基础的媒体教学占有主导地位。

(3)有组织的系统工程。

(4)自学为主、助学为辅。

(5)在学生和教师之间存在某种形式的双向通信和反馈机制。

这一定义明显保留了基更定义的基本特征,在我国远程教育的研究文献中被广泛引用。但由于目前国内以基更定义为基础的定义不具有普遍性、完整性、公认性,现介绍一个比较有权威性、代表性的定义。

远程教育是一种具有以下特征的教育形式:在整个学习过程中,教师和学生处于准永久分离的状态;教育组织在学习材料的计划和准备以及学生支持服务的准备两方面产生影响;技术(印刷媒体、视听媒体或计算机媒体)把教师和学生联系起来并成为课程内容的载体;提供双向通信,使学生可以主动对话并从中受益;在整个学习过程中,准永久地不设学习集体,人们通常不在集体中而是作为个人在自学,但为了教学和社会两方面的目的,也可能召开必要的会议。

3. 远程教育的基本特征

根据以上远程教育的定义,我们可以概括出其基本特征:

(1)教师和学生在时空上的相对分离,是远程教育的本质属性之一。

(2)建立在对各种教育技术和媒体资源的开发和应用的基础上,是远程教育必要条件。

(3)由各类学校或其他社会机构组织实施,这是远程教育的限定条件之一。

(4)学生自学为主、教师助学为辅,教师和学生通过双向通信实现教与学行为的联系、交互和整合,这是本质属性之一。

6.1.2 远程教育的发展

在人类历史上,一共发生了五次大的教育改革。30万年前,口语技术的出现引发了人类历史上的第一次教育改革。虽然口语传播的技术含量低、信息量少、传播范围小,但是它交互性强,使用方便,具有人性化特点。约公元前3500年,文字技术的出现引发了第二次教育改革。当时文字交流是传播媒体的一部分,它首先作用于视觉,但其传播的信息量和传播的范围是有限的。约在公元7世纪,印刷术的发明引发了第三次教育改革,使得信息可以大量地复制并传播到较远的范围,这为班级教学提供了有利条件。20世纪初,第四次教育技术改革发生了。电视技术的出现使教育技术的发展迈出了重大一步。它将教学内容以声音、图像的直观形象同时呈现给学习者,并打破了传播距离的障碍。从20世纪90年代开始,多媒体与网络技术的出现为教育的发展注入了新的活力,使教育的发展产生了质的飞跃,不仅使教育信息得以在全球传播,而且最大限度地实现了全球资源共享,我们称之为第五次大的教育改革。

根据所依赖的媒体和方式来划分,远程教育的发展历经三代。三代远程教育的名称略有不同,主要分歧在于对第二代远程教育的称谓上,广播电视大学工作者一般把第二代远程教育称作“广播电视教育”,也有学者称其为“多种媒体教育”或者“电化教育”。

1. 第一代远程教育——函授教育

函授教育所依赖的媒体是邮政信函。学校或教育组织机构将文字教材(以区别于音像教材)和批改的作业通过邮寄信函的形式传递给学生,学生也是通过邮寄信函的形式把作业和请求学校或教师回答的问题传递给学校或教育组织机构;另外,学校或教育组织机构还派教师到函授站安排少量的面授辅导。举办函授教育的机构主要是独立设置的函授学校和开展函授教育或校外教育的传统大学。英国等西方国家较早开展函授教育,而像澳大利亚、加拿大等人口稀少、居住分散的国家,其教育系统以邮件的通信形式实施远程学习计划已有上百年的历史了。农业学科非常有名的宾夕法尼亚州立大学是美国远程教育的先驱,它的远程教育始于1892年。当时,该校为了推广农业新技术,以函授教育方式免费邮寄印刷材料,为当地农业发展作出了不可磨灭的贡献。我国从20世纪50年代起开始开展函授高等教育,在20世纪70年代后期曾经达到高潮。在20世纪80年代曾经繁荣一时的所谓“刊授大学”,其实质还是函授教育。由于花钱少,易于开展,函授教育至今仍是成人教育的一种重要形式。

2. 第二代远程教育——广播电视教育

广播电视教育所依赖的媒体,顾名思义是广播和电视。但是第二代远程教育是在第一代远程教育基础上发展起来的,并没有抛弃支撑第一代远程教育的邮政通信以及印刷技术。支撑广播电视教育的技术有微波技术、卫星技术,还有作为补充的录音、录像等技术。除了文字教材外,还有广播课、电视课、音像教材(包括课程录音带、录像带)、教学包等。在我国,举办广播电视高等教育的是广播电视大学。在国外,承担相应职责的主要是各国的开放大学和远程大学。美国宾夕法尼亚州立大学从20世纪20年代起利用广播、电视和卫星等先进手段,进一步推广远程教育,为美国工农业发展输送了大批素质优良的技术人才,尤其是为二战以后美国军人转业培训立下了汗马功劳。1964 年,美国佛罗里达大学第一个用电视转播课堂现场教学的双向、点对点微波系统把校园课堂教学的信息传送到五个校外中心,各企业的工程师们在同一时间集中在校外中心进行学习。1967 年,美国科罗拉多州立大学首创使用录像带进行工程师继续教育,学校把教授在课堂里的讲课影像制成录像带,连同课程讲义、家庭作业送到各个企业。为了弥补录像带教学存在的无法与老师交流的缺陷,在发放录像带的同时,该学校用电话、普通邮件和电子邮件作为与教师交流的替代工具。

这些先驱者的工作,为广播电视教育提供了思想理念和办学实践的范例。我国的广播电视高等教育兴起于 20 世纪 60 年代初期,全面发展则是在 20 世纪 70 年代末,其标志是全国广播电视大学系统的建立。广播电视大学在我国实现高等教育大众化和构建终身教育体系过程中发挥了重大作用,同时自身也得到了很大发展。

3. 第三代远程教育——现代远程教育

在信息科技飞速发展、互联网络日益普及的今天,现代远程教育越来越多地走进人们的现实生活,成为人们获取新知识、新信息,进而提高自己的能力、水平、素养的新型教育方式。现代远程教育主要依赖计算机网络通信技术和计算机多媒体技术,以及利用这些技术所建立的具有双向交互功能的电子教学平台。

现代远程教育的最大特点在于教育者和学习者能够双向交互,学习者能够主动参与,通过计算机网络技术实现的人机、人与人之间的交流与互动,不仅加强了学校或教育组织机构与学习者之间的沟通,而且更容易体现教育的人性化,唤起学习者的主体意识,有利于终身学习体系和学习型社会的建立。信息技术的发展,特别是计算机网络技术的发展,给远程教育带来广阔的发展空间,计算机网络技术的应用也自然成为现代远程教育的重要特征和发展趋势。

6.1.3 我国远程教育的发展回顾

我国的现代远程教育起步较迟。1994 年之前,在我国的远程教育领域里,全国广播电视大学系统一枝独秀。以 1994 年国家建设教科网为标志,我国的远程教育开始进入新的时期——现代远程教育时期,而我国的现代远程教育是从高等教育起步的。

1. 准备阶段

这一阶段大致在 1994—1998 年。主要事件是教育界筹建国家教科网,部分高校启动网络教育的基础设施建设并开展非学历类教育。1994 年年底,在国家教育委员会的支持下,由清华大学等 10 所高校共同筹建了“中国教育和科研计算机网示范工程”。同年还建成了中国教育和科研计算机网(CERNET,以下简称“中国教科网”)。该网是我国第一个采用 TCP/IP 协议的公共计算机网,是我国现代远程教育的基础设施。它的建成标志着我国现代远程教育的起步。

2. 网络高等教育建设阶段

这一阶段大致在 1998—2001 年。标志的事件是 2000 年 7 月 14 日教育部办公厅对中国人民大学等 15 所高校开展网络教育试点工作作了批复。这个批复以及同月颁布的《关于支持若干所高等学校建设网络教育学院开展现代远程教育试点工作的几点意见》,对经教育部批准的试点高校开展网络教育方面提出了较为宽松的新政策,从而在普通高校中掀起了一股举办网络高等学历教育的热潮。

2000 年 10 月 31 日,中国远程教育卫星宽带多媒体传输平台开通。通过该平台,可以同时传输电视、多媒体等几十个不同速率的节目。该平台开展的卫星互联网介入服务,将卫星网与地面的中国教科网高速连接,从而形成一个天网、地网合一,具有双向交互功能的教育专业网络,彻底改变了中国卫星电视只能单向传播电视节目的状况。

3. 网络教育的整顿发展阶段

这一阶段以 2001 年 8 月 13 日《教育部办公厅关于加强现代远程教育招生工作管理的紧急通知》为标志,我国现代远程教育试点进入整顿发展阶段。一方面,此后又有一批高校得到教育部批准,加入网络教育的行列;但另一方面,教育部已经开始对“远程不远、网络不网、各自为战、重复建设、急功近利、忽视质量”的现象给予关注,出台若干措施进行整顿和改善。2001 年 9 月,教育部在新闻通气会上宣布对现代远程教育试点高校进行评估和质量大检查,对于不符合试点条件的,要视情况进行限期整改或取消。

2002 年 4 月底,教育部召开现代远程教育工作会议,讨论建立现代远程教育质量保证体系。2003 年 6 月底,教育部高等教育司(以下简称“高教司”)要求湖南大学网络学院实行教考分离制度,充分利用公共服务体系组织考试。湖南大学网络学院根据高教司的指示,将期末考试直接委托给中央广播电视大学,会同各省级电大统一组织。教育部的这一决定,是我国网络高等学历教育教学走向规范化的标志。

6.1.4 远程教育的基本形式

根据对远程教育发展的划分及对实现远程教育的传播方式的选择,我们将远程教育分成以下几种基本形式。

1. 基于邮政发行系统的远程教育

这是最早的一种远程教育形式,也是使用时间最长、应用较多的形式。目前,世界上很多国家的远程教育学校仍旧不同程度地使用着这种教学形式,尤其是一些人口稀少的国家,如澳大利亚等,较长时期都使用邮政系统来实现远程教育。这种形式主要通过邮政部门发送书本、补充教材、作业、录音带、录像带、光盘等实物形式的教学资料来完成主要的教学任务。

2. 基于无线电广播的远程教育

自 1950 年以来,随着无线电广播技术的不断成熟和应用领域的扩大,很多国家相继广泛开展广播教学。教学组织机构将教学内容、教学材料等资源通过无线电台调频成无线电信号,学生在各分散的远程教育站通过无线电接收器调频收听教学讲解、习题讲解等。这种远程教育形式主要是一种广播一些科普知识、社会常识的公众性服务。

3. 基于有线电视系统的远程教育

有线电视系统在远程教育上的应用主要有传统应用和多媒体应用两大类。所谓传统应用,主要是利用现有有线电视系统的电视节目广播功能,将教学节目送入有线电视的前端系统,然后通过现有的传输和分配网络送到千家万户,使更多的人能获得受教育的机会。有线电视系统的节目制作是通过前端系统来完成的,通过前端系统中的调制器可以将用摄像机拍摄或录像机录制的电视节目调制到有线电视节目的某个频道上,送到用户家中。中央党校有线电视网就利用这些现有的设备将教育节目发送到用户家中,而不需要增加新的设备投资。利用有线电视系统还可以将其他设备接收到的教育信息直接送入有线电视系统。

当然这种应用还处于起步阶段,更主要的应用是通过对现有有线电视网的系统改造,使系统成为一个宽带、交互式的网络,并在此网络平台上开展诸如远程教育、远程医疗、视频点播、电子商务、互联网浏览、电子购物、远程办公、社区服务等业务,将传统通信技术、计算机技术和图像技术在信息传输和网络层次上融合在一起,实现“三网合一”。有线电视系统的特点有网络带宽、服务范围广、成本低、抗干扰能力强等。

4. 基于远距离会议系统的远程教育

远距离会议系统是一种成本低、效率高、有交互性的传播和交流信息的系统,是一种传播教育信息的有效手段。这种形式的远程教育主要有两种:

(1)音频图形会议系统。音频图形会议系统通过电话线传播、交流语言信息和传送静止图形。该系统具有成本低、语言交互能力好、使用方便等特点,但传输图形速度较慢。

(2)电视会议系统。电视会议系统是用通信线路把两地或多地的会议室连接起来召开会议、讲解课程,用电视实时传输图像、声音、图表、会议现场影像以及展示相关实物的通信方式。这种系统占用频带较宽,成本高,信号质量差,缺乏交互性。

5. 基于卫星系统的远程教育

卫星远程教育利用通信卫星的电视信道来传送教育电视节目。它包括教学内容的发送、传输、接收以及组织教学过程等。卫星具有覆盖面广、信号不受干扰等特点,特别适合于分散在各地的学习者或教育资源匮乏地区学习者的学习。作为开放式教育的一种,卫星远程教育有助于实现虚拟学校的建立。

6. 基于计算机网络的远程教育

这种方式结合现代通信技术、计算机网络技术和多媒体技术实现远程教育,也是现代远程教育发展的趋势之一。它通过计算机技术和网络技术完成远程教学的授课、传送网络教学资源、网上批改作业或答疑、讨论交流、网上远程考试等实时交流。这种形式的远程教学有较好的交互能力、实时通信能力,使用方便,能提供丰富的网络资源,有利于逐步实现虚拟课堂、虚拟大学的建立。

6.2 远程教育的新形式——大规模开放在线课程(MOOC)教育

现代远程教育涵盖了许多概念,在不严格的情况下,在线教育(E-Learning)、在线学习等基于计算机网络或互联网的学习行为,都可以纳入现代远程教育的领域中。这些学习方式也在不同的环境中得到了一定的应用,而其中以近年来的大规模开放在线课程(MOOC)最为著名。

6.2.1 MOOC 的定义

MOOC 的英文全称为 Massive Open Online Course,可直译为“大规模开放在线课程”。

国内亦有人将 MOOC 音译为“慕课”。一般认为,MOOC 课程模式起源于基于互联网的开放课程,最早可追溯到 2007 年。当时,美国犹他州大学(The University of Utah)的大卫·威利(David Wiley)教授基于维基(Wiki)发起了一门名为开放教育导论(Intro to Open Education(INST 7150))的网络开放课程,世界各地的用户都可以分享课程资源并参与该课程。随后,2008 年 1 月,加拿大里贾纳大学(University of Regina)的亚历克·考罗斯(Alec Couros)教授开设了一门网络开放课程“媒体与开放教育”(Media and Open Education(EC&I 831)),并邀请全球众多专家远程参与教学。这两门开放课程从思想和技术上为 MOOC 这一新的课程模式的诞生奠定了基础,可以说是 MOOC 的前身。详细地说,MOOC 是戴夫·科米尔(Dave Cormier)和布莱恩·亚历山大(Bryan Alexander)对乔治·西蒙斯(George Siemens)和斯蒂芬·唐斯(Stephen Downes)在马尼托巴大学(University of Manitoba)开设的一门新型的大规模开放网络课程“Massive Open Online Courses”的缩写。这门名为“联通主义和连接性知识”的课程吸引了 25 名在校生和 2300 名免费在线参与的学生。2012 年,维基百科对 MOOC 的定义为:一种参与者分布在各地,而课程材料也分布于网络之中的课程,并且这种课程是开放的,规模越大,它的运行效果会越好,它通过基于主题或问题的讨论与交流,将分散在世界各地的学习者和教师联系在一起。同年,该定义演变为:MOOC 是一种以开放访问和大规模参与为目的的在线课程。MOOC 既是远程教育领域的新成果,也是开放教育资源所推崇的开放教育理念的新成果。尽管 MOOC 的设计与传统课程有些类似,但是其典型特征在于它不提供学分。不过为了相关认证,它也可以对学习进行评估。

6.2.2 MOOC 的分类与特点

1. MOOC 的分类

严格地说,MOOC 包括联通主义大规模开放网络课程 cMOOC 和美国知名高校运用行为主义的方法开发的 xMOOC 两种。二者在教学理念上差异很大,一般媒体上常见的是 xMOOC。其区别是:cMOOC 模型强调创建、创造性、自主性和社会网络学习;xMOOC 模型强调视频演示、小测验、测试等传统的学习方法。约翰·丹尼尔(John Daniel)从另一角度认为,cMOOC 关注知识创造与生成,而 xMOOC 关注知识重复。

具体从实践来看,cMOOC 均是单个课程,由教师个人组织和实施,大学官方机构不参与,而 xMOOC 模式的开放课程基本上以开放课程项目网站的形式运行,每个网站会有数十到上百门课程。因此李青等从组织机构方面进行分析,认为 xMOOC 采用公司化运营形式,有外部资金投入,具有商业化潜力,并且和多所知名高校合作。这些规模较大的 MOOC 课程网站为更多学习者提供了开放的学习资源和学习工具,而且它们组织严密、流程规范,无论规模、受益面还是社会影响均远超 cMOOC。

2. MOOC 的特点

对于 MOOC 的特点,李青等认为,从课程本身来说,MOOC 具有如下的特征:

(1)MOOC 是一种课程模式,因此具有比较完整的课程结构(课程目标、协调人、话题、时间安排、作业等),这是一般网络主题讨论没有的。

(2)MOOC 是一种开放的教育形式,没有人数、时间、地点限制。课程中所有资源和信息都是开放的,且全部通过网络传播。

(3)MOOC 是一种拥有大量参与者的巨型课程。课程的学习者可多达上千人,使用海量资源。

(4)MOOC 的学习者可以根据自己的习惯和偏好使用多种工具或平台参与学习,比如 Wiki、博客、社交网站等。课程不局限于特定平台,体现了 MOOC 的学习环境是开放和个性化的。

(5)MOOC 是一种生成式课程,课程初始时仅提供少量预先准备的学习材料,学习者主要是通过对某一领域的话题讨论、组织活动、思考和交流获得知识。

因此,李青等认为可以清楚地将 MOOC 和基于互联网的讨论,以及传统意义上的在线课程区分开来,只有符合了以上五个条件才是 MOOC。而且从其应用范围来看,它是一种高端的知识交换,可适用于专家培训、各学科间的交流学习以及特别教育的学习模式,任何学习类型的信息都可以通过网络传播。

除此之外,也有学者从不同的角度对 MOOC 的特点进行了剖析,如斯蒂芬·唐斯总结出 MOOC 的四个基本原则:汇聚、混合、转用、推动分享。他认为这些原则也体现了 MOOC 的特点。Panchenko 根据自己的体验和对相关研究的分析,认为 MOOC 对教师而言具有 13 个优点:免费参与;支持在职培训;让学习者接触到知名大学的教学风格;能比较不同的方法论;从学生角度体验远程学习;体验论坛讨论;体验同伴评价;拓展关于教学方法论的视野和知识;借助 MOOC,增加在大学讲授课程的机会;跨文化能力的发展;英语听、读、写技能的提高;建立新的专业联系;从一个新的角度反思自己的教育活动。

3. MOOC 在联通主义理论方面的特色

本书以斯蒂芬·唐斯的四个基本原则为例,详细介绍 MOOC 在联通主义理论方面的特色。联通主义学习理论是乔治·西蒙斯在 2005 年提出的一种互联网时代的学习理论。基本思想为:知识是网络化联结的,学习是连接专门节点和信息源的过程。学习的控制权掌握在学习者自己手里,学习的起点是个人,个人的知识组成了一个网络;这种网络被编入各种组织与机构,反过来各组织与机构的知识又被回馈给个人网络,提供给个人继续学习。这种知识发展的循环(个人对网络、对组织)使得学习者通过他们所建立的连接在各自的领域保持不落伍。该理论还认为学习是一个过程,这种过程发生在模糊不清的环境中,学习(被定义为动态的知识)可存在于我们自身之外(在一种组织或数据库的范围内)。

我们可将学习集中在专业知识系列的连接方面。这种连接能够使我们学到比现有的知识更多、更重要的东西。联通主义思想运用在课程设计中使得 MOOC 课程和传统课程有较大的差异。传统课程中,教师提供的资源和活动处于学习和互动的中心,它们限定了知识探究的边界,学习者学什么和怎么学都是预先计划好的。而在 MOOC 课程中,教师提供的资源成为知识探究的出发点,学习者产生的内容成为学习和互动的中心,学习者提供的资源扩展和放大了知识的界限。因此,学习成为对网络信息的遍历和建构,通过社区内不同认知的交互而形成新的知识。与联通主义的基本观点相对应,斯蒂芬·唐斯的 MOOC 课程的若干基本原则包括了汇聚、混合、转用、推动分享等四个方面。

(1)汇聚

在传统课程中,学习内容是由教师提前准备好的。而在 MOOC 课程中,大部分内容是动态汇集的。课程为分布在互联网各处的海量内容提供了一个集合点,这些内容会通过网页或课程通信等形式聚合以提供给课程的使用者。这些内容是无止境的,学习者很可能不能读完所有的内容,他们应该根据自己的兴趣选择要学习的内容。

(2)混合

学习过程中学习者将课程中的内容和课程外的内容相互混合,将学习者自己的资源和课程资源混合。通常的做法是撰写博客,通过社会性书签记录和分享新资源,参与论坛讨论,使用推特(Twitter)发表简短的意见等。

(3)转用

根据学习者自己的目标转用聚合的课程资源以及混合后的资源。课程的目标不是让学习者重复课程已有的内容,而是鼓励他们在此基础上有所创新。学习者可以基于课程已有知识并根据自己的理解和想法编写新的内容。

(4)推动分享

学习者应该积极与课程的其他学习者以及课程外的所有人分享自己所创作、混合或转用的创意和内容,引起更多的回应和评论。分享的内容可以是新资源、新观点、新见解等。这些内容中有价值的部分也会被课程协调人聚合到课程通讯中。

4. MOOC 的组成要素

Kop 等认为,MOOC 由 5 个主要元素组成:教师、学习者、主题、学习材料和情境。李青等观察和分析了十门 MOOC 课程,总结出了 MOOC 的一般运行模式,从中提取出 MOOC 的组成要素:物的要素(平台与工具、课程信息、学习活动)和人的要素(课程教师、学习者、课程协调人)。

基于对这些研究的分析,郝丹等认为目前对 MOOC 组成要素的剖析已经较多包含了“人”的因素,而关于 MOOC 的研究焦点开始从表象上的规模大、范围广、资源丰富,转向了更实质性的教与学的本质层面,并且跟教学相关的要素以及跟“人”相关的要素开始引起研究者的注意。

6.2.3 MOOC 的运行模式与技术平台

1. MOOC 的运行模式

李青等基于对十门著名 MOOC 课程的观察分析,总结了 MOOC 的一般运行模式,如图 6-1。

每门 MOOC 课程都有一个中心平台(一般会采用维基或博客等简单易用的社会化工具),由课程协调人管理和维护。通过该平台发布的课程信息包括课程概要、内容资源、每周话题、活动通知、组织教师介绍等,以此组织整门课程的学习活动。学习者可自由选择论坛、微博、社交网站等个性化学习工具。在 MOOC 课程中,教师发布话题和活动,协调学习者的讨论,推动学习进程;学习者则通过各种平台和工具,浏览、讨论、完成作业,最终达到学习的目的。

在这种课程模式下,教师的地位和作用发生了很大的改变,更多的是扮演课程发起人和协调人的角色,而非课程的主导者。他们具备一定专业背景,通常是本领域内的专家或具有丰富经验的业内人士。一般来说,在课程进行的过程中,教师每周要完成的日常教学工作有:维护课程 Wiki,由课程参与者编写,协调人审阅和修订;编制课程每日通讯(daily newsletter),信息来源是参与者的博客、Twitter 或讨论帖的汇集和精选;更新课程内容到课程站点和每日通讯;阅读、参与并引导论坛中的讨论;主持每周通过虚拟教室进行的专家讲座;每周通过虚拟教室回顾本周学习情况,和学习者实时互动。

所有的 MOOC 都是开放注册的,注册课程和任何公开的邮件列表一样简单,仅需要电子邮件地址,而且随时可以从课程退出。未注册课程的访客可以在中心平台上查看课程内容更新、浏览课程内容,但是无法参与讨论和协作学习活动等,也无法收到课程的通信、通知和公告。用户注册课程后,不仅可以浏览课程内容,还可以参与课程的活动。大部分的MOOC 课程都是以周为单位安排学习和讨论的主题,学习者每周的日常学习活动包括:

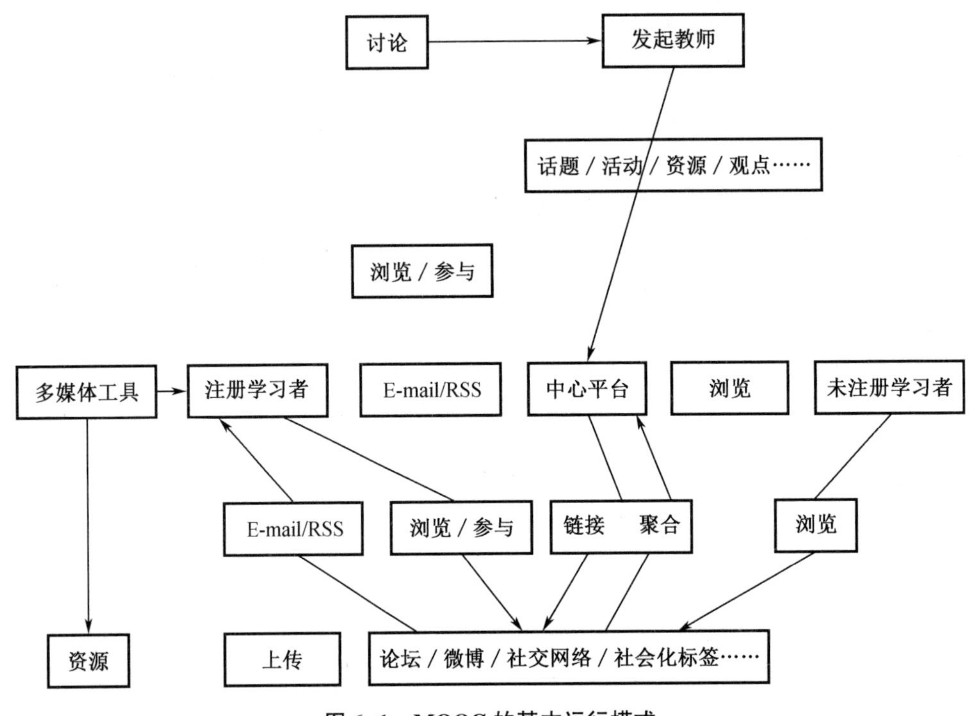

图 6-1　MOOC 的基本运行模式

阅读课程网站中提供的各种文本材料和音视频,浏览课程的更新和通知、课程通信等;通过讨论组分享观点和意见,与其他学习者以及教师互动,产生更多的想法和知识;参加在线讲座,与其他学习者以及指导教师实时讨论;通过微博等自己偏好的社会性媒体发布信息,和他人交流;利用媒体工具制作音频、视频,并通过社交网站分享资源;通过博客等平台发表自己的深度思考;将课程中的知识和内容运用到实践中。和大部分开放课程一样,学习者参与课程是完全自由的。不同学习者在课程参与程度和对课程的贡献上有显著的差异。其中有的课程(如 MobiMOOC)将参与者按照参与程度的不同分成了三类:

①潜在学习者,同步地浏览课程资源、观看视频记录等,但一般作为旁观者,不参加讨论。

②较积极的学习者,能够选择一两个话题参与,与其他学习者进行讨论。

③非常积极的学习者,按照课程的安排进行学习,参与每一期话题、讨论等。这三类学习者在数量上是不等的,大部分的学习者都属于潜在学习者。

除了以上的模式外,在某些高校中,学习者如果在课程的学习过程中严格遵守相关学历授予院校的要求,是可以通过该课程的学习获得学分的。

2. MOOC 的技术平台

MOOC 课程提倡个别化学习,提倡知识的联结和分享,因此,不强制学习者使用何种技术,甚至鼓励学习者使用自己熟悉的工具获得学习资源参与课程活动。李青等调查了MOOC课程中经常使用的主要工具/栏目(包括Wiki平台、博客、Moodle、谷歌论坛、虚拟教室、Facebook、Twitter视频分享、社会性书签、RSS聚合、日报邮件、自建平台),并统计了其使用规模。总结出MOOC常用的技术平台及其在课程中的作用,包括:

(1)课程中心网站。Wiki、博客和自建平台是组织课程中心网站的三种主要工具。前两种使用简单,功能基本能满足需要;后者功能强大,可根据课程需要定制。

(2)课程讨论空间。论坛是课程参与者交流的主要空间,他们在此发表话题,或围绕已有话题参与讨论。常用的论坛工具有Moodle教学平台中的论坛、谷歌讨论组或是博客平台上的评论功能。

(3)虚拟教室工具。MOOC课程通常使用Eluminate、Skype、WebEx等虚拟教室工具进行参与者的在线互动,邀请专家在线讲座,或是由课程协调人定期组织在线研讨。

(4)人际互动工具。Twitter等微博工具可用于快速发布信息、发表意见、交换信息资源、和其他参与者互动。

(5)课程资源分享工具。如各类视频分享网站、社会性书签网站、Facebook小组等。

(6)课程内容和学习者生成的内容经过课程协调人整理后通过RSS或是课程日报邮件等形式分享。

6.3 互联网环境下的一些教育新趋势

中国的各行各业正在进入“互联网+”时代。以云计算、移动互联、大数据技术等为代表的互联网技术正在深刻影响着人们的生产生活方式。

在教育领域,2015年11月,刘延东副总理在第二次全国教育信息化工作电视电话会议上强调,要把握“互联网+”潮流,通过开放共享教育、科技资源,为创客、众创等创新活动提供有力支持,为全民学习、终身学习提供教育公共服务。2016年2月,教育部下发的《2016年教育信息化工作要点》指出,落实中央网络安全和信息化领导小组和国务院有关“互联网+”、大数据、云计算、智慧城市、信息惠民、宽带中国、农村扶贫开发等重大战略对人才培养等工作的部署,加强教育信息化统筹部署,做好教育信息化统筹规划与指导。

“互联网+”为教育带来了新的行业形态,其改变教育领域的力度、速度和颠覆程度是前所未有的。“互联网+”教育已成为当前教育界最热门的话题之一,大量的实践探索和学术研究正在围绕其展开。在基础教育领域,“互联网+”给传统教育理念带来了革命性的冲击与挑战。因此,基础教育工作者应该积极地面对并适应“互联网+”,认识“互联网+教育”的内涵,了解“互联网+”时代基础教育信息化的阶段特征,摸清当前“互联网+”给教育带来的改变和发展趋势,并探讨基础教育信息化工作的新方向。

6.3.1 教育与云计算

现代Web环境下,互联网所需要处理的业务量快速增长。除了传统的门户网站外,社会媒体网站提供了越来越多的互联网服务,如视频在线、图像共享、社交网站等,这些服务需要处理大量的数据。移动宽带网络和移动智能终端的普及也使越来越多的移动设备接入互联网,给互联网系统带来了更多的负载。同时,数据中心建设和维护的成本在不断上升,如硬件的购买、管理以及能源的消耗等。这给互联网环境下的海量的数据处理,以及保证用户方便、快捷的网络服务质量等方面带来新的挑战。

同样的,网络学习也面临着类似的问题,学习者对信息获取和服务的要求在不断增长,移动学习和泛在学习的发展进一步对网络学习提出了更高的数据和服务要求。在这种背景下,基于分布式计算特别是网格技术的发展,产生了一种新型服务计算模型:云计算。云计算是能够提供动态资源池、虚拟化和高可用性的下一代计算平台的核心技术。它以用户为中心,提供安全、快速、便捷的数据存储和网络服务,使互联网成为每一个用户的数据中心和计算中心,使用户从以桌面为核心使用各项应用转移到以 Web 为核心进行各种活动。在教育领域,云计算为网络学习提供了新的思路和解决方案。云计算将是未来网络学习的基本环境与平台,并将通过"云服务"支持推动网络学习的发展。

1. 云计算含义

云计算是在分布式系统、网格计算等发展的基础上提出的一种新型计算模型,是一种新兴的共享基础架构的方法。它面对的是超大规模的分布式环境,核心是提供数据存储功能和网络服务。

云计算借用了量子物理中的"电子云"思想,强调说明计算的弥漫性、无所不在的分布性和社会性特征。"云"是指计算机群,每一群包括了几十万台甚至上百万台计算机。计算机群是数据存储和应用服务的中心,用来完成存储和计算的工作。

"云"中的计算机可以随时更新,并且这种更新是透明的。主要的 IT 厂商,如谷歌(Google)、微软(Microsoft)、IBM、雅虎(Yahoo)、亚马逊(Amazon)等,都已经具有并正在建设"云"在云计算中,用户所处理的数据并不存储在本地,而是保存在互联网上的数据中心,用户所需的应用程序并不是在用户的个人电脑、手机等终端设备上运行,而是在互联网上大规模的服务器集群中运行。提供云计算服务的企业负责管理和维护这些数据中心的正常运作,为用户提供足够强大的存储空间和计算能力。用户只需能够接入互联网,就可以通过电脑、手机等终端设备,在任何地点方便快捷地使用数据和服务,而不需关心存储或计算发生在哪朵"云"上。可见,云计算将改变传统的以个人计算机为基础的生产模式,Web 将成为交往聚合与设备聚合的中枢,最终改变人们获取信息、分享内容和互相沟通的方式。

2. 云计算相关技术

云计算由一系列新技术组合而成,如图 6-2 所示。它由分布式计算、网格计算等技术发展而来,并融合了公用计算、虚拟化、现代 Web 框架等技术。从本质上来讲,云计算是服务器虚拟化技术和基础设施即服务(Infrastructure as a Service,IaaS)两者的结合。其核心是将某一或某几个数据中心的计算资源虚拟化之后,向用户提供以计算资源为形式的服务。

(1)云计算与网格计算

云计算技术是网格技术的发展,两者有许多相似之处,都希望利用大量计算机构建出强大的计算能力。云计算环境可通过快速提供运行网格应用的物理和虚拟服务器来支持网格计算。同时,云计算也支持非网格环境,比如标准的三层 Web 架构或最新的 Web 应用。两者之间的主要区别在于:从服务角度来看,网格计算一般更重视异质资源整合,而云计算更重视提供基础服务;为了方便管理,并充分运用服务器的效能,云计算使用了虚拟化技术;网格运算通常只使用专属的应用协议和数据格式,而云计算当前则存在多种技术架构。

(2)云计算与虚拟化技术

虚拟化是云计算最强调的特点。在计算机领域,虚拟化通常是指计算元件在虚拟的基础上而不是真实的基础上运行,是把物理资源转变为逻辑上可以管理的资源。虚拟化技术可以扩大硬件的容量,简化软件的重新配置过程。在云计算环境下,虚拟技术将网络中的服务器、存储和网络虚拟成一个资源池,统一灵活调配。每一个应用部署的环境和物理平台无关,通过虚拟平台进行管理,实现对应用的扩展、迁移和备份。

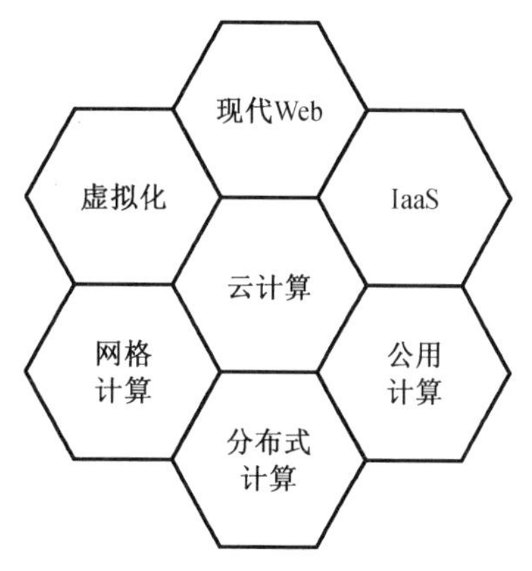

图6-2 云计算相关技术

(3)云计算与SaaS

SaaS(Software-as-a-Service,软件即服务),是通过互联网以服务形式交付和使用软件的业务模式。据有关公司预测,SaaS将会逐渐成为软件行业主流的应用模式。但是随着SaaS软件客户的增长,网络存储和带宽等基础资源逐步成为发展的瓶颈。云计算为SaaS的发展提供了条件,服务商可以选择云计算平台,使用云计算基础架构,通过低廉的价格为海量的用户群提供更为稳定、快速、安全的应用和服务。

3. 云计算对网络学习的影响

云计算模式为教育领域拓展出一个崭新的学习空间,也为信息共享、信息协作和学习创造了一个全新的环境。随着云计算模式的逐渐发展和普及,学校、教育机构和个人的信息处理会逐渐迁移到“云”上,这将对网络学习带来积极的影响。一方面,学习者可以通过云计算提供的服务,自由地选择学习内容和学习方式,更好地利用信息资源和服务;另一方面,教育管理机构和教育科研工作者能更好地管理教学资源、开展教学设计、优化教学过程。对于教育技术工作者来说,掌握云计算技术的思想和应用模式,并在网络学习系统的设计和开发中进行应用,将为网络学习带来新的推动力。

(1)学习者

云计算是学习者方便快速地构建个人学习环境的有效手段,它将支持并推动个人学习环境和非正式学习的发展。

①构建网络学习环境。现代Web环境下,以学习者为中心的个人学习环境将是网络学习的发展趋势,非正式学习将在学习者的学习活动中占据越来越大的比重。网络学习已不再被局限在学校机构的范围中,而是拓展到更广泛的学习者可自行创建和管理的空间,学习活动也更多地由学习者自己而不是学校机构来控制。学习者控制和管理个人学习,选择所需要的学习资源和服务,不同的学习者会选择不同的学习内容和工具来创建其个人的学习环境。在云计算支持下,个人学习环境的基本要素如文本、音视频、培训等都可以由云服务实现控制和管理。学习者只需要通过浏览器即可获取构建学习环境所需的数据和职务,而不需再掌握复杂的软件操作。这极大地降低了网络学习环境构建的门槛。

②提高学习生产力。云计算增强了网络学习的灵活性和敏捷性,能够实现学习资源和学习工具的“按需而用、即需即用、快速聚合”,降低了Web学习资源与服务的成本与难度,创建灵活敏捷的学习方式,创设丰富的学习情境,从而有助于提高学习生产力,最终提高学习效果。

(2)学校管理机构

云计算模式能极大地降低教育信息系统建设的成本。对于学校来讲,通过投资建立计算中心成本较大,并且难以与教育信息系统的快速成长和服务多元化要求相匹配。云计算模式为学校提供了合适的借鉴方案,教育机构数据中心、网络中心的相关任务将可以选用云计算服务来完成。通过云计算提供的 IT 基础架构,学校可以节约成本,不用再投资购买昂贵的硬件设备,负担频繁维护与升级的费用。同时,云计算也将有效地消除教育信息系统中的“孤岛”现象。网格技术给出了消除信息孤岛的解决方案,作为网格运算模式的发展和改进,云计算提供了更强的管理机制、自动化部署和高层次的虚拟化,将实现网络虚拟环境上最大化的资源共享和协同工作。

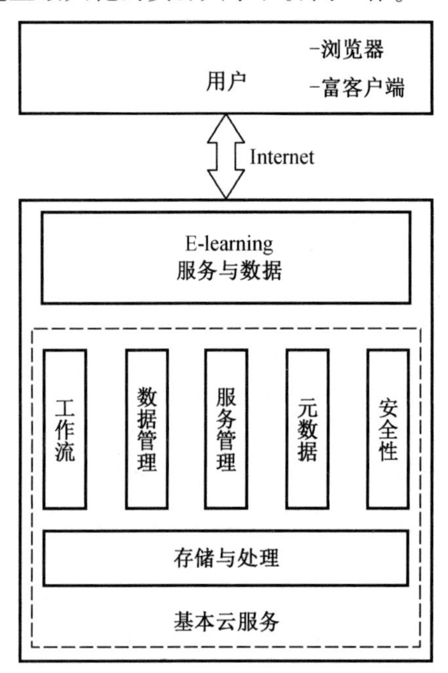

图 6-3　e-Learning 云架构

(3)教学系统开发人员

在云计算环境下,需要构建支持网络学习的“云”服务,云服务的设计与开发是将来教学信息系统开发者要掌握的技术。图 6-3 是 E-Learning 云的构架。这里,基本云服务由服务商提供,E-Learning 云服务和数据将由教学设计者和系统开发者共同研究、设计和开发。在云服务开发中,开发人员可以利用松散耦合模式开发各个组成部分,使用相关的语言和框架开发出能够在联系松散的设备网络之间无缝使用的各种应用。学习者通过 Web 浏览器或手机等移动设备,获得互动性、体验性、移动性和存储服务。E-Learning 服务和数据可以在最大范围内共享,避免了教育信息系统的重复开发。

6.3.2　教育与大数据

随着互联网的飞速发展,人们有越来越多的行为在网络中发生。这直接导致互联网中与人类行为相关的数据呈爆炸式增长,人类在不知不觉中已经进入了一个“大数据”时代。联合国 2012 年发布的大数据白皮书 *Big Data for Development:Challenges & Opportunities* 指出,大数据时代已经到来,大数据的出现将会对社会各个领域产生深刻影响。为此,世界各国都在此领域投入大量人力物力来支持“大数据”相关研究和应用。

在教育领域,耶鲁大学、哈佛大学、斯坦福大学等世界知名高校也启动了教育大数据相关研究计划;另外,美国学校管理者协会(AASA)携手学校网络联合会(COSN)以及全球性的信息技术研究和咨询公司 Gartner,共同实施了一个名为“Closing the Gap:Turning Data into Action”的项目,旨在促进学校对学生信息系统和学习管理系统中大数据的使用。为了更好地促进美国国内“大数据”教育应用,为美国高等院校及 K-12 学校在“大数据”教育应用方面提供有效指导,美国教育部(U. S. Department of Education)在 2012 年 10 月发布了题为《通过教育数据挖掘和学习分析促进教与学》(*Enhancing Teaching and Learning Through Educational Data Mining and Learning Analytics*)的报告。(本节的以下部分简称《报告》)

《报告》在公开发表或未公开发表的教育数据挖掘和学习分析相关文献综述、对教育软件和学习管理系统开发公司中15位数据挖掘和分析方面专家的采访,以及8位数据挖掘和学习分析领域学术专家讨论总结的基础上,从五个方面对大数据环境下的教与学进行了解读,包括:个性化学习解读;教育数据挖掘和学习分析解读;自适应学习系统中大数据应用介绍;美国教育数据挖掘和学习分析应用案例介绍;美国的大数据教育应用挑战和实施建议。

1. 大数据含义

维基百科对大数据的定义是:数据量规模庞大,以至无法通过目前主流软件工具获取、管理、处理并整理成帮助企业经营决策,达成更积极目的的信息。

国际数据公司(IDC)认为,大数据是符合4V特征的数据集,即海量的数据规模(volume)、快速的数据流转和动态的数据体系(velocity)、多样的数据类型(variety)、巨大的数据价值(value)。国际著名的咨询公司麦肯锡(Mckinsey & Company)在2011年对大数据的定义是:大数据是指数据量极大,以至于无法使用常规数据软件进行获取、存储、管理和分析的数据,具有数据量大、数据多样和数据产生速度快三大特征。

教育领域中的大数据有广义和狭义之分。广义的教育大数据泛指所有来源于日常教育活动中人类的行为数据。它具有层级性、时序性和情境性特征。狭义的教育大数据是指学习者行为数据。它主要来源于学生管理系统、在线学习平台和课程管理平台等。

2. 教育数据挖掘和学习分析

通过对教育大数据的获取、存储、管理和分析,教育工作者可以构建学习者学习行为相关模型,分析学习者已有学习行为,并对学习者的未来学习趋势进行科学预测。《报告》指出,目前教育领域中大数据的应用主要有教育数据挖掘和学习分析两大方向,两个研究方向虽然同源,却在研究目的、研究对象和研究方法等方面截然不同,具体比较情况如表6-1所示。

表6-1 教育数据挖掘和学习分析比较

	教育数据挖掘	学习分析
研究目的	通过研究使学习者学习行为呈模型化显示,探寻各变量之间的相关关系,预测学习者未来学习发展趋势	通过研究使学校和教师能够根据不同学习者的能力水平和实际需求,为其提供合适的教育机会
研究对象	学习者学习行为相关数据	学习者学习行为、课程和学校运维等相关数据
研究方法	综合运用统计学、机器学习和数据挖掘的技术和方法	信息科学、社会学、计算机科学、心理学和学习科学的技术和方法

(1)教育数据挖掘

教育数据挖掘是综合运用统计学、机器学习和数据挖掘的技术和方法,对教育大数据进行处理和分析,通过数据建模发现学习者学习结果与学习内容、学习资源和教学行为等变量的相关关系,从而预测学习者未来的学习趋势。《报告》通过对教育数据挖掘领域专家进行访谈,列出了教育数据挖掘的四个研究目标:

①通过整合学习者知识、动机、元认知和态度等详细信息进行学习者模型的构建,预测

学习者未来学习发展趋势。

②探索和改进包含最佳教学内容和教学顺序的领域模型。

③研究各种学习软件所提供的教学支持的有效性。

④通过构建包含学习者模型、领域模型和教育软件教学策略的数据计算模型,促进学习者有效学习的发生。

《报告》指出,为了达到以上四个研究目标,研究者主要采用以下五类技术方法:

①预测。建立一个能够通过整合多个预测变量推断单一被预测变量的模式。例如,研究者通过在线学习环境中学习者参与在线讨论的情况、测试情况等,预测学习者在该门课程的学习中是否有失败的风险。

②聚类。根据数据特性,将一个完整的数据集分成不同的子集。例如,研究者根据学习者在在线学习环境中的学习困难、交互模式等,将学习者分成不同的群组,进而为不同的群组提供合适的学习资源和组织合适的学习活动。

③关系挖掘。探索数据集中各变量之间的相关关系,并将相关关系作为一条规则进行编码。例如,研究者利用关系挖掘,探索在线学习环境中学习者学习活动和学习成绩的相关关系,进而用于改进学习内容呈现方式和序列,以及在线教学方法。

④人类判断过程简化。用一种便于人类理解的方式描述数据,以便人们能够快速地判断和区分数据特征。该方法主要以可视化数据分析技术为主,用以改善机器学习模型。

⑤模型构建。通过对数据集的聚类、相关关系挖掘等过程,构建供未来分析的有效现象解释模型。

(2)学习分析

学习分析是近年来大数据在教育领域较为典型的应用,在国际上有专门针对学习分析研究和应用的国际会议"学习分析技术与知识国际会议"。会议将学习分析定义为"测量、收集、分析和报告有关学习者及其学习情境的数据集,以理解和优化学习及其发生情境"。新媒体联盟(New Media Consortium)将学习分析定义为:利用松散耦合的数据收集工具和分析技术,研究分析学习者学习参与、学习表现和学习过程的相关数据,进而对课程、教学和评价进行实时修正。顾小清认为:学习分析是围绕与学习者学习信息相关的数据,运用不同的分析方法和数据模型来解释这些数据,根据解释的结果来探究学习者的学习过程和情景,发现学习规律;或者根据数据阐释学习者的学习表现,为其提供相应的反馈,从而促进更加有效的学习。《报告》认为,学习分析是综合运用信息科学、社会学、计算机科学、心理学和学习科学的理论和方法,通过对广义教育大数据的处理和分析,利用模型和方法去解释影响学习者学习中的重大问题,评估学习者学习行为,并为学习者提供人为的适应性反馈。例如,教师和学校根据学习分析的结果,调整教学内容,对有学习失败风险的学生进行干预,等等。学习分析一般包括数据采集、数据存储、数据分析、数据表示和应用服务五个环节。

3. 对《通过教育数据挖掘和学习分析促进教与学》的解读

(1)自适应学习系统中教育大数据应用

在线学习系统中包含大量的细粒度的学习者学习行为相关数据,如学习日志、学习路径、学习成果数据、课程数据、学习管理数据等。研究者利用教育数据挖掘和学习分析技术对数据进行采集、存储和分析,为包括学校管理者、教师和学生在内的各级、各类人员提供相应的反馈,以帮助其改善学校管理、教学和学习。《报告》为了让业内对大数据教育应用有一个系统完整的认识,以教育大数据在自适应学习系统中的应用为例进行了详细的说明。

该自适应学习系统包含六大模块:

①内容传递模块

管理、维护、传递个性化的学习内容与评价给学习者,以支持学习者的学习行为。

②学习者数据库

存储学习者在学习系统中的时间戳标记的学习者输入和学习行为数据。

③预测模块

整合系统外部学习者信息系统中的数据和系统内部学习者学习行为数据,通过对数据的处理和分析,对学习者未来的学习行为和结果进行预测。

④显示模块

将预测模块中的运行结果以可视化的方式显示给各类使用者。

⑤自适应模块

根据预测模块的运行结果,触发内容传递模块,再根据学习者的学习水平和兴趣,推送合适的学习内容给学习者。

⑥干预模块

允许教师、教学管理者和系统开发人员根据预测模块的运行结果,对自适应系统实施人为干预。另外,自适应学习系统中除了这六大模块以外,还包括作为系统重要外部数据来源的学校、地区和机构的学生信息系统(SIS)。该系统中存储着学习者相对稳定的个人基本信息数据。

基于大数据的自适应学习系统运行流程图如图 6-4 所示。第一步,学习者生成学习行为数据,经过内容传递模块,数据将被标记上时间戳;第二步,数据按照预先定义的结构存入学习者数据库;第三步,预测模块从学习者数据库和学习者信息系统中采集数据,根据不同的分析目的,调用不同的分析工具和模型对数据进行分析;第四步,自适应模块根据预测模块中数据挖掘和分析的结果,通过内容传递模块为学习者提供合适的学习指导和学习策略;第五步,预测模块中数据挖掘和分析的结果同时被传递给显示模块,供教师和教学管理者使用;最后,教师和教学管理者根据分析结果,通过干预模块对系统进行人为干预。

(2)教育数据挖掘和学习分析典型应用

《报告》通过对基于教育大数据的自适应学习系统的组成和运行流程的个案描述,使业内对于大数据的教育应用有了一个整体的认识。这种描述属于纵向描述。另外,《报告》对教育数据挖掘和学习分析的应用领域也作了详细描述,使业内对大数据的教育应用有了一个更加具体的认识。这种描述属于横向描述。《报告》中有关教育数据挖掘和学习分析应用领域的内容主要来源于对领域内公开发表和未公开发表文献的综述,以及对领域内专家的访谈。

教育数据挖掘和学习分析应用领域主要包括:学习者的知识、行为和经历建模,学习者建档,领域知识建模,趋势分析。详细情况如表 6-2 所示。

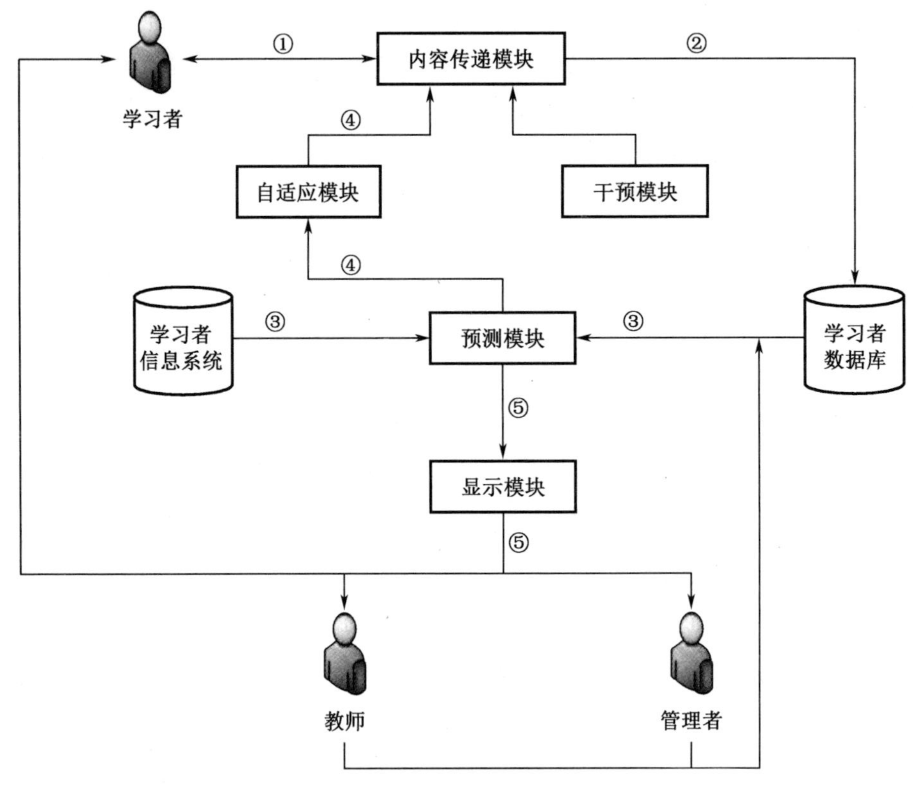

图 6-4　基于大数据的自适应学习系统组成及运行流程

表 6-2　教育数据挖掘和学习分析应用领域

应用领域	解决的问题	用于分析的数据
学习者知识建模	学习者掌握了哪些知识(如概念、技能、过程性知识和高级思维技能等)	①学习者正确的、不正确的和部分正确的应答数据;学习者做出应答花费的时间;帮助请求数据;犯错和错误重复数据 ②学习者的技能练习数据(内容和持续时间) ③学习者的测试(形成性和总结性)结果数据
学习者行为建模	学习者不同的学习行为范式与学习者的学习结果的相关关系	①学习者正确的、不正确的和部分正确的应答数据;学习者做出应答花费的时间;帮助请求数据;犯错和错误重复数据 ②学习者学习情境相关数据
学习者经历建模	学习者对于自己的学习经历的满意度	①满意度调查问卷和量表测试数据 ②在后续学习中学习者对于学习单元或课程的选择和表现数据
学习者建档	学习者聚类分组	学习者正确的、不正确的和部分正确的应答数据;学习者做出应答花费的时间;提示请求数据;犯错和错误重复数据

表 6-2(续)

应用领域	解决的问题	用于分析的数据
领域知识建模	学习内容的难度级别、呈现顺序与学习者学习结果的相关关系	①学习者正确的、不正确的和部分正确的应答数据;学习者在不同难度学习模块中的表现情况数据 ②领域知识分类数据 ③技能和问题解决的关联性数据
学习组件分析和教学策略分析	在线学习系统中学习组件的功能、在线教学策略与学习者学习结果的相关关系	①学习者正确的、不正确的和部分正确的应答数据;学习者在不同难度学习模块中的表现情况数据 ②领域知识分类数据 ③技能和问题解决的关联性数据
趋势分析	学习者当前学习行为和未来学习结果的相关关系	①在线学习系统中学习者学习行为相关的横向和纵向数据 ②学生信息管理系统中,持续一段时间且相对稳定的学习者基本信息数据
自适应学习系统和个性化学习	学习者个性化学习实现和在线学习系统自适应性实现	①在线学习系统中与学习者学习行为相关的横向和纵向数据 ②与在线学习系统使用相关的用户反馈数据

①学习者知识建模

研究者通过采集学习者与在线学习系统的交互数据(包括学习者系统应答正确率、回答问题花费时间、请求帮助的数量和性质,以及错误应答的重复率等。这部分数据可以是课程层面的、学习单元层面的或知识点层面的),通过数据挖掘和分析,构建学习者知识模型,然后通过自动或人工反馈,为学习者在合适的时间选择合适的方式,提供合适的学习内容。例如,Onsophie 公司的在线学习平台就是通过收集平台中学习者每一个知识点学习(如二次方程)的详细数据,通过数据挖掘和分析,建立学习知识的模型,为学习者提供详细的学习反馈和建议。

②学习者行为建模

研究者通过采集学习者在网络学习系统中花费的学习时间、学习者完成课程学习情况、学习者在课堂或学校情境中学习行为变化情况、学习者线上或线下考试成绩等数据,探索学习者学习行为与学习者学习结果的相关关系,最终构建学习者学习行为模型。例如,麦克费登(Mac Fayden)和道森(Dawson)通过跟踪和采集 Blackboard 在线学习平台上学习者学习行为相关数据,构建学习者行为模型。该模型被用于预测平台中学习者的学习失败可能。经过实证研究,该模型的预测正确率可以达到 80%以上。

③学习者经历建模

研究者通过采集学习者的学习满意度调查问卷或量表数据,以及其在后续单元或课程学习中的选择、行为、表现和留存率数据,构建学习者体验模型,利用该模型对在线学习系统中的课程和功能进行评估。例如,可汗学院通过构建学习者体验模型,对其线上课程进行评估,进行线上课程的再设计,改变课程学习顺序,大大提高了教师的教学效率和学习者的学习成绩。

④学习者建档

研究者采集在线学习系统中学习者相关数据以及线下学习者基本信息数据,通过数据挖掘和机器学习算法,构建学习者个人学习档案,分析学习者的学习特征,对具有相同学习特征的学习者进行聚类和分组,最终为不同类型的学习者提供个性化的学习环境,促进学习者有效学习的发生。例如,卡丹(Kardan)和克纳蒂(Conati)利用数据挖掘技术对学习者与在线学习平台的交互日志进行分析,确定不同学习者的学习类型和交互特点,构建学习者的学习档案。该研究结果主要用于对新学习者进行分类,并提供合适的学习支持和交互支持。

⑤领域知识建模

研究者通过对教育大数据的挖掘和学习分析,对现有领域知识模型进行重构,探索课程、学习单元和知识点的学习内容、组织方式与学习者学习结果之间的相关关系。例如,马丁(Martin)等人采集、处理学习者相关数据,构建学习者的学习曲线,并通过对大量学习者学习曲线数据的分析,对现有领域知识模型进行重构。

⑥学习组件分析和教学策略分析

研究者通过对学习者在在线学习系统中的学习相关数据进行采集和分析,探索在线学习系统中学习组件的功能、在线教学策略与学习者学习结果的相关关系,进而实现对在线学习系统的评估。例如,里特(Riter)等人通过对一个名为“Cognitive Tour”的数学教学智能导学系统中数据的挖掘和分析,为该系统提供了长达15年的动态、细粒度的系统评价,优化了系统的组成模块和线上教学策略。

⑦趋势分析

研究中通过对大量学习者(2 000人以上)一段时间内学习相关数据的采集和分析,探索学习者在这一阶段学习过程中的学习结果改变,发现学习者当前学习行为和未来学习结果的相关关系;并利用已建立的相关关系,依据新学习者的当前学习行为,预测其未来的学习趋势和结果。例如,加州高等教育协会为州内高等教育机构提供了一个在线趋势分析工具。该工具允许用户检索加州高等教育数据库,自定义检索条件,生成个性化的教育趋势预测结果。

⑧自适应学习系统和个性化学习

这部分应用属于教育数据挖掘和学习分析的高级应用,是教育大数据相关研究的终极目标,通过对教育大数据的采集、处理和分析,最终实现学习者自适应和个性化学习环境的构建。

6.3.3 教育与人工智能

2016年5月,美国白宫科技政策办公室在国家科技委员会之下成立了机器学习与人工智能分委员会(Subcommittee on Machine Learning and Artificial Intelligence,MLAI)。同年10月,该委员会发布了题为《为人工智能的未来做好准备》的报告,以期为联邦机构和其他相关者在人工智能领域的下一步行动提供具体建议。另外,为了把握、指导人工智能研发的整体方向,由MLAI委托网络与信息技术研发分委员会(Subcommittee on Networking and Information Technology Research and Development,NITRD)编写的《国家人工智能研发战略规划》也一并发布。《为人工智能的未来做好准备》及《国家人工智能研发战略规划》是目前全球范围内最具权威的有关人工智能方面的研究报告。这两份报告认为，人工智能自出现以来，已经历了以“基于规则的专家系统”为焦点的第一次热潮和以“机器学习”为特征的第二次热潮，而致力于“解释性和通用人工智能技术”的第三次热潮也即将来临。为了促进人工智能领域实现新的突破，《为人工智能的未来做好准备》从七个方面(公共事务、联邦政府、监管、研发与从业者培养、自动化与经济、公平安全与治理、全球考量与安全议题)提出了 23 条具体建议。《国家人工智能研发战略规划》则提出了七大战略规划，详细为：

①对人工智能研究进行长期投资；

②研发更有效的人类与人工智能协作方法；

③了解和处理人工智能的道德性、法律性和社会性影响；

④确保人工智能系统的安全性；

⑤开发用于人工智能训练及测试的共享公共数据集和环境；

⑥通过制定标准和相关参照，对人工智能技术进行测量评估；

⑦了解美国人工智能的人力资源需求。

上述的两份报告涉及人工智能应用的各个领域。其中的教育，无疑也是人工智能发展过程中即将或者已经产生影响的领域之一。事实上，教育人工智能已经出现。因此，作为教育工作者，必须具有前瞻性，密切关注教育人工智能的发展及其可能产生的变化。

1. 教育人工智能的内涵

人工智能本身就是一个模拟人类能力和智慧行为的跨领域学科，涉及计算机科学、控制论、信息论、神经生理学、语言学、心理学等多个领域。学习科学同样是一个跨学科领域，它关注学习是如何发生的以及怎样才能促进高效地学习，涉及教育学、神经学科、语言学、社会学、人类学等多个学科。

教育人工智能(E-AI)则是人工智能与学习科学相结合而形成的一个新领域(图 6-5)。教育人工智能的目标有两个：一是促进自适应学习环境的发展和人工智能工具在教育中高效、灵活及个性化的使用；二是使用精确的计算和清晰的形式表示教育学、心理学和社会学中含糊不清的知识，让人工智能成为打开“学习黑匣子”的重要工具。换言之，教育人工智能重在通过人工智能技术，更深入、更微观地窥视、理解学习是如何发生的，是如何受到外界各种因素(如社会经济、物质环境、科学技术等)影响的，进而为学习者高效地进行学习创造条件。

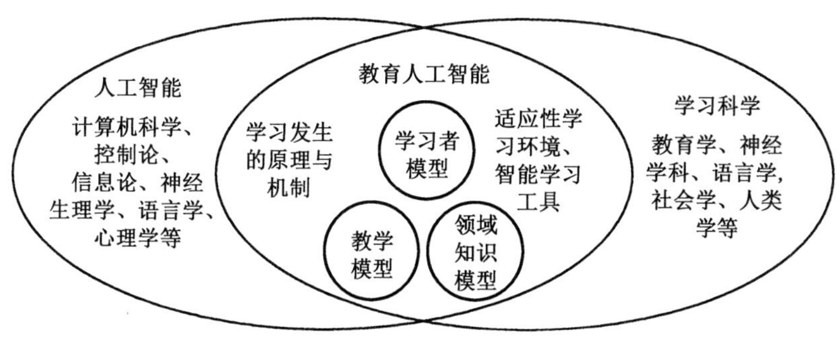

图 6-5　教育人工智能的内涵

在教育人工智能中，教学模型、领域知识模型和学习者模型是其核心。教学模型主要包含教学的专业知识、技能和有效方法；领域知识模型包含了学生所学科目的专业知识体系；学习者模型展现了计算机与学习者的互动，通过学生学习活动、情绪状态等了解学生的学习情况。学习者模型可以根据具体学习者的学习行为反馈其学习情况；教学模型和领域知识模型则通过学习者模型的反馈情况推断学习者的进度，调整模型中的知识体系、教学方法等，以适合学习者的学习，进而形成一个相互循环的动态系统，使整个模型体系更加完整，更加丰富。

2. 教育人工智能中的关键技术

从人工智能的角度看，教育是人工智能的应用领域。从教育学的视角看，人工智能的关键技术是教育人工智能的基础，将直接影响教育人工智能的发展。因此，教育领域的研究者应始终关注人工智能关键技术的发展，并以此为基础，推进教育人工智能研究。目前，教育人工智能的关键技术主要有：

(1)知识表示方法

知识表示作为人工智能和信息融合的核心技术之一，决定了领域知识获取、知识库构建以及推理计算的有效性等，影响着所开发系统的推理效率和能力。它实质上是一种可被计算机接受的用于描述知识的数据结构。

知识表示具有多种方法，关于它的研究主要包括早期的一阶谓词逻辑表示法、产生式表示法、框架表示法以及现在的神经网络知识表示法等。知识表示是研发智能专家系统需要解决的首要问题。人工神经网络知识表示法主要用于评估难度较高或领域专家无法清晰表达为规则的知识。在教育领域，人工神经网络的应用大多与教学专家系统相结合，以提高专家系统的智能性，解决各种复杂的现实问题。合适的知识表示方法对智能专家系统的研发具有重要的意义，也会给教育带来深远的影响。

(2)机器学习与深度学习

机器学习是人工智能研究的一个核心领域，它可以让计算机通过经验不断提高自身性能，在未事先明确编程的情况下作出正确反应。现代机器学习是一个始于大量数据的统计学过程，试图通过数据分析导出规则或者流程，用于解释数据或者预测未来数据。总之，机器学习能够使计算机依据统计学方式，自行寻找在实践中发挥功效的决策流程，并最终解决问题。

随着机器学习研究的不断深入，深度学习作为机器学习领域一个新兴研究方向，逐渐成为研究者关注的焦点。深度学习通过建立类似于人脑的分层模型结构，对输入数据逐级提取从底层到高层的特征，从而能很好地建立从底层信号到高层语义的映射。深度学习是一种高效的特征提取方法，它通过提取数据中更加抽象的特征实现对数据更本质的刻画。目前深度学习研究的进展，对语音识别、图像识别、自然语言处理等领域均有重要的影响。美国白宫科技政策办公室发布的两份报告特别指出了机器学习与深度学习在人工智能研究中的基础性地位，值得教育人工智能研究人员关注。

(3)自然语言处理

自然语言处理主要是让计算机理解人类的自然语言，以实现用自然语言与计算机进行交流的目标。自然语言处理研究的内容包括：如何让计算机正确回答用自然语言提出的问题；如何使计算机根据输入的文本生成摘要；怎样使计算机利用不同的词语和句型，对输入的自然语言信息进行复述以及让计算机进行语言翻译等。在教育领域,自然语言处理技术最初的应用是进行语法错误检测,随着自然语言处理技术及其应用研究的不断进步,自然语言处理技术在教育领域的应用越来越广泛。

有研究者将其在教育中的应用概括为四个方面:

第一,文本的分析与知识管理,如作文或译文的自动评价和纠错、话语和文体分析、剽窃检测等;

第二,人工系统的自然语言界面,如智能问答系统、计算机和学生之间的多模态交流等;

第三,语料库在教育中的应用,如基于语料库的数据挖掘工具等;

第四,面向语言教学研究的应用,如计算机辅助语言教学、电子书包等。

自然语言处理的发展,将为学生进行语言、数学以及其他技能的学习带来全新的方式。

(4)智能代理

智能代理是一种以主动服务方式自动完成一组操作的机动计算机程序,具有分布性、自主性、主动适应性和迁移性等特点。目前,智能代理的研究多集中在智能代理中的关键技术、管理问题、检索应用和基于智能代理构建的系统等方面。在这些研究领域中,基于智能代理构建的系统更多地吸引了研究者的注意,尤其是各种分布式系统的研究。有研究者指出,基于智能代理的各种分布式系统极大地提高了分布式系统的安全性能。

随着智能代理技术研究的不断成熟,教学系统中也逐渐引入了智能代理,它有效地提高了教学系统的智能性。其分布性、迁移性等特点,使学习资源得以充分利用,为学生个性化的学习提供了条件。智能代理在教学系统中取得的良好效果,将会进一步促进其在教育中的应用。

(5)情感计算

情感计算是指人类为机器设定程序,使之能识别、理解、处理并模拟人的情感。例如,可运用摄像机捕捉面部表情和手势,同时运用一种可以检测并理解这些代表人类情感的信息的算法,使机器获取使用者的情感状态。情感计算的核心是开发可以实现上述功能的程序和硬件。情感计算应用在教育领域,让计算机教学系统能够实时捕捉学习者的情感状态,在合适的时机给学生提供激励和适切帮助,因此,也是教育领域需要关注的一项人工智能技术。

3. 人工智能在教育领域的典型应用

(1)智能导师辅助个性化教与学

智能导师是人工智能在教育领域的一个重要应用,它能够根据学生的兴趣、习惯和学习需求为其制定专门的学习计划,有利于学生的个性化学习。智能导师首次出现于 1982 年。它主要是由计算机模拟教师教学的经验和方法,对学生实施一对一的教学,并向具有不同需求和特征的学习者传递知识。智能导师通过自然语言处理和语音识别技术,来实现计算机扮演教师角色的功能。它能够代替现有教师,为学生提供辅助性的学习材料。

智能导师之所以可以促进学生的个性化发展,提高学生的学习效果,主要是因为智能导师能够在学习者学习的过程中实时跟踪、记录和分析学习者的学习过程和结果,以了解其个性化的学习特点,并根据这一特点为每一位学习者选择合适的学习资源,制定个性化的学习方案。当然,智能导师在为学习者提供有针对性、即时的学习方案时,还能够对学习者的学习表现和问题解决的情况进行评价和反馈,并提出相应的建议。

(2)教育机器人等智能助手

随着人工智能技术的发展,越来越多的人工智能工具被应用于教育领域,成为教师教学和学生学习的得力助手。教育机器人就是一种被广泛应用于教育领域的人工智能型助手。例如,网龙华渔教育研发的“未来教师”机器人,可以帮助教师完成课堂辅助性或重复性的工作,如朗读课文、点名、监考、收发试卷等,还可以帮助教师收集、整理资料,辅助教师进行备课、科研活动,减轻了教师的负担,提高了教师的工作效率。教育机器人作为学生学习的助手,可以帮助学生管理学习任务和时间,分享学习资源,引导学生积极主动地参与到学习中,通过与学生的友好合作,进而促进学生的学习。除了教育机器人,各种基于语音技术的虚拟智能助手也正在成为人们学习的好帮手。例如,人们可以向苹果手机中的 Siri、Windows 10 中的 Cortana 和安卓系统中的 Jelly Bean 提出任何问题,与其进行逼真的对话,从而快速找到自己所需要的资源。

(3)居家学习的儿童伙伴

人工智能产品不仅仅是学校教育中教师与学生的助手,同时也是家庭中儿童的伙伴。例如,由北京紫光优蓝机器人技术有限公司研发的“爱乐优”家庭亲子机器人,就是针对 0~12 岁儿童而设计的同伴机器人。它不仅能够陪伴儿童一起做体操、唱歌、玩游戏,而且还能为儿童提供补习照顾,成为一人一机的学习助理,促进儿童的学习,达到寓教于乐的效果。智能机器人“小胖”还可以陪伴儿童一起观看视频。教育机器人作为儿童的伙伴,一方面可辅助学童完成作业,另一方面也能够担任学童的玩伴,并随时反馈学生在家的情况。

(4)实时跟踪与反馈的智能测评

智能测评强调通过一种自动化的方式来测量学生的发展,所谓自动化就是指由机器担任一些原本由人类负责的工作,包括体力劳动、脑力劳动或者认知工作。通过人工智能技术而实现的自动测评方式,能够实时跟踪学习者的学习表现,并恰当地对他们的学习表现进行评价。

以批改网为例,它就是一个以自然语言处理技术和语料库技术为基础的在线自动评测系统,它可以分析学生英语作文和标准语料库之间的距离,进而对学生的作文进行即时评分并提供改善性建议和内容分析结果。通过人工智能技术实现的即时评价,不再局限于封闭式的评价方式,而是可以通过开放的形式,对学生类似于论文式的学习给出有效反馈和评价。

(5)教育数据的挖掘与智能化分析

教育数据挖掘(educational data mining)是综合运用数学统计、机器学习和数据挖掘等技术和方法,对教育大数据进行处理和分析,通过数据建模,发现学习者学习结果与学习内容、学习资源、教学行为等变量之间的相关关系,来预测学习者未来的学习趋势的方法。

对于学习者而言,教育数据挖掘与智能化分析,能够向学习者推荐有助于改进他们学习的学习活动、学习资源、学习经验和学习任务。对于教育工作者而言,教育数据挖掘能够提供更多、更客观的反馈信息,使他们能够更好地调整和优化教育决策、改进教育过程、完善课程开发,并根据学习者的学习状态来组织教学内容、重构教学计划等。

(6)学习分析与学习者数字肖像

学习分析(learning analysis)是一类运用先进的分析方法和分析工具预测学习结果、诊断学习中发生的问题、优化学习效果的教学技术。近年来,随着人工智能技术的进步,研究者通过智能化的数据挖掘和机器学习算法等可呈现学习者数字化肖像，即基于不同类型的动态学习数据，可分析、计算每个学习者的学习心理与外在行为表现特征，刻画出立体化、可视化的学习者肖像，从而为不同学生的个性化学习以及教师改进教学提供精准服务。

例如，美国普渡大学构建的名为“课程信号”的教师教学支持与学习干预系统，就是利用学习分析的各种技术手段帮助教师了解每个学生的学习情况，不断改进教学方法，并为学习者提供及时且具有针对性的反馈。

4. 人工智能教育应用的发展趋势

传统的人工智能学习系统更多是为了满足某个专门领域的学习需求，目的是为了促进学习者获得特定的知识和技能，而且这些系统常常作为学校教育的补充，未能深入影响学生的日常学习和生活。随着人工智能技术的发展，教育领域对人工智能技术提出了更高要求，期望人工智能技术对教育产生革命性的影响。总体来说，人工智能教育应用的发展趋向主要有以下五个方面：

（1）人工智能技术要为每位学习者提供个性化学习机会

随着学习科学领域研究的不断深入，人们期望下一步智能学习系统的开发，能够充分结合学习科学研究成果与人工智能技术的进步，使学习系统能够与学习者之间以更自然的方式进行交互，在教师缺席的情况下承担起个人和小组导师的角色。

（2）人工智能技术要促进学习者“21 世纪能力”的获得

“21 世纪能力”是为了应对知识经济发展需求及社会进步而对人才培养所提出的要求，具体包括创造性与问题解决、信息素养、自我认识与自我调控、批判性思维、学会学习与终身学习、公民责任与社会参与等内容。“21 世纪能力”要求人工智能技术不能仅局限于促进学生学习具体的、结构良好的知识和技能，而是要帮助学生获得复杂问题解决、批判性思维、多人协作能力等高阶能力。

（3）人工智能技术要实现对学习环境中交互性数据的分析

针对信息化教学系统和智能导师系统中存储的大量数据，目前，已经形成了学习分析和教育数据挖掘两类研究群体。但是，教育的发展对人工智能技术提出了更高的期望：不仅要分析来自学习者的个人数据，而且还要分析各种交互性数据。交互性数据既包括学习者之间的交互数据，也包括学习者与实物之间的交互数据。

（4）人工智能要支持全球课堂的普及

全球课堂（global classroom）的目标是为学习者提供一种普及化的、随时随地可以访问的、学习者深度参与的学习环境。在这样的学习环境中，处于任何水平的学习者都能获得良好的学习体验。MOOC 可以被看作是全球课堂的雏形，但当前的 MOOC 具有偏重知识传递、通过率低、只适应具有一定知识背景和较高学习动机的学习者等局限。而人工智能技术支持下的全球课堂，能够为学习者提供一个云端一体、支持认知发展和相互协作的全新学习环境。

（5）人工智能要支持人们的随处学习和终身学习

要实现这一目标，一方面，要求人工智能技术能够根据学习者的成长变化，为学习者提供合适的、高度相关的资源以适应他们的理解和需求；另一方面，也要求人工智能技术能够有效促进对共同话题的关注，以及有效的人际交流。而上述功能的实现，离不开智能代理、虚拟角色等人工智能技术的普及。

6.3.4 教育与物联网

物联网(lnternet of things)的概念自从1999年被提出后受到了越来越多的关注。物联网旨在将所有物品通过各种信息传感设备与互联网连接起来以实现智能化识别和管理。权威机构Gartner预测,到2020年将会有200亿台设备连接到物联网中。这其中,将会有一大部分的物联网设备与教育紧密相连。随着线上教育、线上线下混合教育项目的增加以及传统教室中科技工具应用的增加,教育中物联网的应用也将有很大的提升。

1.物联网的内涵及特征

目前关于物联网的一个较为权威的定义是欧洲信息社会与媒体委员会在其2008年发布的《2020年的物联网:未来之路》中提出的。其中将物联网定义为,由一些具有身份标识与虚拟的个性化特征,可以利用智能化接口在智能空间进行相关操作,并可以与社会的、环境的、用户的上下文相互连接并进行有效沟通的物体构成的网络,认为物联网具有整合性,是未来的互联网,其中的物体互为连通且扮演积极角色,具有主体性。从中文字面上看,物联网强调物品的互联,被看作是一种通过各种信息传感设备使现实世界中各种物件互为连通而形成的网络,它使得所有物品都有数字化、网络化标识,方便识别、管理与共享。在英文表述中,物联网被称之为"lnternet of Things",具有更为深广的含义,强调"anythings connection",而"things"不但包括现实世界的物件(object),也包括各种计算设备(computer)与虚拟空间的人工物件(artifact),还包括网络用户(human)。可见,在广义上,物联网实际上包含了对物件之间、人与物件之间、人机之间、人与人之间、物件与计算机之间、计算机之间等各种"主体"之间的互联。自20世纪90年代以来,互联网日益普及,人机交互、人与人之间的社会性交互、计算机与计算机之间的通信已经得以实现,因此在当前对物联网的研究与实践中,主要关注现实世界中物件的互联。

在分析其内涵的基础上,可将物联网的特征概括为以下四个方面:

(1)连通性

连通性是物联网的本质特征之一。国际电信联盟认为,物联网的连通性有三个维度:一是任意时间的连通性(anytime connection),二是任意地点的连通性(anyplace connection),三是任意物体的连通性(anything connection)。

(2)技术性

物联网是技术变革的产物,代表着未来计算与通信技术的发展趋势,而其发展又依赖众多技术的支持,尤其是射频识别(RFID)技术、传感技术、纳米技术、智能嵌入技术。

(3)智能性

物联网使得人们所处的物质世界得以极大程度地数字化、网络化,使得世界中的物体不仅以传感方式也以智能化方式关联起来,网络服务也得以智能化。物联网具有智能化感知性,它可以感知人们所处的环境,最大限度地支持人们更好地洞察、利用各种环境资源,以便作出正确的判断。

(4)嵌入性

物联网的嵌入性表现在两个方面:一是各种各样的物件本身被嵌入人们所生活的环境中;二是由物联网提供的网络服务将被无缝地嵌入人们的日常工作与生活中。

2. 物联网在教育中的应用

(1)利用物联网构建智能化教学环境

教学环境的特性直接影响着教学绩效。传统课堂教学的物理环境所包含的教学资源比较有限,虚拟学习环境又缺乏与现实世界的交互,而物理教学环境与虚拟学习环境的整合也容易停留在表层。通过物联网构建教学环境,不但使得现实世界的物品互为连通,而且实现了现实世界(物理空间)与虚拟世界(数字化信息空间)的互联,能够有效地支持人机交互、人与物品之间的交互、人与人之间的社会性交互。物联网的引入使得物理教学环境的每个物件都具有数字化、网络化、智能化特性,可以与虚拟学习环境进行无缝整合,可以即时地捕捉、分析师生的教与学的需求信息,并进行相应的调整,为师生提供智能化的教学环境与教学资源。比如,在教室里可以搭载感知光线的传感器,它会随时监控光线亮度,控制教室照明灯的开关,还可以根据光线强度调控学生所用计算机屏幕的亮度;学生可以在教室内利用计算设备读取本地或调用异地嵌入了传感器的物体的数据用于当前的学习。

(2)利用物联网丰富实验教学

实验教学是培养学生动手能力和创新思维能力的重要教学手段,但传统的实验教学有其局限性。比如,因为存在安全性问题或者缺乏实验器材,许多实验无法让学生亲自动手做。物联网的介入可以为实验教学提供一个安全的、共享的、智能化的实验教学环境。比如,每一种实验器材都有数字化属性与使用帮助信息,当实验器材使用不当时会自动启动报警系统;实验者可以远程控制异地纳入物联网的实验器材;实验过程数据可以被实时采集并以适当的方式提供给实验者,实现实验教学的数字化、网络化与智能化。

(3)利用物联网支持教学管理

物联网可以用于学校考勤管理、学校图书管理、教学仪器设备管理、学校教育安全管理。比如,我国台湾省利用物联网的核心技术 RFID 技术支持学校安全管理,主要包括八个服务领域:上下学及在校行踪通知服务;学生保健服务;校外教学管理;危险区域管理服务;校园访客管理系统;教育设备管理服务;学校大型会议人员管理服务;运动设施使用人员管理服务。2008 年,台湾省成立了校园安全应用 RFID 技术协助学生安全建置计划,逢甲大学和台中特殊教育学校配合进行了上下学及在校行踪通知服务、学生体温异常管理服务、危险区域管理服务与访客机制管理服务四项实践。在实验学校的教室、走廊、大楼入口处、地下室及顶楼等地点架设约 30 个 RFID 读取器,每个学生佩戴 RFID 标签。实验系统会自动感测 RFID 信息,统计学生出勤情况,老师可通过网络查询学生出勤情况及目前所在位置或行进路线。系统提供的腕带式标签可以自动感测学生体温,当学生体温异常时,系统将发出警报信息通知相关人员,做即时健康管理及处置措施。当学生到了顶楼、地下停车室、因短期施工而具有不安全因素的环境时,系统可以灵活地变更 RFID 的感测范围的危险等级,自动发出现场语音警示,同时发出警报信息通知相关人员做即时处理,并配合校方监视系统有效监视现场状况,以使管理人员易于指挥调度。当访客进入校园 RFID 感测范围内的管制区域时,系统将发出语音警示,同时产生信息通知学校相关人员进行适宜处理。

(4)利用物联网拓展课外教学活动

通过实地参观、观摩、实践,学生可以获得直观的体验与真实的感受。课外教学活动一直以来是激发学生学习兴趣、拓展学生知识空间与视野、培养学生科学探究能力的重要手段。物联网可以拓展课外教学活动。比如,我国香港、台湾、北京、广州等地区开展了基于物联网的"数字化微型气象站"在科学教育中的应用实践,将先进的测量技术、传感技术与现代教学理念相结合,支持学生的正式学习、户外学习、区域合作学习。2003 年底,台北市内中小学都建立了各自的校园气象台,每个校园气象台都可以是一个独立的气象观测站,通过传感器收集实时气象相关信息发布到各自的校园气象台网页上,各个校园气象台还会将每天收集到的数据发送至校园气象网实现数据与资源共享。

6.3.5 远程开放课程平台

1. 大规模开放在线课程平台概述

在教育全球化和信息化的背景下,基于"开放共享"理念的开放教育资源运动是全球教育发展的重要趋势。美国麻省理工学院从 2001 年开始启动的开放式课件项目(Open Course Ware,OCW)带动了全球开放教育资源运动。此后,在 OCW 的示范和引领作用下,开放教育资源运动不断发展和演化。同时,云计算、社会化网络媒体等的发展与成熟提供了新的信息技术环境与支持,极大降低了创建与共享教育资源的成本。新的开放教育资源概念与实践模式不断进步和演化,进一步推动了开放教育的研究与实践。

2008 年,开放教育领域出现了一种新型课程模式:MOOC(大规模开放在线课程)。MOOC 旨在进行大规模学生交互参与和基于网络的开放式资源获取的在线课程,与传统网络课程不同的是,MOOC 除了提供视频资源、文本材料和在线答疑外,还提供各种用户交互性社区,建立交互参与机制。MOOC 沿承了 OER 的开放共享知识的理念,成功、高效地实现了优质教育资源的全球共享,是学习方式和方法的突破性创新,体现了开放教育资源从单纯资源到课程与教学的转变。

MOOC 最初由加拿大学者戴夫·科米尔(Dave Cormier)与布莱恩·亚历山大(Bryan Alexander)提出,以 CCK(connectivism and connective knowledge)、MobiMOOC 等课程为代表,主要基于关联主义(connectivism)学习理论,也被称为 cMOOC。2012 年发展迅速的新型开放课程类型 xMOOC,如 Coursera、Udacity、edX 等远程开放课程平台的使用,进一步推动了 MOOC 的发展,其高质量内容、短视频设计、新型测评方式、大规模学习者群体、强辐射性等特征,引起了教育、科技、商业等领域的关注,被认为是 2012 年教育领域的重要事件之一,推动了全球开放教育运动的新发展,标志着人类文明传承和知识学习方式将发生革命性的变化。图 6-6 描述了 MOOC 的两种主要类型及其发展。

2. MOOC 平台的特征

MOOC 平台具有两个一般性特征:一是开放式获取,任何人都可以免费参与网络课程学习;二是规模可伸缩性(scalability),课程是为无限数量的学习参与者设计的,具有显著的大规模性。大规模(massive)不仅是指参与课程的学生的规模较大,而且表示课程活动的覆盖面较广。

cMOOC 是建立在关联主义的理论基础之上的,即知识是网络化连接的,学生基于同一话题在社交化网络中通过讨论、交流建立知识节点并最终在知识网络中形成多群体学习路径的生成式课程。每个学习者在活动探究中都拥有对知识的个性化建构。学习者在开放和个性化的学习环境中根据自己的习惯和偏好使用多种工具和平台,课程不局限于特定平台。在这种课程模式中,教师提供的资源成为知识探究的出发点,学习者产生的内容成为学习和互动的中心。关联主义 cMOOC 具有以下几个特征:基于社交网媒的互动式学习、非结构化的课程内容、注重学习通道的建立、学习者高度自治、学习具有自发性。

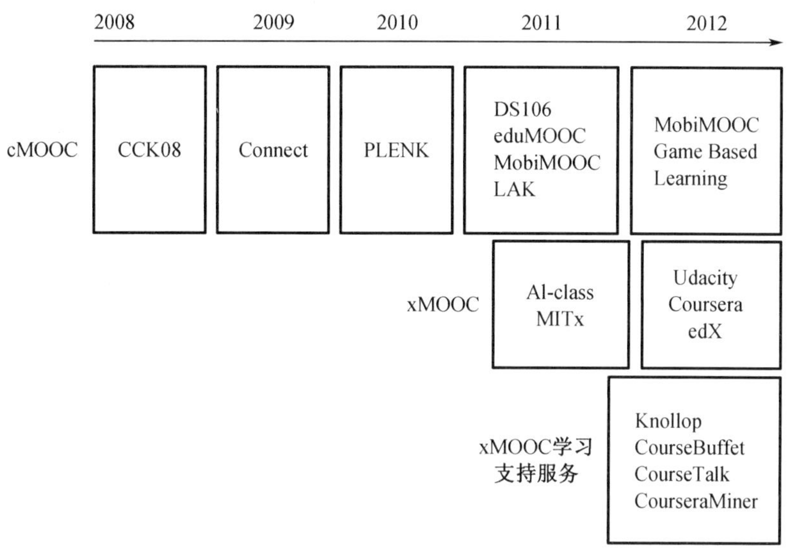

图 6-6 MOOC 的两种主要类型及其发展

基于行为主义理论的 xMOOC 则是在传统高等教育体制内,对教学模式的延伸性突破。相比 cMOOC 来说,xMOOC 的结构化的课程体系和系统化的平台支持服务更容易被学习者接受,并与以学位教育为主的主流正规高等教育课程接轨。虽然 xMOOC 具有传统课堂教学的一些特征,但更多的是在先进技术的支持下课程模式的突破和创新。它具有不同于传统课程教学和传统网络教学的特征。

(1)完整的课程结构

与传统网络课程相比,xMOOC 除了提供视频资源、文本材料和在线答疑外,还提供各种用户交互性社区,注重对学生的学习支持服务,关注学生的学习体验。完成课程的学生可获得证书,选择特定课程的学生可获得学分。

(2)重视学习路径导航

在课程开始前,授课教师以邮件的方式告知课程开始时间和相应的学习准备,并发布在平台公告上。课程材料发布以周为单位向前推进,学习资源以学习过程的纵向需求进行分布,学习者能很容易地找到本单元学习所需要的学习材料、测试内容、讨论版等。为了方便学习者及时获悉课程动态,授课老师会将课程的任何动态都以邮件和公告两种途径通知学习者。

(3)及时的学习过程反馈

xMOOC 的测试方式有两种,分别是基于视频的嵌入式测试和单元测试,测试题目大多数以客观题为主。xMOOC 利用机器测评的方式及时反馈测评结果,学生可以及时地了解自己的学习成果。教师根据学生的测试结果分析学生的掌握程度并给予个性化的学习反馈和学习资源推荐。

(4)授课团队的无私投入

调查显示,授课教师在开课之前平均需要花费 100 个小时进行课前准备,在开课过程中,每周需要花费 8 个小时为学生解答学习过程中的疑惑,而每门 MOOC 至少有 1 位助教为学生的学习过程提供反馈。一门 MOOC 为了吸引来自世界各地的学生参与到课程的学习当中来,并满足个性化学习需求的学习者,需要课程设计团队在前期投入大量的时间和精力。在课程运行过程中,课程设计团队要根据学生的学习数据分析和反馈,对课程设计进行螺旋式的动态调整。一门精心设计的 MOOC 需要采取团队化运作方式才能满足学生的学习需求。

3. 国外典型的大规模网络开放课程平台介绍

(1)Coursera

Coursera(https://www.coursera.org/)由斯坦福大学教授达芙妮·科勒(Daphne Koller)和安德鲁·吴(Andrew Ng)在 2012 年 3 月创办,首批合作院校为斯坦福大学、密歇根大学、普林斯顿大学和宾夕法尼亚大学。截至 2014 年 4 月,已有 33 所大学加入(包括了多所美国常青藤大学),覆盖 20 多个科目 600 门课程,包括计算机科学、数学、商务、人文、社会科学、医学、工程学和教育等,旨在与世界顶尖大学合作提供网络课程,为世界各地的学生提供免费的优质学习机会。学习者可以在 Coursera 网站上选择课程,注册后开始学习。

Coursera 网站提供的主要课程模块有课程安排、阅读、作业、小测试、考试、调查、视频、论坛、课下见面会、Wiki 等。Coursera 通过在线论坛和学习小组进行课程互动,并且组织线下见面会开展学习者之间面对面的交流,充分体现了以学生学习需求为中心的设计。

在评估方面,Coursera 提供在线测验、作业与习题,还设计了具有特色的学习者互评系统,通过培训学习者使用评分规则批改和评定同学的作业,使学习者获取更为准确的课程反馈,同时也在互评过程中获取学习经验。

Coursera 与高校的合作模式是在双方签订协议达成共识的基础上,Coursera 提供技术开发和支持,各高校授课教师或团队开发和设计网络课程,共同为来自世界各地的学生提供学习服务和支持。截至 2013 年 3 月,Coursera 已经发展到与 62 所高校进行合作,香港科技大学、台湾大学也加入了 Coursera 的浪潮中。

最初,Coursera 不提供学分,而只有“课程修完声明”和成绩单。2013 年 2 月 8 号,Coursera 旗下的五门网络课程的学分获得了美国教育委员会(ACE)的官方认可。学生只要在 Coursera 网站上注册完成该课程的教学计划、参加其线上考试并且完成一个签名流程,就有机会获得相应学分。

就业方面,Coursera 推进就业服务计划,根据学习者的兴趣、技能和知识为学习者推荐适合的公司和潜在雇主。

(2)Udacity

Udacity(https://www.udacity.com/)是由前斯坦福大学教授、Google X 实验室研究人员 Sebastian Thrun 于 2012 年 2 月创办的营利性机构,在此之前(2011 年秋),Sebastian Thrun 与 Peter Norvig 联合开设了“人工智能导论”免费课程,来自世界各地的 16 万人注册了该课程进行学习。Udacity 旨在重塑 21 世纪教育,通过 Udacity 平台给各阶层想学、乐学的人带来可获取的、低廉的、高参与的高等教育,以缩小学生技能与就业所需素质之间的差距。

截至 2014 年 4 月,Udacity 开设了课程 40 门,注册用户 160 万,分为初级、中级和高级三个等级,仅限于商学、计算机科学、数学、物理学和心理学五个学科领域。在教师选择上,Udacity 在选择教师时依据的并非是他们的学术研究能力,而是他们的教学水平。Udacity

的课程一部分是由教师自行设计，一部分是与 Google 或者微软等公司共同设计推出。

Udacity 平台提供的主要课程模块有课程通知、课程进程、视频、作业、测试、讨论组、Wiki 等。每一门课程的每个单元包含多个知识块，每个知识块都有对应的练习与课堂笔记。其特色在于，高度交互性、基于项目练习的做中学，基于微视频学习的寓教于乐，基于真实情境的学习，高度参与的学习社区。Udacity 平台中的习题题目都是教授自己写的，每个答案又单独做成了一小段视频。在课程评估方面，Udacity 平台提供了在线测试，习题与相关作业；在就业方面，Udacity 平台推出了免费的就业匹配计划，帮助学生把简历推荐给合作企业。

Udacity 目前已经和圣何塞州立大学（SJSU）合作提供了五门在线课程。能够成功完成这些课程的学生将获得圣何塞州立大学的学分，并可在加州州立大学系统内和美国大多数的高校进行学分互换。

（3）edX

edX（https://www.edx.org/）是由哈佛大学和麻省理工学院在 2012 年 5 月份联合推出的非营利性教育网站，起源于麻省理工学院 2011 年 12 月宣布实施的在线开源学习项目 MITx，两所学校各投入 3 000 万美元，旨在以突出的教学设计为学生提供互动式在线学习。

edX 网站提供的主要课程模块有课程通知、大纲、课程信息、视频、作业、习题、讨论区、Wiki 等。edX 希望继承 MITOCW 开放、共享优质教育资源的使命，创建一个反映学科广度和深度，为学生提供新的在线学习体验的网络课程平台。其建设目标是通过 edX 平台建立一个庞大的全球性在线学习平台，并对教学方法与技术展开研究，通过分析学生学习过程中的数据和研究技术在教学中的应用，探索线上与线下混合教学模式、教育效果评价、教学法、远程教育效果和学业管理等问题。

目前，已经有来自世界各地的 12 所高校加入了 edX，并提供有横跨 15 个学科领域的 32 门课程。课程主要覆盖计算机科学、电子、人文部分学科。据 edX 官网介绍，仅麻省理工学院的“电路与电子”课程就有超过 160 个国家的 15 万名学生报名学习，学生的年龄从 14 岁到 74 岁不等。

edX 为通过课程学习的学生颁发签有“XUniversity”的证书。截至 2014 年 4 月，edX 开设课程 170 门，注册用户达到 210 万。其课程的形式主要由在线视频、网页插入式测试以及协作论坛组成。edX 平台以交互式学习设计为特色，平台特征包括：自定步调的学习；在线讨论小组；基于 Wiki 的协作学习；针对学生的学习进程进行及时的评价；在线实验室和其他的学习交互工具。此平台不仅可以作为收集和分析学生学习过程数据的实验室，而且能为学生创设一个世界范围内的学习共同体。

（4）Udemy

Udemy（https://www.udemy.com/）是一家成立于 2010 年的开放式在线教育网站，并于 2012 年在 MOOC 的浪潮中推出了面向教师的新版课程发布平台。该网站允许用户开发并创建自己的课程，整个平台架构包括一个帮助组织结构化课程内容的课程编辑器和一套帮助教师管理、推广课程的工具。

Udemy 网站上已经发布了近 5 000 门课程，类别涵盖自我成长、设计、摄影、编程等各个领域。其中，有 1 500 个为付费课程。该平台上的课程主要由培训机构或者教师提供，大部分免费，部分收费，Udemy 将教程销售收入的 70%分给制作者，30%作为平台收入。课程发布具有很低的技术门槛,教师可以根据整个课程的规划和设置需要,在课程编辑器里以拖曳的形式添加视频、音频、PPT、文件、文本、测试等课程内容,组织课程模块。

(5)FutureLearn

FutureLearn(http://futurelearn.com/)是 2012 年 12 月由英国 12 所大学联合发起的大规模网络开放课程平台,其主体是大学而非互联网公司,并附属于英国开放大学(The Open University),发起单位包括利兹大学、伦敦国王学院、伯明翰大学和英国远程教育组织等,预计会在 2013 年年中开放第一轮免费课程。FutureLearn 获得了英国文化协会(British Council)的课程支持,新加坡的 5 所大学后来也加入其中,目前已经获得了 24 所教育组织的内容支持。

FutureLearn 是建立在英国开放大学 40 年的远程学习课程设计基础之上的。FutureLearn 的 CEO 表示,课程设计将 100%以学生的需求为中心,建立以用户为中心的内容搜索和浏览,让学习者学到更加个性化的课程。课程设计将以社交化的学习理念,通过视频和其他媒体的相互融合,展现一个更加正规化的学习体验。

(6)Canvas Network

Instructure 于 2013 年 1 月加入了大规模网络课程的浪潮中,在已有的开源学习管理系统(Canvas LMS)的支持下,以定制化的在线课程理念来支持教育工作者开展网络课程。

Instructure 的联合创始人兼首席产品官 Brian Whitmer 表示,Canvas Network(https://www.canvas.net/)提供开放在线课程,至于规模的大小则取决于机构提供的课程,合作机构也并不仅限于名校。在遵循 Canvas Network 的一些课程设计的相关规定的基础上,允许合作机构自主设计课程结构和教学方法。一些机构尝试着和 MOOC 一样的形式,而另一些机构则更倾向于互动性更强的小规模网络课程。

Canvas Network 希望能为学校提供一种混合式的学习方式,为学生带来无缝学习的体验。目前,Canvas Network 已经与 11 所机构、高校合作并已经开设了 31 门课程。

(7)Open2Study

Open2Study(https://www.open2study.com/)是由澳大利亚开放大学(Open Universities Australia)于 2013 年 4 月开始运行的在线教育平台。目的是为学习者提供免费的、高质量的,具有高度需求的课程。课程类目涉及管理、广告、教育和护理等领域。目前,Open2Study 已经发布了 14 门课程,这些课程是由澳大利亚有影响力的教育机构和企业提供的,授课教师主要是学者和热爱教学的领先行业的专业人士。每门课程持续 4 个星期,分成 4 个模块,每个模块涵盖了多个主题,每个主题由一个简短的视频(通常是 5~10 分钟)和测试构成,一旦看完视频,即可通过测试检验学习者对主题的理解程度。当学习完一个模块之后,会有一个总结性的评估。学习者完成每门课程的 3 个模块及以上,就可以获得一个成就证书。

Open2Study 除了通过证书进行学习激励外,还以游戏化的手段(学习者通过看视频、测验、发帖、提建议等均可获得相应的徽章)激励学习者进一步学习。Open2Study 区别于其他 MOOC 平台的特色是社交化的学习环境,学习者不仅具有班级学习空间而且具有个人学习中心,在课程学习空间中,学习者可与其他同学一起进行协作学习,在个人学习中心,学习者可了解自我学习情况。另外,课程与社交网络直接连接,学习者和社交网络可进行双向的信息分享和信息推送。

4. 国内典型的大规模网络开放课程平台介绍

上述七个平台是国外比较有代表性的大规模网络开放课程项目，均试图探索一种新的在线教育模式。我国在 2013 年也开始大规模建设网络开放课程平台。典型的平台有以下几种。

(1)学堂在线

学堂在线(http://www. xuetangx. com/)是由清华大学基于 edX 开放源代码研发的中文在线网络开放课程平台，于 2013 年 10 月 10 日正式启动，面向全球提供在线课程。任何拥有上网条件的学生均可通过该平台在网上学习课程视频。截至 2014 年 5 月 16 日，学堂在线开课 155 门，选课总人次 21. 2 万，注册用户数 13. 6 万。

学堂在线平台合作伙伴包括北京大学、浙江大学、南京大学、上海交通大学等部分 C9 联盟高校。

学堂在线平台已初步完成平台国际化与中文本地化，开发了不依赖 YouTube 的 HTML5 视频播放器，建立了系统性的测试框架，实现了平台全文搜索功能及计算机程序的自动测评，并部分完成了可视化公式编辑器、手写汉字与公式识别、用户学习行为分析模块及移动设备的课程学习应用。

平台分为在线学习系统和课程管理系统。学生通过注册登录可自由选课、听课并进行社区讨论，系统会根据听课进度给出练习题目及评分；教师则可通过系统上传上课视频，添加教学资料及练习题，并能及时查看学习反馈情况。

(2)中国大学 MOOC

中国大学 MOOC(http://www. icourse163. org/)是由“网易云课堂”与教育部“爱课程网”(国家精品开放课程共享系统)携手推出的在线教育平台，承接教育部国家精品开放课程任务，向大众提供中国顶尖高校的 MOOC 课程。在这里，每一个有意愿提升自己的人都可以免费获得最好的高等教育。该平台的特点如下。

①丰富的名师名校课程。来自 39 所 985 高校的顶级课程，最好最全的大学课程，与名师零距离。

②广泛认可的证书支持。当学习者完成课程学习后，可以获得讲师签名证书。这些证书不仅仅是一种荣耀，更是学习者成长的里程碑。

③令人赞叹的教学体验。全新完整的在线教学模式，定期开课，提交作业，和同学老师交流。无论是在家里，还是在咖啡馆，进度随你掌握！

(3)爱课程

爱课程(http://www. icourses. cn/)是教育部、财政部“十二五”期间启动实施的“高等学校本科教学质量与教学改革工程”支持建设的高等教育课程资源共享平台。该平台集中展示“中国大学视频公开课”和“中国大学资源共享课”，并对课程资源进行运行、更新、维护和管理。平台利用现代信息技术和网络技术，面向高校师生和社会大众，提供优质教育资源共享和个性化教学资源服务，具有资源浏览、搜索、重组、评价、课程包的导入导出、发布、互动参与和教、学兼备等功能。

同时，该平台是高等教育优质教学资源的汇聚平台、优质资源服务的网络平台、教学资源可持续建设和运营平台。网站致力于推动优质课程资源的广泛传播和共享，深化本科教育教学改革，提高高等教育质量，推动高等教育逐渐走向开放，并从一定程度上满足人民群众日趋强烈的学习需求,促进学习型社会建设。

(4)智慧树网

疫情防控期间,跨校共享学分课程 3 223 门,涵盖 92 个专业大类,不限单校选课门次与人次;调整学期时间自 2 月 5 日到 8 月 20 日,自定义设置引入共享学分课教学考试周期;为共享课、校内课提供线上直播;在线实时授课;开设教师培训系列直播课程;在线课程紧急录制上线服务。

(5)学银在线

疫情防控期间,向各普通本科、高职院校及师生提供:

①免费提供 3 464 门慕课(MOOC 的中文音译,即大规模开放在线课程)及国家级、省级精品在线开放课,首批优选出 720 门本科慕课及 298 门高职慕课;

②配合线上开课工作,提供教学大数据支持;

③免费开通“一平三端”智慧教学系统所有教学功能的使用权限;

④针对已在学银在线平台开课及计划使用学银在线专业课程开课的院校,免费提供全方位服务支持;

⑤免费提供平台应用指导视频及直播培训支持;

⑥免费向高校及师生员工提供“新型冠状病毒防疫安全公益课”。

⑦超星尔雅网络通识课平台

疫情防控期间,平台六大类别 480 余门通识课免费开放全部章节学习;对各延迟开学高校提供免费的开课和教学运行服务;学生完成注册后的学习记录会被保留对接到正常教学活动中。

(7)人卫慕课

疫情防控期间,免费提供高质量医学专业课程 173 门,提供服务内容包括在线学习服务及在线学习数据支持;向医学院校提供“SPOC 平台+课程资源”联合应用的定制化服务;疫情防控期间该项服务可提供免费试用。

(8)优课联盟

疫情防控期间,免费开放高校学分慕课课程 471 门,公开课程对社会学员开放;免费支持开展各种形式的 SPOC 教学、微课教学、直播课程、PPT 教学、语音教学等;免费提供使用高校线上教学教务管理和相关数据;免费提供疫情防控期间使用高校的个性化需求。

(9)好大学在线

疫情防控期间,向全国高校提供 313 门免费慕课课程供学生学习,慕课平台、SPOC 平台、直播、小程序、在线实验、系列在线免费师资培训、学习数据支持等服务,推广教师采用“SPOC+直播+小程序”的模式进行在线教学;为高校提供在线教学定制服务方案。

(10)融优学堂(原北京高校优质课程研究会)

平台已经完成 2020 年春季学期开课设置工作,并在疫情防控期间正常开放运行,保证在校学生开展学习;提供在线教学一对一定制服务;随时保障高校教师在家开展建课、开课、直播工作,支持高校学生在线课程学习。

(11)华文慕课

疫情防控期间,所有课程对外免费开放,大部分课程以自助课程形式开课。各高校可申请免费 SPOC 平台服务,平台提供一对一开课指导。

(12)中国高校外语慕课平台

免费提供 10 个语种、12 个课程方向 99 门外语慕课,7 天 * 15 小时答疑咨询;免费提供 SPOC 平台服务,保障师生通过线上 SPOC 开展本校的教学和学习;通过 U 讲堂、UMOOCs 等平台为高校外语教师免费提供教育技术和教学能力提升课程。

(13)高校邦

免费开放 MOOC 平台建课权限;免费开放 MOOC 空间课程,提供千余门精品在线课;免费开放 SPOC 空间服务;支持线上直播课程教学;支持“PPT+语音”讲解;为录课老师提供免费的“在线课程建设方案咨询服务”。

(14)优学院

①免费提供 500 门课程资源,覆盖 12 大门类,2020 年春季的形势与政策课程已录制完毕,配套纸质教材、线上课程、教学课件、课后练习及考试题库;

②免费支持教师远程教学:课件、视频上传、课程公告、作业、讨论答疑、远程直播、线上考试;

③免费提供技术支持、教师培训、直播培训;

④免费提供必修课程、选修课程方案,同时支持毕业论文管理;

⑤免费支持师生信息的导入和账号开通、学习的进度监督和考核、教师线上工作量的记录和考核等教学管理工作;

⑥免费提供数字马院、数字外院等垂直学科远程教学支持。

(15)人民网公开课

包括思政金课、思政名师、畅谈思政课、名家领读、课研会、读书会等栏目,通过线上课程为高校师生和社会公众提供免费学习资源;现有课程 221 门,内容包括创客讲堂、时事教育、体育、健康、中国传统文化、创新创业、中国精神等。

(16)智慧职教

免费提供慕课的在线学习服务及数据服务;向学校免费授权 1273 门慕课、158 个国家级资源库的资源,并免费提供一学期的“职教云”校级教学云平台和“云课堂”APP 服务,协助学校调用优质资源在云平台上建课授课(SPOC)。

(17)高校一体化教学平台

免费提供 15 门会计专家领衔建设的专业核心课课程资源;初级、注会备考辅导 8 门课程资源、训练题库、直播课程;4 门创新选修课和 1 门大学生求职课课程资源;免费提供远程教学平台和在线教学支持服务。

(18)正保云课堂

免费提供 14 门会计类专业实训课程平台和 30 门会计专业课程资源;免费提供远程教学平台,含在线互动教学、在线直播教学功能及在线教学支持服务。

(19)浙江省高等学校在线开放课程共享平台

全面开放“MOOC+SPOC”平台功能,免费为省外高校快速提供学校入驻、教师建课与开课、学生课程学习等服务;免费提供客服与技术团队支持;全部课程免费向社会学员提供。

(20)安徽省网络课程学习中心平台(e 会学)

鼓励未计划课程新开教学周期,增加课程总量;提供快捷上手指南,方便教师随时开课;加强新教师在线课程教学能力提升。

(21)重庆高校在线开放课程平台

通过平台提供在线课程资源使用、校级空间使用、课程运营与监测服务,包括平台建课、开课、跨校课程互选、线上技术支持与指导等,支持“MOOC+SPOC”课程学习。

(22)实验空间——国家虚拟仿真实验教学项目共享平台

疫情防控期间实验空间所有项目均开放。公共卫生与预防医学、护理学、新闻传播学等学科分类亦有较为丰富项目储备,实验空间将邀请相关领域专家学者以文章形式参与导学,相关专题将通过虚拟仿真实验教学创新联盟医学类学科领域工作委员会向全国医学院校及其附属医院推广。

(23)EduCoder 在线实践教学平台

为信息技术等工科专业教学提供课堂、实验和实训等全面在线支持与教学服务,提供 12 000 个教学资源,650 小时在线课程。

第7章　智慧教育

7.1　智慧教育的基本内涵

智慧教育并不是一个全新的概念。智慧是教育永恒的追求。在中文语境中，“智慧”是指“对事物能迅速、灵活、正确地理解和解决的能力”。智慧教育的思想最早由哲学家提出，指出智慧教育的出发点和归宿是唤醒、发展人类的“智慧”。印度著名哲学家吉杜·克里希那穆提(Jiddu Krishnamurti)在其专著《一生的学习》中从智慧的高度解读了教育，认为真正的教育要帮助人们认识自我、消除恐惧、唤醒智慧。英国著名哲学家阿弗烈·诺夫·怀海德(Alfred North Whitehead)提出儿童智慧教育理论，认为教育的主题是生活，教育的目的是开启学生的智慧。

随后，智慧教育受到国内外教育学家、心理学家和科学家的关注。加拿大“现象学教育学”的开创者马克斯·范梅南，提出了以儿童发展为取向的智慧教育学理念，指出教育者应该为儿童创造一种充满关爱的学校环境，要关注儿童真实的生活世界，要关心儿童的存在和成长。美国著名心理学家斯腾伯格提出智慧平衡理论，倡导为智慧而教，认为教育应教会学生智慧地思考和解决问题，教会学生平衡人际内、人际间以及人与环境之间的利益，培养学生的社会责任。

2002年，王玉恒在《中国教育和科研计算机网》上发表了五篇有关“智慧教育”的文章，对智慧教育进行了较为系统的阐述，指出智慧教育是一种最直接的、帮助人们建立完整智慧体系的教育方式，其教育宗旨在于引导学习者发现自己的智慧，协助学习者发展自己的智慧，指导学习者应用自己的智慧，培养学习者创造自己的智慧。我国学者靖国平教授认为，传统意义上的智慧教育是以传授给学生系统的科学知识、形成学生的技能、发展学生的智力以及培养学生的能力为目的的教育，具有一定的局限性。基于此，他提出了广义智慧教育的概念，对智慧教育的内涵进行了扩展。广义智慧教育是一种更为全面、丰富、多元、综合的智慧教育，它主要包含三个既相互区分又彼此联系的方面：理性(求知求真)智慧的教育、价值(求善求美)智慧的教育和实践(求实求行)智慧的教育。教育的根本旨趣在于促使受教育者全面地占有自己的智慧本质，成长为理性智慧、价值智慧和实践智慧的统一信息时代的到来赋予了智慧教育新的内涵，并使其呈现出一些新的特征。教育技术领域的研究者纷纷从信息化视角对智慧教育概念进行阐述。信息化环境下的智慧教育可以追溯到我国杰出的科学家钱学森在总结其一生的道德、学问和事业的基础上，于1997年倡导的“大成智慧学”。

“大成智慧学”与以往关于智慧或思维的学说的不同之处主要在于它以马克思主义的辩证唯物论为指导，利用现代信息网络“人机结合、以人为主”的方式，集古今中外有关经验、知识、智慧之大成。“大成智慧学”是沉浸在广阔的信息空间里所形成的网络智慧，是在知识爆炸、信息如潮的时代里所需要的新型的思维方式和思维体系。“大成智慧学”指导下的智慧教育内涵包括:打通学科界限,重视通才培养;掌握人类知识体系;实现人机结合,优势互补;培养高尚的道德情操。大成智慧教育的宗旨是培养大批顶尖的创新型人才,服务于我国创新型国家建设,大成智慧教育对教育发展具有很强的现实指导意义。“大成智慧学”的英译名称为“science of wisdom in cyberspace”,cyberspace 乃是网络交互信息空间的总称,可见钱学森预见到了信息化对智慧发展的关键作用。

关于智慧教育的概念,国内外尚未形成广泛认可的科学定义。目前的定义,大体可以分为两类。

一类从宏观上给出了智慧教育的概念。典型的代表有:何锡涛等人在《智慧教育》一书中,给出了智慧教育的广义定义,指出智慧教育是指依托计算机和教育网,全面深入地利用以物联网、云计算等为代表的新兴信息技术,重点建设教育信息化基础设施,开发利用教育资源,促进技术创新、知识创新,实现创新成果的共享,提高教育教学质量和效益,全面构建网络化、数字化、个性化、智能化、国际化的现代教育体系,推动着教育改革和发展的历史进程;尹恩德从教育信息化带动教育现代化发展的角度出发,指出智慧教育是指运用以物联网、云计算等为代表的一批新兴的信息技术,统筹规划、协调发展教育系统各项信息化工作,转变教育观念、内容与方法,以应用为核心,强化服务职能,构建网络化、数字化、个性化、智能化、国际化的现代教育体系;金江军认为,智慧教育是教育信息化发展的高级阶段,与传统教育信息化相比表现出集成化、自由化和体验化三大特征;马元福等人在分析数字教育与智慧教育区别的基础上,指出智慧教育就是依托物联网、云计算、下一代通信网络、高性能信息处理、智能数据挖掘等先进技术和先进的云端设备,整合亟待建设和提升的各种应用支撑系统与服务资源,构建现代智慧教育信息化服务体系,通过智能化、智慧化管理和服务环境,推动建立最直接、最完整体系的智慧教育方式,协助学生发现智慧、发展智慧、应用智慧、创造智慧,从而促进学生智慧类型优化发展。

另一类从更加微观、具体的角度给出了智慧教育的内涵。祝智庭在 2012 年发表的《智慧教育:教育信息化的新境界》一文和 2014 年发表的《以智慧教育引领教育信息化创新发展》一文中,从智慧教育的目的出发对智慧教育的基本内涵进行了阐述,指出信息化环境下的智慧教育是信息技术支持下为发展学生智慧能力的教育,旨在利用适当的信息技术构建智慧学习环境(技术创新),运用智慧教学法(方法创新)促进学习者开展智慧学习(实践创新),从而培养具有良好的价值取向、较高的思维品质和较强的思维能力的智慧型人才(人才观变革要培养善于学习、善于协作、善于沟通、善于研判、善于创新、善于解决复杂问题的智慧型人才),落实智慧教育理念(理念创新),深化和提升信息时代、知识时代和数字时代的素质教育,并进一步指出了智慧教育的三个基本组成,即智慧学习环境(smart learning environment)智慧教学法(smart pedagogy)和智慧学习(smart learning)。北京师范大学的余胜泉教授在 2014 年召开的“第四届全国中小学数字化校园建设学术交流暨技术发展展示大会”的主题发言中指出,智慧教育是依托物联网、云计算、无线通信等新一代信息技术所打造的物联化、智能化、感知化、泛在化的新型教育形态和教育模式,它的核心内涵是通过信息技术来分担大量烦琐的、机械的、简单重复的教学和管理任务,满足教师、学生、管理者、家长以及社会公众的智慧教育需求。杨现民在《信息时代智慧教育的内涵与特征》一文中,从生态观的视角出发,给出了智慧教育的含义,认为智慧教育是依托物联网、云计算、无线通信等新一代信息技术所打造的物联化、智能化、感知化、泛在化的教育信息生态系统,是数字教育的高级发展阶段，旨在提升现有数字教育系统的智慧化水平，实现信息技术与教育主流业务（智慧教学、智慧学习、智慧管理、智慧评价、智慧科研和智慧服务）的深度融合，促进教育利益相关者（学生、教师、家长、管理者、社会公众等）的智慧养成与可持续发展。北京师范大学的黄荣怀教授从解决教育公平性的问题出发，指出智慧教育是一种智慧教育系统，该系统是一种由学校、区域或国家提供的高学习体验、高内容适配性和高教学效率的教育系统，它能利用现代科学技术为学生、教师和家长等提供一系列差异化的支持和按需服务，能全面采集并利用参与者群体的状态数据和教育教学过程数据来促进公平、持续改进绩效。

从以上对智慧教育内涵的定义，我们不难看出，信息时代的智慧教育是以物联网、云计算、无线通信等新一代信息技术为技术依托，以智慧教学、智慧管理和智慧学习方法为理论支撑而发展起来的新型教育体系，其宗旨是帮助人们在对学习环境、生活环境和工作环境灵巧机敏地适应、塑造和选择的过程中，不断发现智慧、发展智慧、应用智慧、创造智慧。

7.2　智慧教育的基本特征

智慧教育是适应信息社会发展需要的高度发达的教育形态，具备公平性、终身性、创新性、开放性、个性化等多个教育现代化的核心特征。同时，智慧教育依托物联网、云计算、无线通信等新一代信息技术构建智慧教育环境，具有情感感知、无缝连接、智能交互、智能管控、按需推送、可视化的技术特征。

7.2.1　智慧教育的教育特征

杨现民从生态学的视角分析了智慧教育的教育特征，指出智慧教育是技术推动下的和谐教育信息生态，其核心教育特征可以概括为：信息技术与学科教学深度融合、全球教育资源无缝整合共享、无处不在的开放（按需）学习、绿色高效的教育管理、基于大数据的科学分析与评价。

1. 信息技术与学科教学深度融合

信息技术与教育的“深度融合”涉及方方面面，包括技术与管理的融合、技术与教学的融合、技术与科研的融合、技术与社会服务的融合、技术与校园生活的融合等。其中，信息技术与学科教学的深度融合应该是智慧教育的首要价值追求。课堂是教育改革的主阵地，学科教学是教育系统的核心业务。如果说信息技术与课程整合是教学改革的“物理反应”，那么信息技术与学科教学深度融合则是“整合”基础上的“化学反应”。

智慧教育环境下，电子书包、平板电脑、智能手机等移动终端将成为课堂教学的常规载具，BYOD（bring your own device）运动将在全国各级各类学校逐步推广普及。移动终端的引入将使得课堂教学组织变得更加灵活多样，不囿于“排排坐”的固定形式。支持各种学科教学的专用软件（如超级画板、图形计算器、几何画板、ChemLab 等）将越来越丰富，可以实现更高效率的学科知识传授与学科能力培养。

智慧教育需要广大师生具备较强的信息技术应用能力，合理、有效应用技术促进课前、课中与课后教与学活动的全程设计、实施与评价。信息技术在学科教学中的“消融”，教师和学生从关注技术逐步转变到关注教学活动本身，是智慧教育成功的重要标志和核心特征。

2. 全球教育资源无缝整合共享

大踏步前进的科技正在创造一个新的、更小的、更平坦的世界,“地球村”正在从预言变成现实。智慧教育要培养的不是一般意义上的国家公民,而是适应 21 世纪发展需要、具有全球视野和创新思维的世界公民。近年来,在世界知名大学的努力推动下,OER(open educational resources)运动和 MOOC(massive open online course)运动席卷全球,优质教育资源迅速传递到世界各个角落。智慧教育秉承“开放共享”理念,通过多种途径(自建、引进、购买、交换)实现全球优质教育资源的无缝整合与无障碍流通,使得世界各地的学生和社会公众可以随意获取任何适合自己的教育资源(多媒体课件、视频课程、教学软件等)。全球优质教育资源的无缝整合共享,是突破教育资源地域限制的“大智慧”,将有可能缩小世界教育鸿沟,提升欠发达国家和地区的教育质量。

3. 无处不在的开放(按需)学习

智慧教育环境不是一个割裂的教育空间,而是通过网络将学校、家庭、社区、博物馆、图书馆、公园等各种场所连接起来的教育生态系统。学习需求无处不在,学习无时无刻不在发生,云计算、物联网、移动通信等信息技术的发展为人类的学习提供了无限的可能。学习不应该固定在教室和学校,而应回归社会和生活,发生在任何有学习需求的地方。智慧教育环境下的学习将走向泛在学习。泛在学习不是以某个个体(如传统学习中的教师)为核心的运转,而是点到点的、平面化的学习互联。“泛在”包含三个方面的内涵,即无处不在的学习资源、无处不在的学习服务和无处不在的学习伙伴,最终形成一个技术完全融入学习的和谐教育信息生态。

4. 绿色高效的教育管理

绿色教育强调教育事业的可持续发展,既是智慧教育的指导理念,也是智慧教育的重要特征。信息技术的普及应用为实现教育管理的智慧化、推动绿色教育的发展提供了条件。云计算技术通过整合基础设施(IaaS)、软件平台(PaaS)、应用软件(SaaS)三种计算资源,可以实现管理数据的统一采集与集中存储,实现管理业务流程的统一运行与监控,有效避免“信息孤岛”,减少教育管理上人力、物力和财力的浪费。物联网通过射频识别(RFID)、二维码(QRCode)、红外感应、全球定位等技术,将各种教育装备与互联网连接起来,进行智能化识别、定位、跟踪、监控和管理,可以有效提高管理效率和质量。大数据技术全面采集各种教育数据,进行科学统计分析与数据挖掘处理,可以为教育决策(经费分配,学校布局等)提供数据支持,而科学的教育决策又将推动教育事业的可持续、均衡发展。办公自动化全面普及,将大幅度减少纸张浪费,实现教育领域的低碳环保。不仅仅学生的学业需要“减负”,教育的管理业务也需要“减负”,精简管理流程,废除或优化一些不合时宜的管理制度(如烦琐的公文审批、设备招标、经费报销管理制度等),不断提高教育管理业务系统的运行效率。

5. 基于大数据的科学分析与评价

智慧教育需要更具“智慧”的教育评价方式,“靠数据说话”是智慧教育评价的重要指导思想。

物联网、云计算、移动通信、大数据等新一代信息技术的发展为教育评价从“经验主义”走向“数据主义”提供了技术条件,可以实现各种教育管理与教学过程数据的全面采集、存储与分析，并通过可视化技术进行直观的呈现。智慧教育环境下包括中小学学业成就评价、体质健康评价、本科教学质量评估、教育信息化与教育现代化发展评价等在内的各种教育评价与评估，将更具智慧性、科学性和可持续性。2013 年 9 月 1 日，教育部开始推行全国统一学籍，每个学生都分配一个能够跟随自己一生的学籍号。“全国学生终身一人一号”的推行，为全国教育数据的统一采集提供了条件，学校不仅仅能对学生在校期间的学业成就进行评价，还可以通过学籍号持续跟踪学生毕业后的发展与学习情况，为教学质量评估提供更全面、更准确的科学数据分析。

7.2.2 智慧教育的技术特征

从技术的视角来看，智慧教育是一个集约化的信息系统工程，其核心技术特征可以概括为：情境感知、无缝连接、全向交互、智能管控、按需推送、可视化。

1. 情境感知

情境感知是智慧教育最基础的功能特征，依据情境感知数据自适应地为用户提供推送式服务。常用的情境感知技术包括全球定位系统（GPS）、射频识别（RFID）、二维码（QRCode）、各类传感器（如温度传感器、湿度传感器、二氧化碳传感器等）以及各种量表（如学习评测量表、学习态度量表等）。情境感知的对象包括两类，分别是外在的学习环境和人的内在学习状态。具体感知内容包括：

①感知教与学活动实施的物理位置信息。

②感知教与学活动发生、进行与结束的时间信息。

③感知教与学活动场所的环境信息，如温度、湿度等。

④感知学习者的学习状态，如焦虑、烦躁、开心等。

⑤感知学习者的知识背景、知识基础、知识缺陷等。

⑥感知学习者的认知风格、学习风格等。

⑦感知学习者的学习与交往需求。

通过实时检测室内的噪声、光线、温度、气味等参数，根据预设的理想参数，自动调节百叶窗、灯具、空调、新风系统等，将教室内声、光、温、气调节到适宜学生身心健康的状态；同时收集学生学习活动、学习场所、认知风格、知识背景等方面的信息，为“按需推送”提供基础。

2. 无缝连接

泛在网络是智慧教育开展的基础，基于泛在网络的无缝连接是智慧教育的基本特征。无缝连接具体体现在如下几个方面。

①系统集成：遵循技术标准，跨级、跨域教育服务平台之间实现数据共享、系统集成。

②虚实融合：通过增强现实等技术实现物理环境与虚拟环境的无缝融合。

③多终端访问：支持任何常用终端设备无缝连接到各种教育信息系统，无缝获取学习资源与服务。

④无缝切换：学习者的多个学习终端之间实现数据同步、无缝切换，学习过程实现无缝迁移。

⑤连接社群：为特定学习情境建立学习社群，为学习者有效连接和利用学习社群进行沟通和交流提供支持。

3. 全向交互

教与学活动的本质是交互,智慧教育系统支持全方位的交互,包括人与人之间的交互以及人与物之间的交互。全向交互具体体现在如下几个方面。

①自然交互:通过语音、手势等更加自然的操作方式与媒体、系统进行交互。

②深度互动:实现师生之间、生生之间的随时随地的互动交流,促使深层学习发生。

③过程记录:自动记录教与学互动的全过程,为智慧教育管理与决策提供数据支持。

4. 智能管控

教育环境、教育资源、教育服务等的智能管理是智慧教育的核心特征。智能管控具体体现在如下几个方面。

①智能控制:基于标准协议,实现信令互通,进而实现教育环境、教育资源、教育管理和教育服务等全过程的智能控制。

②智能诊断:基于智能控制数据和结果,辅助管理者快速、准确诊断问题,及时、有效解决教育业务开展过程中、教育装备使用过程中存在的问题。

③智能分析:在系统内各类数据的汇聚与处理的基础上,进行挖掘与分析,为智慧教育系统的数据共享和业务流程升级改造提供科学决策依据。

④智能调节:感知教室、会议室、图书馆等物理场所的环境,依据教与学的实际需求,动态调节声音、温度、湿度等环境指标。

⑤智能调度:基于智能诊断、智能分析的结果,科学调度教育资源、调整教育机构布局、分配教育经费等。

5. 按需推送

智能教育要达成“人人教、人人学”,教育资源可以按需获取和使用,教与学可以按需开展的美好愿望。按需推送又可以称为适配。按需推送是智慧教育的另一重要特征,具体体现在如下几个方面。

①按需推送资源:根据用户的学习偏好和学习需求,个性化推送学习资源或信息。

②按需推送活动:根据用户的现有基础、学习偏好以及学习目的,适应性推送学习活动。

③按需推送服务:根据用户当时的学习状态和需求,适时推送学习服务(解决疑问,提供指导等)。

④按需推送工具:根据用户学习过程记录,适应性推送用户学习所需的各种认知工具。

⑤按需推送人际资源:根据用户的兴趣、偏好、学习的内容等,推送学伴、教师、学科专家等人际资源。

6. 可视化

可视化是信息时代数据处理与显示的必然趋势。可视化是智慧教育观摩、巡视、监控的必备功能,也是智慧教育系统的重要特征,具体体现在如下几个方面。

①可视化监控:通过视窗监控智慧教育应用系统的运行状态。

②可视化呈现:通过图形界面,清晰、直观、全面地呈现各类教育统计数据。

③可视化操作:提供具有良好体验的操作界面,以可视化的方式操作教育设备和应用系统。

7.2.3　智慧教育的社会特征

1. 公平

公平是指受教育者在受教育过程中,在教育权利、教育机会、教育资源和教育质量等方面享有平等权利。具体包括:

①入学机会公平,人人享有平等的受教育权利。

②教育过程公平,人人平等地享有公共教育资源。

③教育结果公平,人人具有同等的取得学业成就和就业前景的机会。

2. 和谐

和谐是指教育系统有序运行以及内部各要素有序配置的状态,是人对教育的主观追求和美好理想,也是构建和谐社会的深厚动力。具体包括:

①城乡之间、地区之间、学校之间的和谐发展;

②教育系统内各级、各类教育的和谐发展。

③教育经费、设备、校舍等硬指标的和谐。

④学生与教师自身的和谐发展。

⑤学生德、智、体、美的全面发展等。

3. 关爱

关爱是一种尊重学生的态度,一般是指教师通过共情、关注、尊重、肯定等行为,在与学生互动过程中与学生建立并维持的信任和支持关系。具体包括:

①关爱学生的学习,充分考虑学生的个体差异,因材施教;

②关爱学生的生活,尊重学生的个性、特长和爱好;

③关爱学生的成长,为学生提供必要的未来规划。

7.3　智慧教育的基本内容

信息化环境下的智慧教育是信息技术支持下为发展学生智慧能力的教育,旨在利用适当的信息技术构建智慧学习环境,运用智慧教学法促进学习者开展智慧学习,从而培养具有良好的价值取向、较高的思维品质和较强的思维能力的智慧型人才。因此,智慧教育既是信息时代教育发展的新境界,也是教育现代化追求的重要目标。智慧教育不仅仅是指教育环境的智慧化,还包括教与学的智慧化、教育管理的智慧化、教育科研的智慧化、教育服务的智慧化、教育评价的智慧化等多个方面,是信息化推动下的全方位教育变革。教育现代化的核心是人的现代化,智慧教育旨在培养大批具备21世纪技能、拥有创新意识和创新能力的现代智慧型人才。

根据智慧教育的定义以及国内外专家、学者对智慧教育体系结构的分析,我们得出,智慧教育是新一代信息技术所打造的智能化教育信息生态系统,这个系统主要由三个部分组成,分别为智慧学习环境、智慧教学法和现代教育制度。这三个组成部分的关系如图7-1所示。

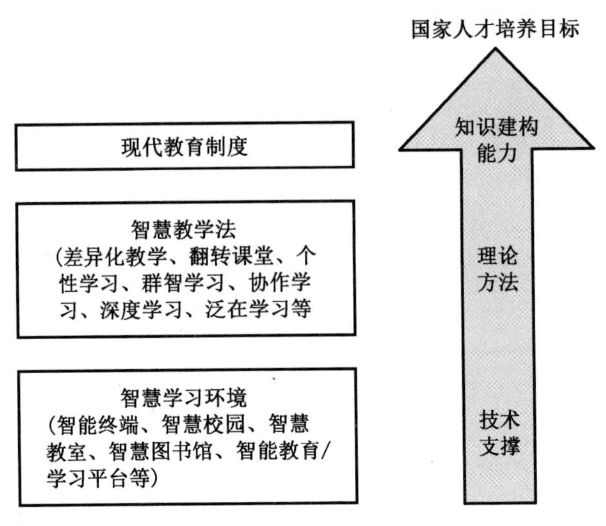

图 7-1　智慧教育系统组成要素

7.3.1　智慧学习环境

智慧学习环境是从智慧地球、智慧城市、智能楼宇的概念中迁移过来的,是智慧教育实施的基础和保障。智慧学习环境是信息技术发展的必然结果,对教与学有着革命性影响。我国著名的教育技术学领域专家祝智庭对智慧学习环境作了较为明确的定义,指出智慧学习环境是以适当的信息技术、学习工具、学习资源和学习活动为支撑,科学分析和挖掘全面感知的学习情境信息或者学习者在学习过程中生成的学习数据,以识别学习者特性和学习情境,灵活生成最佳适配的学习任务和活动,引导和帮助学习者进行正确决策,有效促进学习者智慧能力发展和智慧行动出现的一种学习环境。从以上定义可以看出,智慧学习环境是一个学习场所或活动空间,这个场所或空间,能感知学习情境,识别学习者特征,提供合适的学习资源与便利的互动工具,自动记录学习过程和评测学习成果,以促进学习者有效学习。智慧学习环境能够实现物理环境与虚拟环境的融合,能更好地提供适应学习者个性特征的学习支持和服务。

智慧学习环境具有以下突出的基本特征。

①全面感知:具有感知学习情境、学习者所处方位及其社会关系的性能。

②无缝连接:基于移动、物联、泛在、无缝接入等技术,提供随时随地、按需获取学习的机会。

③个性化服务:基于学习者的个体差异(如能力、风格、偏好、需求)提供个性化的学习诊断、学习建议和学习服务。

④智能分析:记录学习过程,便于数据挖掘和深入分析,提供具有说服力的过程性评价和总结性评价。

⑤提供丰富资源与工具:提供丰富的、优质的数字化学习资源供学习者选择;提供多种支持协作会话、远程会议、知识建构等的学习工具,促进学习的社会协作、深度参与和知识建构。

⑥自然交互：提供自然简单的交互界面、接口，减轻认知负荷。

期望在这样的学习环境中，通过设计多种智慧型学习活动，有效降低学习者的认知负荷，提高知识生成、智力发展与智慧应用的含量；增强学习者的学习自由度和协作学习水平，促进学习者个性发展和集体智慧发展；拓展学习者的体验深度和广度，提供最合适的学习支持，提升学习者的成功期望。构建智慧学习环境的目的是促进学习者轻松、投入和有效地学习。

智慧学习环境主要包括硬环境和软环境两部分。硬环境包括智慧校园以内的智慧教室、智慧备课室、智慧语音室、智慧图书馆（学校）、智慧探究实验室等智慧型功能室，智慧校园以外的智慧博物馆、智慧美术馆、智慧图书馆、智慧公园、智慧社区、智慧教育探究基地等，以及各种智能学习终端，如电子书包等。软环境包括各类学习资源和智能学习工具。学习资源是实现教育系统变革的基础，是教育智慧沉淀、分享的重要载体。学习资源建设包括学习资源库建设、开放课程库建设和管理信息库建设。

7.3.2　智慧教学法

智慧教学法强调信息技术在促进教学方式、教学过程、学习方式、学习过程变革中的作用。智慧教学法主要包括智慧教学、智慧学习、智慧评价三个部分。

智慧教学是教师在智慧教学环境下，利用各种先进的信息化技术和丰富的教学资源开展的教学活动。智慧教学以提升教师教学智慧、促进教师专业发展、培养创新人才为目的，可以有效改善传统课堂教学存在的机械、低效、参与不足等现象，具有高效、开放、多元、互通、深度交互等基本特征。教学环境的改变对教师的信息化教学能力提出了更高要求，需要进一步实施教师信息技术应用能力提升工程，开展全员培训，鼓励教师在智慧教室实施各种新型教学模式，如翻转课堂教学模式、对分课堂教学模式等进行班级差异化教学，构建智慧型课堂。

智慧学习是继数字学习、移动学习（M-learning）、泛在学习之后的第四次学习浪潮，在泛在学习基础上新增了“智能分析”，意在对学习者所产生的大范围数据中的隐含意义进行挖掘，为评估学习过程、预测未来表现和发现潜在问题提供服务。智慧学习是在智慧环境中开展的完全以学习者为中心的学习活动。学习者不仅能够即时获取自己所需的资源、信息和服务，而且能够享受到个性化定制的资源和服务，不断发掘自己的兴趣爱好，挖掘自己的潜能，使得学习过程更加轻松高效。智慧学习具有个性化、高效率、沉浸性、持续性、自然性等基本特征，能够帮助学习者不断认识自己和提升自己，成为21世纪知识和智慧的创造者。智慧学习的开展需要学生具备较强的学习力。学习力是组织和个体掌握知识、创造知识、传承文化的基础，它主要包括组织学习活动的能力、获取知识的能力、运用知识的能力、创造知识的能力以及伴随学习过程而发生的一系列智力技能。智慧教育环境下，要着重培养学生在认知、创造、内省和交际四大领域的学习能力。学生开展智慧学习的方法有：小组合作研究型学习、问题驱动学习、项目驱动学习、个人兴趣拓展学习、网众互动生成性学习等。

智慧评价需要充分利用大数据、云计算等先进技术，定期，持续采集各类教育数据（学业成就、体质状况、教学质量等），并对数据进行深度挖掘，以得出更加科学、准确的评价结果。学生和教师的档案袋数据需要永久存储在云端，同时通过科学的评估模型，客观、全面地评价教师的教学绩效和学生的学习绩效，并提出更具针对性的发展建议。

7.3.3 现代化的教育制度

智慧教育系统除了包括环境基础和理论指导外,还包括国家教育制度的创新与变革。教育制度是指一个国家各级、各类教育机构与组织的体系及其管理规则,主要由两部分组成:一是各级、各类教育机构与组织的体系;二是教育机构与组织体系赖以存在和运行的一整套规则,包括义务教育制度、高等教育的学校教育制度、职业教育制度、成人教育制度、招生与考试制度、学业证书制度、教育督导制度、学校及其他教育机构的教育评估制度等。

当前,我国教育正处于转型阶段,我国现行的教育制度与现代教育制度之间存在以下差异。

第一,在时间长度上,我国现行的教育制度限制在人生的某一阶段接受教育,如青少年时期;而现代教育制度贯穿于人的一生。

第二,在知识范围上,现行教育制度注重单一的抽象知识的学习;而现代教育制度涉及理智、情感、审美、职业、政治、身体等多方面的教育。

第三,在各类教育的联系上,现行教育制度将职业教育与普通教育、正规教育与非正规教育、校内教育与校外教育、文化活动与教育活动分离隔绝;而现代教育制度注重人格的全面和谐发展,谋求各种教育之间的一体化。

第四,在知识的基础上,现行教育制度重视已知的信息和知识的学习;而现代教育制度则重视辩证观点的形成。

第五,在文化价值观上,现行教育制度因强调内部限制和外部强制,迫使学习者接受既有的文化价值观;而现代教育制度尊重人的个性和独立选择,强调自我发展。

第六,在教育的定义上,现行教育制度将教育定义为向学习者传播文化遗产的过程;而现代教育制度将教育定义为学习者个人持续发展的过程。

第七,在筛选功能上,现行教育制度将教育视为筛选人的工具;而现代教育制度认为在人的未成熟期的一次性选择是无益的,应充分发挥人的内在潜质。

第八,在学习空间上,现行教育制度将教育主要限定在学校;而现代教育制度将教育扩展到家庭、社群、职业岗位等各种环境。

第九,在预设性上,现行教育制度为教育媒体和训练设置了特定的阶梯;而现代教育制度允许自主选择教育机会,强调适配性。

第十,在施教者上,现行教育制度规定了教育由社会中的特定人群(教师)进行;而现代教育制度认为施教者可以根据时间和情境由社会整体提供。

因此,智慧教育从国家教育制度的层面来说更加重视教育实践中存在的问题,能够放眼世界,汲取和借鉴国际经验,通过制定科学合理的教育制度来提升人才培养质量,促进教育创新与变革,孕育人类智慧,促进世界和谐发展。

7.4 智慧教育与数字教育的比较

数字教育是在现代教育思想和理论的指导下,运用现代教育技术、现代信息技术,特别是计算机技术,大力开发教育资源,科学配置教育资源,优化教育过程,以培养和提高学习者信息素养为重要目标的一种新的教育方式。随着20世纪90年代末期全球数字化浪潮的兴起,教育信息化建设随之进入数字教育阶段。该阶段包括对现代信息社会数字化理念的适应和对其他领域数字化技术的掌握和了解。数字化的本质是现实教育的数字化、虚拟化的模拟和表达,借助于数字化传输方式,把实体鲜活的教育,搬到一个虚拟的空间里,创造逼真的教育教学场景,更有效地实施教育、教学和精细化管理。数字教育带给人们的是资源的数字化和工作的流程化,也逐渐形成了基于数字化特点的教育文化和观念。21世纪,科技日新月异,物联网、云计算、三网融合等技术逐渐兴起并快速发展,为教育信息化和教育现代化注入新的推动力,教育进入智能化时代,即智慧教育阶段。智慧教育就是依托物联网、云计算、下一代通信网络、高性能信息处理、智能数据挖掘等先进技术和先进的云端设备,整合亟待建设和提升的各种应用支撑系统与服务资源,构建现代智慧教育信息化服务体系,通过智能化、智慧化管理和服务环境,推动建立最直接、最完整体系的智慧教育方式,协助学生发现智慧、发展智慧、应用智慧、创造智慧,从而促进学生智慧类型优化发展。智慧教育最重要的任务是围绕现代化的教育理念和教与学的方式重塑教育管理过程,围绕教育系统中学生和教师这两个关键因素来重塑学习过程。

7.4.1 智慧教育与数字教育的主要区别

数字教育是基于计算机科学技术的发展和信息量爆炸性膨胀而产生、发展的,以教育环境、教学资源、教育管理、教学应用全面数字化,实现教育管理、教育内容、教学组织与手段现代化。其核心是实现现代信息技术环境资源和现代教学资源的数字化共享,同时优化教育过程,提高学习者的信息能力和素养。因此,数字化教育的重要之处在于使学习者具备运用信息工具、获取信息、处理信息、生成信息、创造信息、发挥信息效益、信息协作和信息免疫的能力。

信息时代智慧教育的基本内涵是通过构建智慧学习环境、运用智慧教学法,促进学习者进行智慧学习,从而提升成才期望,即培养具有高智能和创造力的人,利用适当的技术智慧地参与各种实践活动并不断地创造价值,实现对学习环境、生活环境和工作环境灵巧机敏地适应、塑造和选择。其核心特征如下:一是基于角色的个性化定制服务实现资源的互联和人的互动协作;二是基于智能推送选择学习、教学和生活方式;三是基于大数据及分析技术优化学习过程、教学干预和管理服务。因此,智慧教育的重点在于各级、各类教育应用系统(平台)的智能提升与整合、教育大数据的建立与挖掘,同时通过构建智能汇聚、共享泛在的交互式教学环境,提升以智慧管理、智慧服务、智慧校园和智慧课堂为核心的数字化、智慧化应用,以促进信息技术与教育的深度融合。智慧教育的出发点和归宿是发展学习者的智慧。

智慧教育在发展目标、发展阶段、技术作用、核心技术、建设模式、学习资源、教学模式、教学方式、学习方式、科研方式、管理方式、评价方式等方面与传统数字教育表现出诸多的不同(见表 7-1),总体呈现智能化、融合化、泛在化、个性化与开放协同的特征与发展趋势。

表 7-1　数字教育与智慧教育的比较

	数字教育	智慧教育
发展目标	提高教育质量和效率	培养智慧型、创新型人才
发展阶段	信息在教学中的应用	技术与教学双向融合
技术作用	通过技术工具、媒体高效率地传递知识	技术变革教育,改变教育战略实施的生态环境
核心技术	计算机、多媒体、互联网、Web2.0	云计算、大数据、物联网、增强现实、移动通信、定位技术
建设模式	建设导向,建网、建库、建队伍	应用驱动,根据教育教学应用建设配套环境、资源与队伍
学习资源	静态固化、结构封闭、CAI课件、网络课程、数字图书、专题网站	动态生成、持续进化、开放建设。MOOC、微课、移动课件、电子教材、动态内容库
教学模式	知识传递、灌输	知识建构
教学方式	以教师为中心,多媒体辅助教学、网络教学、远程教学	以学习者为中心,大规模开放在线教学,深度互动教学、智能教学(智能备课、智能批阅等)
学习方式	多媒体学习、网络学习	泛在学习、自主学习、移动学习、深度学习
科研方式	基于有限资源的小范围协同科研	跨地城、大规模协同科研,科研数据的及时分享与深度挖掘和利用
管理方式	管理信息分散,标准不统一,人管、机管多种方式混杂	高度标准化。归一化管理,智能管控
评价方式	经验导向性评价	数据导向性评价,基于大数据的学习分析和评价

7.4.2　智慧教育与数字教育之间的联系

智慧教育是教育信息化的新境界、新诉求,是数字教育的发展与提升。智慧教育是现代教育理念的结合与延伸,是数字教育理念的深化与优化。以促进学习者全面发展、全体发展和个性发展为目标的素质教育观,以持续教育为根基和发展方向的终身教育观,以“教师主导、学生主体”为施教过程统领的双主体教育观和以创新意识、创新精神、创新能力为人才培养基点的创新教育观始终贯穿于数字教育和智慧教育阶段。

智慧教育衍生于数字教育,更加突出“赋物以智、赋人以慧”的融合与智慧,为教育教学和管理决策提供“随时随地、随心所欲”的数字化、智能化的支撑和服务。作为基础教育信息化过程中的一个重要阶段,数字教育在如何克服信息技术应用的表象问题,实现真正的应用普及与提高;如何找出制约基础教育信息化发展的关键因素,提出解决问题的对策,提高应用效益,从而进行引导;监督和推动教育信息化的持续发展等方面存在难以突破的瓶颈和限制。智慧教育顺应了新一轮教育信息化发展的需要,将不再单纯是技术上的建设与应用,而更多地倾向于教育技术与“人”的关系,构建教育信息化生态系统,促进技术、人、社会的和谐发展,建设具有创新意义的信息化教育文化。数字教育是信息化环境下开展的基于各种数字技术的新型教育形态。智慧教育是数字教育的进一步发展,严格意义上来说也属于数字教育的范畴,是数字教育的高级发展阶段。二者的关系不是非此即彼、互相替代的关系,智慧教育是整合物联网、云计算、大数据、移动通信、增强现实等先进信息技术的增强型数字教育。

7.5 智慧教育中涉及的典型技术

智慧教育是依托物联网、云计算、大数据、无线通信等新一代信息技术所打造的智能化教育信息生态系统,物联网、云计算、大数据、泛在网络是支撑智慧教育“大厦”构建的关键技术。物联网和大数据技术是智慧教育系统建设的“智慧支柱”,泛在网络和云计算技术是智慧教育系统建设的“智慧底座”。

1. 物联网

物联网是指通过各种信息传感设备,实时采集任何需要监控、连接、互动的物体或过程等各种需要的信息,与互联网结合形成的一个巨大网络,其目的是实现物与物、物与人、所有的物品与网络的连接,方便识别、管理和控制。物联网的基础是信息采集,目前主要采用传感器和电子标签等方式完成,传感器用来感知采集点的环境参数,电子标签用于对采集点的信息进行标识。信息采集后经过无线网络上传至网络信息中心进行存储,并利用各种智能技术对感知数据进行分析处理以实现智能控制。

当前,物联网技术主要在课堂教学、课外学习和教育管理三个方面给教育提供支持。物联网技术在教育中的典型应用如下。

①智慧教室是一种基于物联网技术,集智慧教学、人员考勤、资产管理、环境智慧调节、视频监控及远程控制于一体的智能化教学环境,支持智慧教与学,实现教室的智慧管理。

②学生体质健康智能监测系统。通过为学生佩戴体质监测方面的传感器,可以动态、持续获取学生的体温、脉搏、心率、血压等体征数据,构建全国性或区域性的学生体质健康数据库。

③学习资源自适应推送系统。通过传感器结合定位技术,可以实时捕获学习者的学习地点、时间、内容、状态、环境信息等学习情境信息,采集学习情境数据,适应性推送学习资源、活动、工具和服务。

④教育安全监控与危机预警处理系统。基于物联网、视频监控等技术构建校园安防系统,实时、全面监控校园运行情况,跟踪每个学生的进校、离校情况,准确定位危机发生地点,快速处理校园危险事件。

⑤教学设备智能管理。学校的教室设备、会议设备、实验器材等分布离散、信息透明度小、管理难度大,通过给这些物理教学设备粘贴 RFID(射频识别)标签或传感器,可以进行统一管理和调度,有效检测设备的工作状态。物联网技术在教育中的深入应用,对于提升教育环境与教学活动的感知性、优化教育环境、丰富教学资源、改善学习方式、节省管理成本、提高管理效率具有主导性作用。

2. 云计算

云计算是继个人计算机变革、互联网变革之后的第三次 IT 浪潮,已成为我国战略性新兴产业的重要组成部分。云计算中的“云”主要用来强调计算的泛在性和分布性,实质上是分布式计算、并行计算和网格计算等技术的发展。云计算热潮的出现源于其能够将分布在各地的服务器群进行网联,能够实现大规模计算、海量数据处理和信息服务的需求。

当前,云计算在高校的发展,已经从原来的理论步入实际应用。云计算已经在清华大学、中国科学院(中科院)等单位得到了初步应用,并取得了很好的应用效果。云计算在智慧教育体系中的应用主要集中在教育资源(硬件、平台、软件、学习资源)的共享上,云计算可以有效解决我国教育信息化推进过程中长期存在的重复投资、“信息孤岛”等“顽疾”。此外,云计算还可以用于打造云学习环境,学生可以通过电子书包等终端随时随地享受云端的各种学习服务。学习者的学习过程数据也将及时存储到云端,保证学习数据的永不丢失,为学习行为的分析提供数据

3. 大数据

大数据自从 2011 年提出以来,已成为当前炙手可热的信息技术。大数据的来源广泛,包括海量的、多样化的交易数据、交互数据与传感数据。大数据技术是一系列收集、存储、管理、处理、分析、共享和可视化技术的集合。大数据并非等同于大量的数据,其具有两个更加重要的特征:跨领域数据的交叉融合和数据的流动生长。与传统数据相比,大数据具有非结构化、分布式、量大等特性。大数据的核心包括大规模并行处理数据库、分布式文件系统、分布式数据库、云计算平台、互联网和可扩展的存储系统。

随着教育信息化进程的推进,学习、教学、科研、管理过程中无时无刻不在产生海量数据。大数据技术已对我国的教育信息化产生了巨大冲击和深刻影响。当前,利用大数据,已经能够进行以下事项。

①教育舆情监测与剖析。互联网的开放性为广大师生提供了自由发表言论的空间和机会,尤其是 Web2.0 时代的到来,微博、微信、QQ、论坛等成为师生交流的重要工具,通过大数据技术可以准确把握师生群体的言论动向,快速预测教育舆情,并进行舆情发生原因的深层剖析。

②教育信息化与现代化发展水平评估。依据信息化与现代化发展评价指标,全面、动态、持续采集各方数据,对国家或地区的教育信息化与现代化发展现状进行准确评估,同时自动诊断薄弱环节,全面推进教育信息化与现代化事业发展。

③教育机构布局与教育经费调整。全面采集全国或区域范围内教育机构的分布数据;学生入学、退学、转学数据;教育经费投入数据等,依据科学的评估模型,调整下一阶段的教育机构布局、教育经费投入及分配等政策。

④学生的发展性评价。持续跟踪、采集学生成长过程中的各种数据,进行全面。系统的统计分析和数据挖掘,为学生提供更加科学、全面的发展评价报告。

⑤基于大数据的科学研究。动态采集科研所需数据,对大规模科研信息进行分析处理,发现其内在关联性,预测科研发展趋势,提高科研效率和科研结果的可信度。大数据技术提高了教育管理、决策与评价的智慧性。

4. 泛在网络

泛在网络是通信网、互联网、物联网的高度协同和融合,将实现跨网络、跨行业、跨应

用,异构多技术的融合和协同。泛在网络使信息空间与物理空间实现无缝对接,其服务将以无所不在、无所不包、无所不能为基本特征,帮助人类实现“4A”化通信,即在任何时间、任何地点,任何人、任何物都能顺畅地通信,都能通过合适的终端设备与网络进行连接,获得前摄性、个性化的信息服务。泛在网络技术也是物联网、大数据、云计算等技术发挥智慧作用的支撑性技术。

泛在网络是智慧教育系统全面连通、无缝访问的基础,用户可以在电信网、移动网、互联网、卫星网等多个网络之间畅通无阻地享受高质量的网络服务。智慧教育环境中,泛在网络技术的有效应用将大力推进“三方连通”:学习、生活与工作的连通;学校教育、家庭教育和社会教育的连通;手机、平板、PC、学习机、电视等各种终端设备的连通。

智慧教育系统的建设需要综合应用多种信息技术,除了上述四种主要的智慧技术外,数据挖掘、增强现实、定位导航等先进技术的不断发展,也将为智慧教育系统的构建提供重要支撑。

数据挖掘技术又称数据库中的知识发现(knowledge discover in database,KDD),是目前人工智能和数据库领域研究的热点问题。美国SAS软件研究所将数据挖掘定义为:按照既定的业务目标,对大量的企业数据进行探索,揭示隐藏其中的规律性并进一步将之模型化的先进、有效的方法。简言之,数据挖掘是指从数据库的大量数据中揭示出隐含的、先前未知的并有潜在价值的信息的非平凡过程。数据挖掘是一种决策支持过程,旨在基于人工智能、机器学习、模式识别、统计学、数据库、可视化技术等,高度自动化地分析企业的数据,作出归纳性的推理,从中挖掘出潜在的模式,帮助决策者调整市场策略,减少风险,作出正确的决策。数据挖掘的数据源必须是真实的、大量的、含噪声的;发现的是用户感兴趣的知识;发现的知识要可接受、可理解、可运用。被挖捆的数据可以是结构化的关系数据库中的数据,半结构化的文本、图形和图像数据,或者是分布式的异构数据。数据挖掘是决策支持和过程控制的重要技术支撑手段之一。

在数据挖掘技术中,与教育最为直接相关的技术是学习分析技术。学习分析技术是测量、收集、分析和报告有关学生及其学习环境的数据,用以理解和优化学习及其产生的环境的技术,是一种利用数据和模型,预测学习者在学习中的进步和表现,预测未来表现和发现潜在问题的技术。学习分析的要素包括以下五部分。

①数据收集:这需要使用程序、脚本和其他方法来进行,数据来源于单一或者多个学习技术系统,经过收集可以产生非常大的数据量,这些数据被处理成结构化(如服务器日志)或非结构化(如讨论、论坛帖子)的形式。

②分析:非结构化数据在分析之前通常被设定为某种格式,经过定量和定性相结合的分析,数据会以可视化、表格、图表和其他类型的形式呈现在分析报告中。

③学生学习:这是学习分析与其他类型分析的本质区别。学习分析试图告诉我们关于学习的以下事实:学习者正在做什么?他们的时间主要花在什么地方?学生正在访问什么内容?

④听众:学习分析返回的信息可用于告知学生、告知教师、告知管理者,一般情况下通过这三个方面的报告可产生适当的干预。

⑤干预:学习分析能在个体、课程、教学和管理层面实施合适的干预。通过学习分析可以观察学生在一门课的特定阶段和特定活动中的行为,这为进行学习路径的个性化定制提

供了可能。学习分析技术可作为教师教学决策、优化教学的有效支持工具,也可为学生的自我导向学习、学习危机预警和自我评估提供有效数据支持,还可为教育研究者的个性化学习设计和增进研究效益提供数据参考。

增强现实技术是在虚拟现实基础上发展起来的一项新技术,它将计算机生成的场景融合到真实世界中,扩张和补充真实世界而不是完全替代真实世界,从而强化用户对现实的感官和认知。增强现实技术具有真实性、交互性和实用性等特点,目前已被应用于教育、医学、军事、旅游等领域。

7.6 智慧校园

智慧校园是智慧教育中有关智慧学习环境的重要组成部分。在古代社会,随着文字和社会分工的出现,古埃及、两河流域、印度和中国就出现了专门进行施教的场所——学校。进入现代社会后,教育的基本功能体现为促进社会发展和促进个体发展,学校便成为促进社会发展和个体发展的主要载体。进入 21 世纪以来,随着中小学"校校通"工程、"农远"工程和高校教育信息化工程的实施,教育信息化进入了新的发展阶段,在社会信息化的大背景下,建设智慧型校园,不断推进以学校为主体的教育信息化进程,成为教育信息化的重要组成部分。

智慧校园作为智慧城市中智慧教育的重要组成部分,是继数字校园后关于院校信息化建设的又一全新概念。智慧校园自 2010 年由浙江大学在信息化"十二五"规划中首次提出之后,全国上下便掀起了智慧校园建设的热潮。近年来,国内不少高校的学者对智慧校园的概念、理论进行了探索,不少教育信息化公司对智慧校园建设给出了切实可行的解决方案。

物联网技术在教育中的应用推动了数字校园向智慧校园方向的升级发展,使得基于物联网的智慧校园将校园中的物体连接起来,实现了校园的可视化智慧管理,构建了富有智慧的教育教学环境,为师生提供了一个全面的智能感知环境和综合信息服务平台,使课堂得以向真实的场景延伸。

7.6.1 智慧校园的发展历程

在教育信息化进程中,智慧校园是在数字校园建设的基础上提出来的。"数字校园"这一概念起源于 20 世纪 70 年代美国麻省理工学院提出的"E-campus"计划。1990 年,美国克莱蒙特大学教授凯尼斯·格林(Kenneth Green)发起了数字校园的大型科研项目。1998 年 1 月 30 日,美国前副总统阿尔·戈尔发表了题为"数字地球:二十一世纪认识地球的方式"的演讲,提出"数字地球"的概念,此后全世界普遍接受了数字化概念,并引出了"数字城市""数字校园"等概念。随着国际互联网的广泛应用,各种与之相关的概念不断涌现,数字校园逐步成为一个单独的研究领域。数字校园旨在以计算机网络为核心技术,以信息和知识资源的共享为手段,对学校的教育、教学、管理等主要业务以及资源和数据,进行优化、整合和融通,拓展现实校园的时间和空间维度,在传统校园的基础上,提供一个网络化、数字化、智能化有机结合的现代教育教学环境,实现从环境、资源到活动的数字化,以达到优化教学、提高教育质量、变革学校教育模式的目标。因此,数字校园是学校教育信息化发展到一定阶段的产物，是通过技术手段改造和提升传统校园的必然结果，其具备五方面的特征：

①重点关注学生的有效学习以及创新和转变教学方式；

②以服务教育教学作为数字校园建设的基本理念；

③丰富用于支持学与教的资源；

④多种应用系统有机集成，相关业务高度整合；

⑤拓展学校的时空维度并丰富校园文化。

利用各种计算机技术创建一个基于互联网的与现实校园并行的"虚拟化电子校园"，并依托各种技术工具和手段来推动高校的全方位改革，成为世界各国高等教育改革的重要趋势。数字校园建设强调信息技术应与教育教学深度融合，这与教育信息化的目标是一致的，也是与社会信息化的步伐相匹配的。但要应对社会信息化进程中学习方式变革的诉求，单纯的网络基础设施装备、学与教数字化资源建设、应用软件系统的开发等是难以有效支撑学与教方式的变革和相对封闭的时空维度的拓展的。华南师范大学教育信息技术学院的胡钦太教授等在总结、重新审视数字校园的建设过程与应用效果后指出：数字校园还远非学校信息化发展的终极目标，甚至还没有达到信息化发展的高级阶段。数字校园在一段时期确实对学校的传统业务流程及教与学模式产生了一些变革，但这种变革仍然是被动、缓慢的，没有产生显著、可持续的影响。究其原因，主要是在建设数字校园过程中缺乏系统思维，导致数字校园的建设与应用主要存在以下问题。

(1)数字校园建设主要聚焦信息门户平台与部门管理系统的业务整合和数据集成，在最根本的教与学方面融合度不够，难以推动教学模式的变革。

(2)集中式、并发式的建设牺牲了业务部门管理信息系统的专业性、复杂性和可扩展性，导致许多管理系统的应用效果不如预期。

(3)数字校园整体上体现的仍是管理思维，服务模式单一，主要依赖被动处理，对最终用户的服务支撑能力偏弱。

(4)访问方式在时空特性上存在局限，校园内外信息化环境相互"割裂"，交互性不强，难以形成覆盖校园内外各项活动的整体联动的信息化应用环境。

技术并非产生上述问题的主要原因，其原因可以归为两个层面。第一个层面出现在数字校园建设理念与整体规划上。数字校园建设初期，大部分学校都建成并应用了基本覆盖学校工作的办公自动化系统与业务管理系统。学校的数字校园规划基本上都围绕着实现系统间的数据整合、交换以及业务流程贯通展开，但这些系统是为了方便业务部门的日常管理而建设的，并没有很好地体现向最终用户服务的理念，在使用上往往以用户的不便来换取管理的便利。在这种建设理念下，即便是数字校园建设与应用效果较好的学校，信息化应用与最终用户的紧密度和亲和度仍存在很大距离。第二个层面出现在数字校园建设实践过程中。数字校园建设是一个庞大的系统工程，涉及学校工作的方方面面，因此，协调与合作成为数字校园建设实践中遇到的一个最大的难题。多数情况下，参与数字校园建设的学校各部门，由于角色、视角、能力的不同，容易产生校内群体的利益博弈。在平衡与协调校内利益过程中，学校很难形成一股保证数字校园正向进化与协同发展的合力。因此，学校信息化迫切需要从数字校园向智慧校园转型，而云计算、物联网、移动技术和社交网络等新技术的迅速发展与广泛应用，也为这种转型创造了良好的外部环境与实现手段。

近年来，智慧教育、智慧学校、智慧教室等概念逐渐被教育界接受，相关的探索与实践也开始展开。现在各大高校都积极地提出智慧校园的规划并加以实施,南京邮电大学、北京大学、浙江大学、同济大学、中南民族大学等几十所高校已开始智慧校园的建设。随着《中小学数字校园建设规范(试行)》《关于推进教育新型基础设施建设构建高质量教育支撑体系的指导意见》等文件发布,推进数字校园、智慧校园建设成为教育信息化发展的趋势之一。

以物联化、集成化、智能化为主要技术路线,以服务创新为导向,将智慧导入校园各个系统、过程和基础设施,将信息化深植于教学、科研、管理和生活的各个方面,全面构建智慧校园。中南民族大学在大规模无线校园网的建设、运行和维护经验中,提出了无线大数据平台在中南民族大学智慧校园建设中的实践与应用设想。南京邮电大学完成了一个相对完整的智慧校园规划。佛山市禅城区"智慧校园"示范工程建设项目在国内产生了一定影响。图 7-2 展示了智慧校园的发展历程。

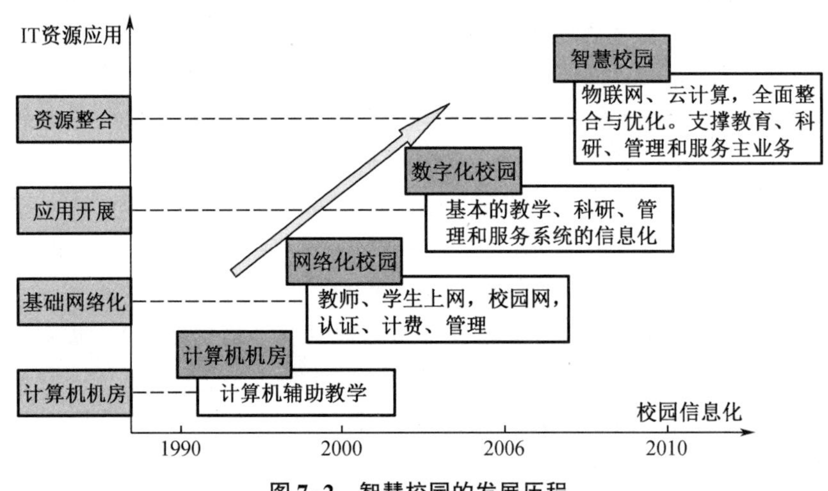

图 7-2　智慧校园的发展历程

7.6.2　智慧校园的概念和特征

智慧校园是信息技术高度融合、信息化应用深度整合,信息终端广泛感知的网络化、信息化和智能化的校园。智慧校园是多城融合共享和泛在的智慧服务,它能实现多城间资源及其业务的融合和共享,并实现无所不在的信息服务综合化和智慧化。

关于智慧校园的概念和特征,不同研究领域的专家、学者给出了各有侧重的定义。物联网技术专家注重智慧校园的智能感知功能,认为智慧校园是基于物联网和云计算技术的数字校园,通过物联网传感器实现对物理校园的全面感知,利用云计算对感知的信息进行智能处理与分析,实现了校园内任何人、任何物、任何信息载体、任何时间、任何地点的互联互通,从而给广大师生提供了智能化的教育教学信息服务和管理。教育技术学专家注重智慧学习环境与智慧课堂等教学方式的改革,认为智慧校园是基于新型通信网络技术所构建的资源共享、智能灵活的教育教学环境,旨在利用计算机技术、网络技术、通信技术对学校与教学、科研、管理和生活服务有关的所有信息资源进行全面的数字化,并用科学规范的管理对这些信息资源进行整合和集成,以构成统一的用户管理、统一的资源管理和统一的权限控制,把学校建设成既面向校园,也面向社会的一个超越时间和空间的虚拟大学。学校信息化建设专家则注重智慧校园的应用和服务,认为智慧校园的建设不仅仅是物联网技术的应用(那只是感知部分),应更多考虑技术的特点,突出应用和服务。

综合各类现有观点,我们认为,智慧校园是以物联网技术、云计算技术等为基础,以面向师生个性化服务为理念,以各种应用服务系统为载体而构建的教学、科研、管理和校园生活为一体的新型智慧化的工作、学习和生活环境。旨在利用先进的信息技术手段,实现基于数字环境的应用体系,使得人们能快速、准确地获取校园中人、财、物和学、研、管业务过程中的信息,同时通过综合数据分析为管理改进和业务流程再造提供数据支持,推动学校进行制度创新、管理创新,最终实现教育信息化、决策科学化和管理规范化;通过应用服务的集成与融合来实现校园的信息获取、信息共享和信息服务,从而推进智慧化的教学、智慧化的科研、智慧化的管理、智慧化的生活及智慧化的服务的实现进程。

智慧校园是现实校园和虚拟大学的结合体。现实校园是智慧校园的基础,智慧校园是现实校园通过信息技术在时间和空间上的扩展与延伸,它包含了现实校园及其所衍生出来的数字空间。虚拟大学是智慧校园的远程教育功能部分,是智慧校园的对外服务的部分职能,它是传统校园数字化后社会功能的延伸。在智慧校园中,通过把感应器嵌入和装备到食堂、教室、图书馆、供水系统、实验室等,并且被普遍连接,形成"物联网"。然后将"物联网"与现有的互联网整合起来,可以实现教学、生活与校园资源和系统的整合。智慧校园可利用物联网技术来改变师生和校园资源相互交互的方式,提高交互的明确性、灵活性和响应速度,从而实现智慧化服务和管理的校园模式。

智慧校园具有以下特征。

1. 环境全面感知

智慧校园中,通过利用各种智能感应技术,包括光线、方位、影像、温度、湿度、位置、红外、压力、辐射、触摸、重力等技术实时获取各种监测信息,可实现全面感知。全面感知包括两个方面:

一是传感器可以随时随地感知、捕获和传递有关人、设备、资源、位置(位置感知)的信息;二是对学习者个体特征(社会感知,包括学习偏好、认知特征、注意状态、学习风格等)和学习情境(情境感知,包括学习时间、学习空间、学习伙伴、学习活动等)的感知、捕获和传递。此外,智慧校园还具备对现实中人、物、环境等因素特征、习惯的感知能力,并能依据建立的模型智能地预测一般规律与发展趋势。

2. 网络无缝互通

智慧校园支持所有软件系统和硬件设备的连接,支持校园中的人与人、物与物、人与物之间实现全面的互联互通,以及不同学习资源、服务和平台之间的互联互通,为各种随时、随地、随需的应用提供高速、泛在的基础网络环境和持续的服务会话。信息感知后可迅速、实时地传递,这是所有用户按照全新的方式协作学习、协同工作的基础。灵活、敏捷、开放、扁平化的网络环境,为用户提供了高可靠性、高稳定性的网络服务。信息服务无盲区,园区内的每一个角落,包括办公室、课堂、宿舍、餐厅等都能随时随地地访问互联网络,使用各种信息服务。同时,以高速、多业务网络体系支持各类信息的实时传递,最大限度地消除了时空限制。

3. 海量数据支撑

依据“大数据”理念的数据挖掘和建模技术，智慧校园可以在“海量”校园数据的基础上构建数据挖掘模型，建立合理的分析和预测方法，对新到的信息进行趋势分析、展望和预测。同时，智慧校园可综合各方面的数据、信息、规则等内容，通过智能推理，作出快速反应，主动应对，实现智能化的决策、管理与控制，更多地体现智能、聪慧的特点。

7.7 智慧教室

人类的生存和发展离不开环境，环境中的一切事物都有可能作用于人的感官，引起人的生理、心理或行为的变化。学习环境是促进学习者发展的各种支持性条件的统合，学习者的任何学习活动都是在一定的学习环境中进行的，离开学习环境的支持，学习活动就会失去依托，学习环境的优劣直接关系着学生的学习与发展。学习环境对学习者的认知、情感、价值观的形成具有重要的影响。

教室是正规教育下学生学习的主要场所。作为最典型、最核心的教学环境，教室正日益从多媒体阶段、网络化阶段进入智慧化阶段。智慧教室是“智慧校园”的重要组成部分，它能将传播学、心理学、空间设计、教学论、科学技术等相关理论有机地融合在一起，构建出更适合学习者进行知识探索的学习环境。随着射频识别技术、云计算、交互式电子白板、智能录播系统等一些先进的科技产品创新技术手段的出现，新的学习理论、教育理念逐渐形成。智慧教室作为一种新型的现代化教学手段，体现了教室环境的智慧、教学应用的智慧、互动学习的智慧，给教育行业带来了新的机遇，是学校信息化发展到一定程度的内在需求，是当今智慧学习时代的必然选择。智慧教室的发展与建设，带动了整个“智慧校园”的建设。

7.7.1 智慧教室概述

教室作为重要的学习环境，其产生与学校的产生同步。在我国的夏朝，就有了课堂的萌芽形态——“庠”。“庠”，“从广羊声”，“广”是房舍的意思，也就是进行教育的场所。随后，私塾、学院等私学以及太学、国子监等官学相继出现。16 世纪末，随着“班级授课制”这一具有现代意义的学习环境的出现，教室的概念正式产生。20 世纪 90 年代以来，数字化技术逐步进入校园和课堂，学习环境逐步进入信息时代。

传统教室是一种配备了黑板、讲台、课桌椅等装备的学习环境，并采用以讲授为主的教学模式。随着电子技术的发展，电子音像设备的产生及其在传统教室中的应用，新的教室形式——电子教室（electronic classroom）开始出现，电子教室配备了扩音器材、投影仪、幻灯、电影、电视等设备。计算机的出现，尤其是多媒体技术的出现，使多媒体计算机能更好地呈现信息。计算机多媒体技术应用于教育领域，催生了新的教室形态——多媒体教室（multimedia classroom）。20 世纪 80 年代，随着网络技术的飞速发展，随时随地获取互联网上丰富资源的多媒体教室演变成多媒体网络教室。

20 世纪 90 年代后期，我国开始大规模建设教育信息化基础设施。经过 10 多年的努力，教育信息化取得了显著成绩，我国对教育信息化的认识也有所提高。多数教师的课堂从原来的“粉笔+黑板”模式转变成“计算机+投影”的模式。但教学改革仅停留在教学“表演”形式上，课堂教学也出现由“人灌”变成“电灌”的现象。当前这种数字学习环境依然侧重于支持“记忆、理解和应用”等低级认知目标的培养，不利于培养学习者的“分析、评价和创造”等高级认知目标。

多媒体网络教室面临着以下几个方面的困境。

第一，多媒体呈现内容的“堆砌”，妨碍了学生对内容的“消化”。投影机是多媒体教室的基本配置，在许多教室中，投影屏幕几乎替代了过去的黑板，成为教师展示教学内容的主要媒介。

在技术支持的课堂教学活动中，大多数教师只是利用投影替代板书，将原本写在黑板上的内容简单“复制”到大屏幕上，内容也是静态文字居多。对于这种方式的教学，学习者往往没有时间对知识进行联系和对比，学生的认知活动容易受到阻碍。

第二，多媒体呈现工具的“间断性”展示，割裂了教学内容的前后联系。在传统课堂中，有经验的教师使用板书能够将定理、公式、推导过程、发展脉络等重要内容保留在黑板上。这种做法有利于学生的理解；而目前的多媒体呈现工具，如微软公司的 PPT、苹果公司的 Keynote 等仅仅是按顺序逐一呈现页面，容易导致学生思维的不连贯。

第三，固定在讲台位置上的多媒体控制台，限制了教师课堂教学能力的发挥。在基于黑板的教学活动中，教师在书写的过程中可以循循善诱，让学生有足够的时间来思考和消化所学内容；而在多媒体的教学过程中，教师为了操作课件，大多会坐在控制台前面对计算机屏幕，不走动，不与学生互动，计算机的操作消耗了教师相当多的精力，忽略了双边交流。这影响了师生的交互和学生跟随教师逐步展开思维的主观积极性。

第四，统一固定的座位布局，不利于多种教学活动的开展。教室大多采用“秧苗式”的座位布局，虽然这种形式有利于教师的课堂讲授，但无形中强化了学生的顺从倾向和对教师言行的认同心理。随着“以学习者为中心”学习理念的兴起，协作学习、探究学习，基于项目的学习、基于问题的学习等多种学习方式不断涌现，只有灵活运用矩形、圆形和马蹄形等多种座位布局形式才能满足当前教学的需要。

第五，网络教室的配备和控制难以满足学生探究的需要。多媒体网络教室安装的多媒体网络教学系统涉及广播教学、学生演示、个别辅导、语音教学、双向对讲、电子白板、分组讨论等多种功能，但在实践应用中很多功能由于种种原因得不到应用，网络教室的功能优势也就不能完全发挥。网络教室是计算机安全问题的“重灾区”，时常会出现病毒入侵、信息设置被“篡改”、信息丢失等问题。

第六，电子白板的教学应用与预期的深度教学互动存在一定差距。目前很多课堂配置了交互式电子白板，但白板的交互功能并未全部得到应用，多数还仅仅作为投影屏幕使用。部分教师对基于小组的“协作学习”认识不足，“交互”活动仅仅停留在“表演”层次，基于小组的读书活动、讨论活动等泛泛而过。课堂交互式电子白板在英国的普及率很高，伦敦教育研究院关于交互式电子白板的报告指出：交互式电子白板使教师更多关注技术本身而非学生的学习，降低了课堂的效率；强调基于技术过程的交互导致学生对某些世俗行为过分重视，能力不强的学生更是如此；另外，学生技术操作能力的差异可能拖慢课堂的节奏。

第七，越来越多的电子设备在教室中运用，越发要求教师在教学过程中不断提高设备操作能力。各设备之间的相互独立性使教师在掌握各设备的操作及其功能协调和连接方面存在困难，这便增加了教师和教学服务人员的工作负担，由此也影响了这些设备在教室中的实际应用。

第八,教学结构封闭、线性化。在传统的多媒体环境下,课堂教学基本是借助于投影设备对教学内容顺序播放,教学按照预设的流程进行,难以实时便利地获取教学资源,调整教学内容与进程。

第九,缺乏高效互动的技术手段。传统多媒体教学环境是与以专业知识传授为主的讲授、演示型教学方式相适应的,重点在于教学内容呈现的高效性和多媒体化,缺乏深度互动的技术手段,这使得学生缺乏体验感和沉浸感,难以产生情感共鸣。

第十,教学过程中的生成性信息难以入库。学生的笔记、作业,老师的反思、教学灵感,对教学内容进行的标注、修改等均是宝贵的教学资源,蕴含了丰富的教与学的智慧,而由于教学系统的孤立设计,生成性信息难以及时、便利地入库。

第十一,学生自主学习难以开展,主体地位难以体现。由于缺乏有效的学习终端和便利的协作、交流、共享工具及信息的获取与处理工具,基于资源的探究、协作、问题解决等自主学习方式难以开展,学生主体地位难以体现,教学模式没有发生根本转变。

第十二,教学效果难以及时评测,个别化教学难以开展。由于缺乏信息、数据收集、统计、分析的工具,难以对学生作答、反馈信息进行及时的跟踪、统计、分析,教师无法及时掌握学生的学习情况,无法科学调整教学内容与进度,难以开展个别化的教学。

第十三,教学时空具有一定的局限性。课堂教学的封闭性,直接导致了课堂教学在时间和空间上的局限性。教学被局限于教室空间和上课时间。由于缺乏泛在网络、泛在资源及移动终端的支持,离开了教室空间,课堂教学便难以再现,辅导答疑便难以进行,教学资源便难以随时获取,随时随地的即时学习便无法实现。

教学工具的缺乏,导致教师难以及时获得学生的学习状态,也很难根据学生的学习情况调节教学节奏。学生规模过大及网络接入不便,导致学生很难再在课堂上获得合适的学习资源,进行实时的互动,得到及时的帮助。另外。多媒体教室的管理和维护也一直是困扰教学管理人员的一个难题。

从某种程度上讲,当前多媒体教室的困境与教室环境的设计和技术装备存在密切关系;重构教室环境,创建适合学生学习和教师教学的新型教室环境,是一种必然趋势。随着智慧地球、智慧城市等概念的提出和相关技术的蓬勃发展,充分利用传感技术、物联网技术、人工智能技术、多媒体技术、云计算技术等来装备教室和改善学习环境及建设智慧型教室成为必然的选择。

电子教室主要是指随着电子技术的发展,电子设备及电子音像制品装备应用到传统教室中所产生的教室形态。多媒体教室主要是指随着多媒体计算机技术的发展,多媒体计算机技术应用到教育领域中所产生的教室形态。数字教室则是数字革命深入教育领域,多种数字设备和工具应用到教室中所产生的教室形态。当信息的采集、存储和传播由模拟信号转化为数字信号时,应用这些数字设备和工具的教室便成为数字教室。智慧教室则是数字教室的一种更高级的形式。

总之,教室的发展经历了“传统教室—电子教室—多媒体教室—多媒体网络教室—智慧教室”的过程,而多媒体教室、多媒体网络教室和智慧教室同属于数字教室的不同发展阶段。

7.7.2 智慧教室的概念和特征

智慧教室，在外文文献中常用“smart classroom”“intelligent classroom”“classroom of future”“classroom of tomorrow”等来表示，中文文献中常用“智能教室”“未来教室”“未来课堂”等来表示。

对于智慧教室概念的界定，国内外的学者从不同的角度出发有不同的观点，国内比较有代表性的观点主要有以下几种。陈卫东等认为：智能教室就是一个能够方便对教室所装备的视听、计算机、投影、交互白板等声、光、电设备进行控制和操作，有利于师生无缝接入资源及从事教与学活动，并能适应包括远程教学在内的多种学习方式，以自然的人机交互为特征的，依靠智能空间技术实现的增强型教室。王玉龙等认为：智慧教室应该是一种自适应的学习环境，其核心是以新一代信息技术为手段，捕获、记录、分析学习者的风格，并以此为依据，定制个性化的学习方案，推送差异化的学习内容，使每位学习者均能在各自的起点水平上获得知识、能力、情感的完善与发展，并最终获得智慧。在学习方式上是以人（教师、学生）为主体，通过人与环境（设备环境、技术环境、资源环境）的高效互动，促进知识建构，获得能力发展。黄荣怀认为：在传感技术、网络技术、富媒体技术及人工智能技术充分发展的信息时代，教室环境应是一种能优化教学内容呈现、便利学习资源获取、促进课堂交互开展、具有情境感知和环境管理功能的新型教室，这种教室被称为智慧教室。智慧教室是一种典型的智慧学习环境。华东师范大学张际平教授认为：智慧教室是一个能够方便对教室所装备的视听、计算机、投影、交互白板等声、光、电设备进行控制和操作，利于师生无缝接入资源及从事教与学活动，并能适应包括远程教学在内的多种学习方式，以自然的人机交互为特征的，可实现学生个性化和个别化学习，依靠智能交互空间技术增强真实感的教学环境。聂风华等认为：智慧教室是为教学活动提供智慧应用服务的教室空间及其软硬件装备的总和。国内专家、学者从信息技术装备和学习环境的构建等不同角度阐述智慧教室，其共同的趋势是：关注利用新兴技术创建教与学的环境，促进资源个性化呈现、教学交互多元化，实现学习者的学习和相关技能的提高。

国外比较有代表性的观点主要有以下几种。早期的学者较多关注智慧教室的技术、装备效能。国外学者罗纳德·雷西尼奥在《教育技术的实际执行》一文中提出了“smart classroom”，认为“smart classroom”就是在传统教室嵌入个人计算机、交互式光盘、视频节目、闭路电视、VHS 程序、卫星链接、本地区城网络和电话调制解调器的教室。查尔斯·斯基顿认为：智慧教室就是基于电子或技术增强的教室。2008 年后，国外关于智慧教室概念的界定出现明显变化，不再从教室的信息技术装备来界定，而从学习环境和智慧教室的功能来界定。阿希亚·贾瓦（Akshey Jawa）认为：智慧教室应具备生成性信息的便捷存储，及时的教学反馈，自动化的设备控制和功能识别，快速、个性化的信息检索等功能。2009 年，美国《每日论坛》指出：未来的课堂是一个学习环境，采用创新的教育活动，从课堂管理到教学的所有方面提高对技术的使用，使教学者和学习者成为优越的学习环境的一部分。总结国外的观点，可以得出：

①智慧教室是一个完全整合的交互系统，允许用户从一个中控点无缝接入媒体；

②智慧教室可以被定为一个拥有计算机、投影仪、多媒体设备（录像和 DVD）、网络接入、扬声器等设备，且能够调节光照和控制视频流的教室；

③智慧教室是一个完全自服务、用户友好的、有助于教和学的环境，教学资源配置简单、易用，易于构建协作学习环境，能有效利用技术激发学生主动性与参与性；

④智慧教室允许用户以一种尽可能自然的方式与其交互。

综合国内外研究，我们认为：智慧教室是一种典型的智慧学习环境的物化，是多媒体和网络教室的高端形态，它是借助物联网技术、云计算技术和智能技术等构建起来的新型教室，该新型教室包括有形的物理空间和无形的数字空间，通过各类智能装备辅助教学内容呈现、便利学习资源获取、促进课堂交互开展，实现情境感知和环境管理功能的新型教室。智慧教室旨在为教学活动提供人性化、智能化的互动空间；通过物理空间与数字空间的结合，本地与远程的结合，改善人与学习环境的关系，在学习空间实现人与环境的自然交互，促进个性化学习、开放式学习和泛在学习。

智慧教室的特征主要体现在以下几个方面。

1. 智慧教室的人性化

智慧教室的使用主体是教与学活动中的人，所以智慧教室的设计应更多地体现对教室使用者（即教学者与学习者）的关注。在相应技术的支持下，在技术设计与应用上更多地体现以人为本的精神，如在教室设计方面应体现绿色环保和无障碍设计。无障碍设计也是智慧教室人性化特性的表现，通过标准化的设计，智能无障碍的课堂可以满足一些特殊人群的学习需求。

智慧教室的人性化还体现为：智慧教室能充分解开教学技术对教师的束缚，使教师更多地关注教学过程本身。如智慧教室中交互式白板的应用，有助于教师身体语言的发挥，教师使用交互式白板容易对材料展示过程进行控制，教师不必到主控台前操作，就可以控制演示材料的播放，这使得课堂中教师的身体语言得以充分发挥，也避免了课堂上由于教师往返于黑板与主控台间而分散学生注意力的问题。使用交互式白板，教师们能在教室前为全班上课，将最新技术与有效的教学方法结合起来，使肢体及视觉与课程资料产生互动，从而提高学生的学习兴趣，保持其注意力。

对于学生而言，智慧教室中交互式白板的应用也使得以前色彩单调、呈示材料类型仅止于手写文字和手绘图形的黑板变得五彩缤纷。交互式白板既可以像以往一样自由书写板书，又可展示、编辑数字化的图片、视频，这将有利于提高学生的学习兴趣，保持其注意力。有研究表明，交互式白板在课堂中的合理使用与提高学生的参与性有一定的正相关性，它能够让学生展示他们所学到的知识，减少或消除学生的行为问题，有助于与学习速度较慢的学生进行沟通。

2. 智慧教室的混合性

智慧教室的混合性主要体现为多种教与学活动的混合、正式学习与非正式学习的混合、虚拟课堂与真实课堂的混合。智慧教室可以实现多种教与学活动的混合，智慧教室要让学生有充分实践和解决问题的机会。例如，在师范院校的教师教育课程中，学生在实践中掌握教学理念和教学方法，完成不断增加的具有挑战性的实际任务，而不仅仅是进行学科概念知识的汲取。智慧教室要适合情境学习。网络和多媒体技术的应用，使得情境学习成为可能。例如，教学者可以根据教学的需要，利用多媒体设备创设教学所需的情境。智慧教室应能扩展“课堂”的范围。关于学习发生的地点，虽然我们把重点放在教师和学生互动的课堂中，但是泛在学习使得课堂扩大到了更大的范围，一些研究考虑将正式学习和非正式学习结合,设计课内和课外相结合的学习方式。

3. 智慧教室的开放性

智慧教室的开放性主要体现为课堂教学组织形式的开放以及教学资源的开放。教室桌椅设计能够方便不同的教学活动的要求灵活进行组织,而无须过多地移动桌椅。在资源方面,教学者和学习者可以很方便地获得课堂内外的资源,并与资源进行良好的交互。另外,开放性也体现为教室的设计需要为未来技术的应用预留空间。虽然我们现在还无法预计在不远的将来哪一种技术将会盛行,但是我们可以判断,技术一定会朝着更加灵活、个性化的方向发展。在一般的课堂应用中,笔记本电脑和掌上电脑(PDA)一定会代替台式机,无线网络一定会成为标准。

同样,在智慧教室的教育资源应用上也体现出智慧教室的开放性。首先,基于互动式白板技术的智慧教室能够有效实现课堂教学过程中资源的生成性和预设性的完美融合。其次,使用交互式白板能即时、方便、灵活地引入多种类型的数字化信息资源,并可对多媒体材料进行灵活的编辑、组织、展示和控制。交互式白板使得数字化资源的呈示更灵活,解决了过去多媒体投影系统环境下,使用课件和幻灯讲稿教学材料结构高度固化的问题。最后,交互式白板的使用使得教学过程中对计算机的访问更加方便,白板系统与网络和其他计算机程序互补,促使师生皆以计算机作为认知和探索发现的工具。

4. 智慧教室的智能性

智慧教室应是一个智能化的教室。智慧教室的智能性主要表现为智慧教室实际上是一个嵌入了计算、信息设备和多模态的传感装置的智能学习空间,教室各组成要素都具有自然便捷的交互接口,以支持教与学主体方便地获得智慧教室中计算机系统的服务。教与学主体在智慧教室中的教与学过程就是人与计算机系统不间断的交互过程。在这个过程中,智慧教室中的设备不再只是一个被动地执行人的操作命令的信息处理工具,而是协助人完成任务的帮手,是人的伙伴,交互的双方具有和谐一致的协作关系。这种交互中的和谐性主要体现为人们使用计算机系统的学习和操作负担将有效减少,交互完全是人们的一种自发的行为。自发(spontaneous)意味着无约束、非强制,自发交互就是人们能够以第一类的自然数据(如语言、姿态和书写等)与课堂设备(计算机系统)进行交互。

智慧教室的智能性可以使教学者与学习者更多地关注教与学的过程本身,而无须关注技术。智能的、友好的人机交互使得人的潜能能够尽可能发挥。如当教与学的主体进入课堂后,课堂的设备会根据主体的身份识别提供相应的服务,教学设备会自动启动进入待用状态,教学者的教学内容会自动进入学习者的学习终端设备,教室的摄像、录像设备也会智能地跟踪教学者与学习者的活动,并进行记录,存储在服务器上,供学习者课后复习或提供给远程的学习者。

清华大学人机交互研究所正在进行的“智能教室”项目就是将智能空间技术应用于远程教学,使得远程学习者能够参与到现实课堂中来,实现虚拟与现实课堂的结合。

5. 智慧教室的生态性

教育生态学是研究教育与其周围生态环境之间相互作用的规律和机理的科学。基于教育生态学的视角,智慧教室应是一种平等、和谐、开放的生态系统。课堂教学生态包括两大基本构成要素,即生命体(课堂教学生态主体)和生命成长赖以发生的环境(课堂教学生态环境)。课堂教学生态主体包括教师和学生。在课堂生命体和其生长环境所构成的生态关系中,作为主体的可以是个体,也可以是群体。多个教师个体可以组成教师种群,多个学生个体也可以组成学生种群,教师种群和学生种群可以共同组成师生群落,不同的师生群落(包括虚拟的和现实的)也可共同构成课堂教学生态主体。生态因子是课堂教学生态环境的构成要素,课堂教学生态关系中的环境可以是生物的,也可以是非生物的。根据生态因子的不同性质,可将其划分为物理生态因子、生命生态因子和人为生态因子等,它们所构成的物理生态环境、生命生态环境和人为生态环境共同组成课堂教学活动赖以发生的课堂教学生态环境,而课堂教学生态环境与课堂教学生态主体之间、课堂教学生态主体内部各部分之间,以及教师个体、教师种群、学生个体、学生种群、师生群落之间的相互影响和相互作用,则实现着彼此间的有机联系和物质循环能量流动与信息流通,并共同构成课堂教学生态。

6. 智慧教室的交互性

在智慧学习环境下能实现师生间和学生间高效的互动。课堂教学的交互过程是学生意义建构的过程,因此互动是课堂教学的重要组成部分,也是有效课堂教学的体现形式之一。智慧教室应能促进课堂的交互。智慧教室应有多种不同类型的交互原则。其中教师与学生的联系、学生与学生的协作、快速课堂反馈、高期待的沟通应用得最为普遍。智慧教室的交互性主要体现为智慧教室中的教与学的过程更多地表现为一种互动过程,这种互动包括:教学者与学习者之间的互动;学习者与学习者之间的互动;教学者、学习者与教学资源、学习资源之间的互动;课堂教学主体与课堂设备之间的人机互动;现实课堂与虚拟课堂中的人、资源与设备的互动等。

智慧学习环境支持虚拟或面对面的课堂教学、合作学习、小组讨论、基于项目的学习等,能够有效促进学生以不同方式建构知识,进行有意义的学习。

7. 智慧教室的可评价性

目前,学校采用的评价方式大多是终结性评价,其目的是在课程结束时测试学生是否掌握了学习内容。实际上,对学生的学习过程需要持续不断地进行形成性评价。智慧学习环境下,可利用技术手段收集学生在阅读教材和辅导书籍、参与课堂互动和小组协作学习等方面的痕迹,这将有益于科学、准确地评价学生的学习效果。

8. 智慧教室的可管理性

构建智慧学习环境是一个系统工程,从工程角度来看,涉及网络设计、空间设计、供电设计等多方面。要做到内容统一管理,硬件设备应安全可靠,绿色环保,设施应具备节能的特性,同时符合无障碍设计要求。

智慧教室是在物联网、云计算、大数据等新兴信息技术的推动下,教室信息化建设的最新形态。立足教学活动需求,提供智慧化的应用服务是智慧教室的核心使命,达成最优化的教学效果是智慧教室的终极目标。运用智慧技术、提供智慧服务、实现智慧管理是智慧教室区别于以往多媒体教室和网络化教室的主要特征。

7.7.3 智慧教室的类型

现有的智慧教室建设,根据不同的分类标准,有如下的分类方法。

(1)按照“SMART”模型,从内容呈现、资源获取和及时交互三个维度可以将现有的智慧教室分成高清晰型、深体验型和强交互型三种。这三种类型的智慧教室的特点比较如表

7-2 所示。

表 7-2 按照"SMART"模型分类的智慧教室类型及特点

类型	维度				
	教学模式	教室布局	内容呈现	资源获取	及时交互
高清晰型	传递—接受教学模式	秧苗式	双屏显示,无线投影	支持讲授的资源与工具	以师生互动为主
深体验型	探究性教学模式	多种布局	学生终端	丰富的资源和教学工具,支持各种终端接入	以生机交互为主
强交互型	小组协作教学模式	"圆形"为主	小组终端	支持小组交互的资源与工具	以终端支持的生生交互为主

(2)按照智能教室实现的技术条件,现有的智慧教室可以分为以下三类。

第一类是基于硬件技术的智慧教室。国外许多大学和国内的一些教育信息化装备企业将这类配有多媒体计算机、计算机网络、液晶投影、AV 系统视频展示台、扩音系统等设备的多媒体教室称为智能教室,如阿尔伯塔大学(University of Alberta)、加利福尼亚大学(University of California)、圣雄甘地大学(Mahatma Gandhi University)等。

第二类是基于软件技术的智能教室。这种类型的智能教室主要是借助于网络实现的。基于软件形成的虚拟智能教室,能够实现对学习者的学习支持,提供多种学习资源和学习形式,群体交流与合作手段等。如 Classroom 2000、NASA(美国国家航空航天局)的未来教室计划等。

第三类则是综合了前两者的优点,既重视硬件技术的支撑,又借助于软件系统对硬件技术进行智能的集成控制,并对学习者的学习进行智能的跟踪和记录,还能实现现实教室与虚拟教室(面向远程学习者)之间的信息互通及群体间的互动。如加拿大多伦多大学的智能教室项目、我国清华大学智能远程教室项目、西北大学(Northwestern University)的智能教室项目和华中师范大学教育信息工程中心的混合现实智能教室项目等。

(3)按实现功能类型划分,智能教室可以分为基本智能教室、交互智能教室和双向视频智能教室。基本智能教室(essential smart classroom)也就是我们目前所理解的多媒体教室,由计算机、数据投影仪、集成控制面板、扩音系统等组成。交互智能教室(interactive smart classoom)除具备基本智能教室的功能特征外,还提供师生、生生以及学生与学习资源之间的交互。双向视频智能教室(two-way video smart classrooms)除拥有基本智能教室的所有特征外,还添加了电视摄像机和话筒,以便于进行远程教学。

除上述三种分类方式外,还有按照智能教室的硬件配置及适用的空间来进行划分的,如:美国宾州克莱瑞恩大学(Clarion University of Pennsylvania)将智能教室分为基本智能教室、教学工作站(teaching station)、科学实验室或有限空间(science labs or limited space)、专用智能教室(dedicated smart classroom)、大型场地/礼堂(large venue/auditoria)和便携移动教室六种;北科罗拉多大学(University of Northen Colorado)将智能教室分为触屏控制智能教室、按钮控制高技术教室、移动平台教室、投影教室和智能移动教室。

7.7.4 智慧教室建设

1. 智慧教室平台架构

智慧教室的平台构架由设备层、门户层、应用层、服务层、数据层、基础层、网络层 7 个部分组成(见图 7-3)。

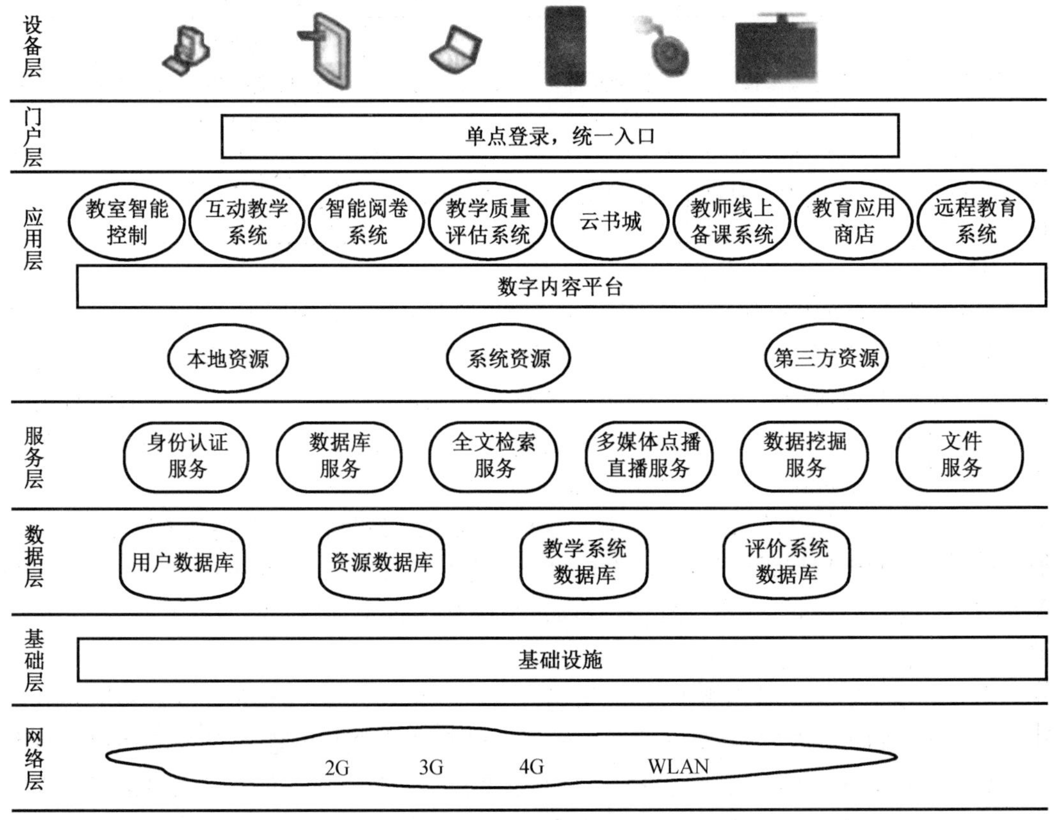

图 7-3 智慧教室平台架构

(1)设备层

智慧教室支持多种设备接入用于设备连接。设备主要包括电子白板、电子黑板、笔记本电脑、平板电脑、网络摄像头、打印机、手机、监视器等一系列智慧教室的设备。另外,还包含智慧教室的周边辅助设备,如充电柜、网络设备、备用电源等。

(2)门户层

教育云服务网站,通过统一的登录服务,可以支持用户在电子书、手机、电脑等终端登录,登录后可享受多种服务,并在门户网站上集合教育资源管理、家校联络管理、学校教学管理、账号服务管理等多种相关功能的入口。

(3)应用层

综合智慧教室的主要功能,按照模块化、独立化原则进行设计,主要包括远程教育系统、互动教学系统、教育应用商店、教室智能控制、教学质量评估系统,云书城、教师线上备课系统及智能阅卷系统。

(4)服务层

提供支撑应用层操作的相关基础服务,包括数据挖掘服务、身份认证服务、数据库服务、多媒体点播直播服务、全文检索服务及文件服务。

(5)数据层

智慧教室平台拥有多数据库的支撑,保证了该平台数据的庞大性、可靠性、稳健性及账号数据的安全性,主要包含用户数据库、教学系统数据库、资源数据库及评价系统数据库。

(6)基础层

基础云服务包括存储服务、服务器服务、网络连接服务。支撑智慧教室平台系统的基础设施可以在云环境下稳定工作。

(7)网络层

智慧教室平台所依赖的基础网络包含平台所涉及的网络,有4G网络、3G网络、2G网络、无线网络、有线网络等。

2. 智慧教室系统功能组成

智慧教室一般由内容呈现系统、学习资源系统、教学交互系统、环境感知系统、实时记录系统、在线测试和评价系统及身份感知与识别系统组成。这些系统共用教室内的信息资源和各种软硬件资源。在完成各自功能的同时,相互联动与协调。

(1)内容呈现系统

内容呈现系统是智慧教室的重要部分,也是开展课堂教学的基础。设计良好的内容呈现系统可以提高教学内容的传递效果。内容呈现系统包括交互演示子系统、虚拟现实子系统,通常由黑板、投影仪、电视、交互式电子白板、移动终端、电子书包、虚拟设备、无限机顶盒、扩音设备等组成,其基本功能如下。

①呈现教师的演示文稿、教学软件、操作过程等。

②呈现学生移动终端或者电子书包上的内容、作品以及操作过程等。

③呈现教师与学习资源互动内容。

④呈现教师与学生互动内容。

⑤呈现学生与学习资源互动内容。

⑥实现虚拟教学环境,模拟出现实物理环境不容易实现的虚拟教学环境。

⑦实现对室内视觉、听觉呈现相关软硬件的管理。

⑧呈现语言扩声和音乐扩声。

交互演示子系统由移动终端、电子书包、交互式电子白板、黑板构成。根据需求,呈现教师上课教学内容,教师可以与云端教学资源实时交互,学生利用电子书包上课,也可以与云端学习资源实时交互。而且,交互演示子系统可以根据需求实时呈现教师与学生、学生与学生、小组与小组的交互内容,提高教学效率。交互演示子系统代表着智慧教室的教学信息呈现能力。

虚拟现实子系统旨在借助虚拟设备,实现物理环境与虚拟环境的无缝融合,让学生体验虚拟出的不同学习环境,避免资源浪费。利用虚拟现实子系统可以更方便地实施情境教学,进行混合教学。

虚拟现实子系统又包括相互关联、协同工作的视觉呈现子系统和听觉呈现子系统。视觉呈现子系统由各种无线终端(信号源)、无线机顶盒(转换传输设备)、投影仪和电视机(显示设备)构成。无线终端通过局域网将画面发送给无线机顶盒(AppleTV、小米盒子等设备),无线机顶盒连接到显示设备,实现显示功能。听觉呈现子系统可以实现教学过程中的语言扩声和音乐扩声。语言扩声主要用于教室内拾音、放大和扬声,一般采用以前置扬声器为中心的音响系统。

音乐扩声主要用来播放音乐、歌曲等内容,采用双声道、立体声形式,有的采用多声道和环绕立体声形式,多以低阻抗的方式与扬声器配接。

内容呈现系统的体系结构如图 7-4 所示。

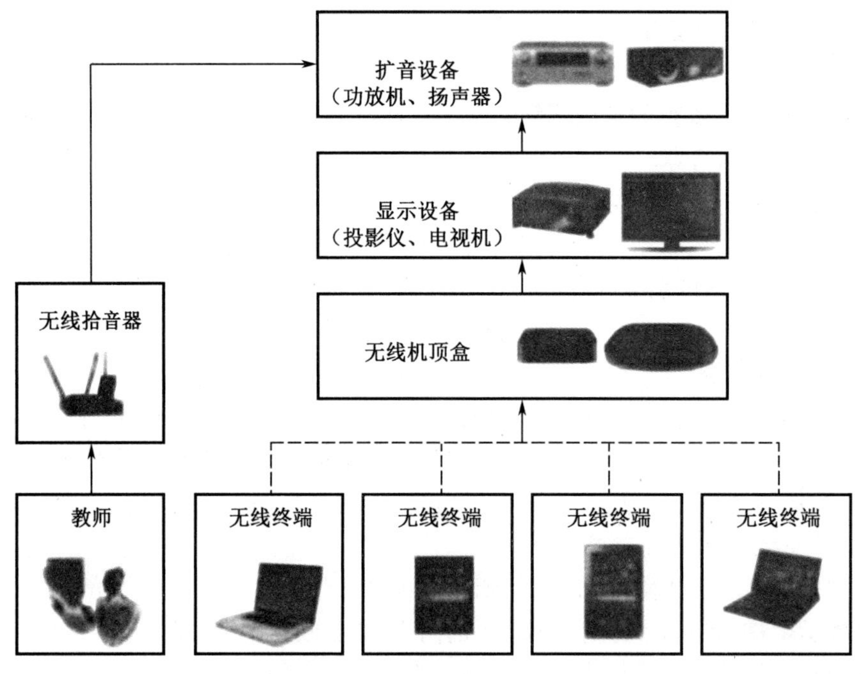

图 7-4 内容呈现系统的体系结构

(2)学习资源系统

学习资源系统主要是指学习资源存储、分发系统。学习资源系统将开发的资源放置在云端,师生可在上课过程中实时同步课程资源,并保存教学过程中的生成性资源。此外,对于课堂教学过程,学习资源系统可实时录制并存储到云端。学习资源系统通常由电子书包、课堂教学资源、学习过程记录、云服务平台等构成,可实现以下功能:上传教师开发的教学资源,同步学生终端的学习资源,录制师生上课过程,存储教学过程。学习资源系统的体系结构如图 7-5 所示。学习资源存储、分发系统的主要功能是由教师将开发的数字化资源和教学过程中的生成性资源上传到云服务平台。学生也可以将自己开发和找到的学习资源上传到云服务平台分享给其他同学。

教学过程录播系统是生成性资源录入的主要辅助系统,主要是在现在学校流行的录播系统上增加记录学生学习轨迹与教师教学轨迹的功能。教学过程录播系统的体系结构如图 7-6 所示。

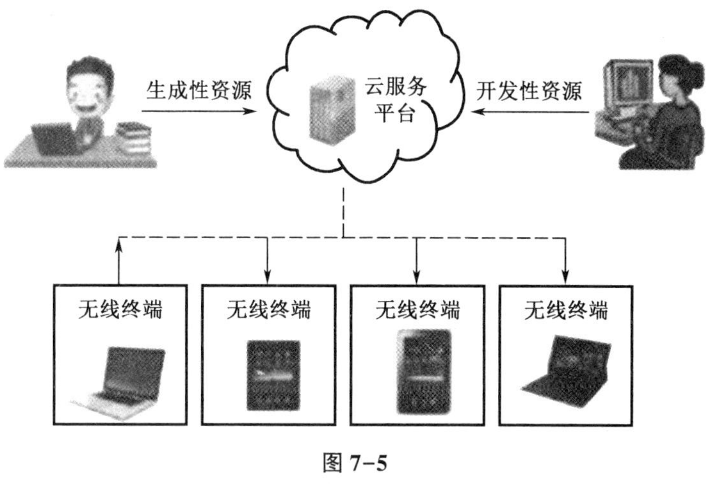

图 7-5

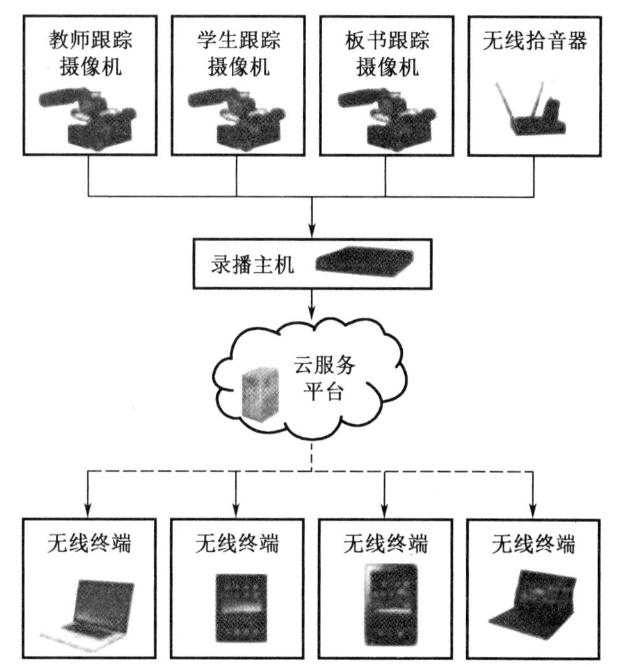

图 7-6 教学过程录播系统的体系结构

(3)教学交互系统

教学交互系统是课堂教学过程中师生、生生交互的支持系统。该系统支持课堂讲授、协作学习以及学生自主探究等多种学习方式,对于实施形成性评价具有重要价值。课堂交互系统通常由各种学习终端、云服务平台组成,可实现师生、生生的互动,小组讨论和学习,学生个人的探究,学习过程、学习评价的记录。教学交互系统的基本架构如图 7-7 所示。

(4)环境感知系统

环境感知系统的使用有利于为学生营造一个健康、舒适的学习环境。该系统通常由温度传感器、气体成分传感器、压力传感器、光线传感器组成(见图 7-8)。其基本功能如下:感知室内温度,当温度超过预设范围时发出警报,并启动温控设备;感知室内气体成分,当气体成分超过预设范围时发出警报,并启动新风设备;感知学生坐姿,当学生坐姿出现问题时,给予震动或声音提示;感知室内光线,光线过强或过弱时,开启窗帘或照明设备。

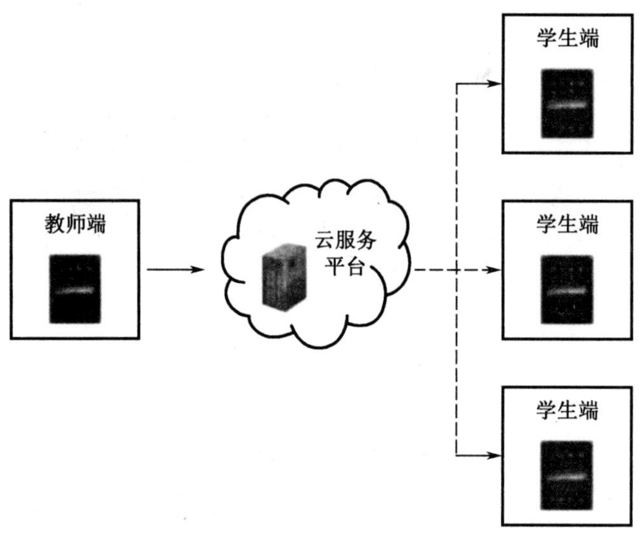

图 7-7 教学交互系统的基本架构

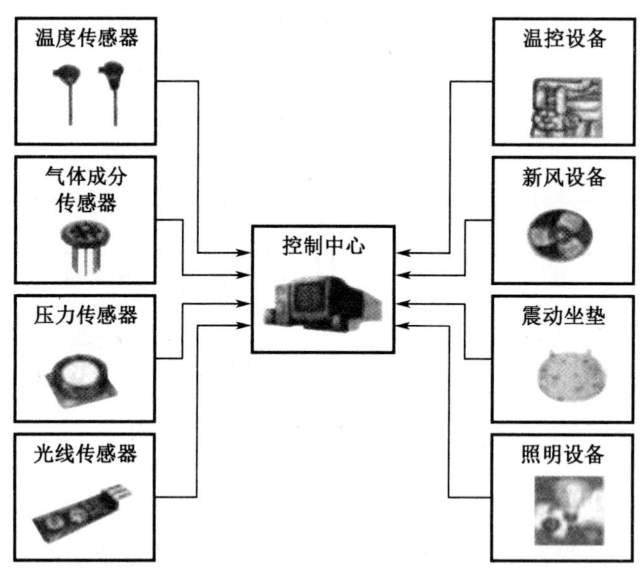

图 7-8 环境感知系统的体系结构

①气候监控系统

气候监控系统由三部分组成:室外气象站、室内空气感知系统和空气调节系统。室外气象站可测量风向、风速、温度、湿度等常规气象要素,并将气象信息及时传送到教室内空气感知系统,由其决定是否发出警报。调节窗帘控制进光量或启动空气调节系统。空气调节系统一般由进风、空气过滤、空气热湿处理、空气的输送和分配、冷热源等部分组成。

②气味监控系统

气味监控系统能够对教室内的一氧化碳、二氧化氮、苯、氨气、烟雾等有毒气体和物质进行探测,其核心设备有感烟式传感器、感温式传感器、感光式传感器。

③照明监控系统

在智慧教室中,照明监控系统有两个任务。一是环境照度控制,即根据日照情况自动调整窗帘和室内灯光的开关。二是照明节能控制,将教室划分为若干区城,安装6~8个光线传感器,可以根据不同区域的光线,自助开关该区域的灯光,从而达到节能的目的;也可利用光电、红外传感器检测室内的人员活动情况,一旦人员离开教室,即自动关闭灯光,达到节能的目的。

以上智能环境感知系统(又称为环境控制系统)主要基于射频识别(RFID)等的物联网技术,根据学习者学习的需要对课堂内的光、电、声、温进行控制,根据课堂外的光照条件调节照明;根据季节气候的不同调节温度;根据课堂内的声场环境调节声音系统等。智慧教室环境感知原理示意图如图7-9所示。

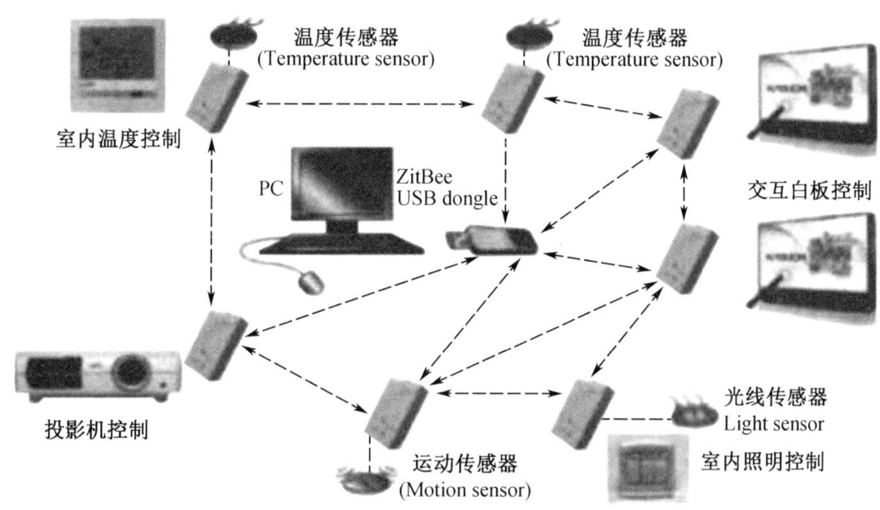

图7-9 智慧教室环境感知原理示意图

(5)实时记录系统

实时记录系统主要是在现在学校流行的录播系统上增加记录学生学习轨迹与教师教学轨迹的功能。教师可对教学视频进行分析,反思教学过程,撰写反思日志。实时记录系统可为教师教学决策和学生自主学习提供参考和有效数据支持。

(6)在线测试和评价系统

在线测试和评价系统主要包括教师可以利用即时反馈系统在教学的过程中随机出题进行意见征集和应答反馈,以收集学生对某一具体内容和问题的观点或掌握情况,反馈结果可以及时呈现,便于教师及时调整自己的教学内容或过程。学生也可以利用同步标记系统对教师讲课时的声音大小及语速进行反馈,在教师的教学终端上会即时显示学生对教师讲课声音大小和语速快慢的评价,教师可以根据学生的整体评价意见进行及时的调整,以保证教学的最佳效果。

另外,在课程学习开始前和课程学习结束时,可以利用在线测试和评价系统对学生的预习情况和本堂课程的学习情况进行测试,测试结果通过学习支持系统的后台运算,可以及时提供测试分析结果。预习测试可以帮助教师了解学生的预习情况,从而确定自己的教学起点;学习结束时的测试可以帮助教师了解学生课堂学习完成时的学习目标达成情况,对出现的问题可以采取及时的教学补救措施。

(7)身份感知与识别系统

智慧教室中利用射频识别、人体识别系统等传感装置可以按约定的协议,对教室里师生的出入进行记录,把各种设备连接起来并进行信息交换,实现智能化识别和感知。

7.7.5 智慧教室建设标准

当前,我国并未出台智慧教室的建设标准,而国外关于智慧教室建设的规范可以为我国标准的制定提供参考。2009 年,美国国家教育技术董事协会和美国 Title I 董事协会联合撰写了(*A Resource Guide Identifying Technology Tools for Schools*)《学校技术工具资源指南》。该指南针对学校的技术结构、教室构成(计算设备、硬件和内容、课件和创造力工具)、在线协作和交流工具及在线编辑工具,描述了智慧教室内计算机的配置方式、硬件资源、软件资源、师生教学用的工具软件及注意事项。美国制订了《洛杉矶社区学院学区视音频智慧教室信息技术标准》(*LACCD AV Smart Classroom Information Technology Standards*)。该标准介绍了音视频智慧教室的一般要求、智慧教室里的新兴技术、视音频设计的注意事项、音视频学习空间的划分、可使用的技术、教师的专业发展与培训等的标准框架,提出了教室物理环境评价标准、教室信息化设备标准、音视频组件和系统的最低性能和标准、智慧教室应用指导。这些标准和指南的提出,对智慧教室的硬件建设、软件设计以及智慧教室规范研究具有重要参考价值。然而,这些标准只提供了描述性的粗略标准框架,没有与标准相对应的具体指标项和评估报告范例。

7.8 智慧教学平台

7.8.1 交互式电子白板系统

1.电子白板概述

电子白板产生于 20 世纪 90 年代后期,是在普通书写白板基础上发展起来的一种电子产品。这种电子产品的最初功能是:在普通书写白板的基础上增加了感应器,电子白板通过感应器识别书写笔的位置及运动轨迹信息,并将这些信息传送至计算机或独立的处理器,再由计算机或独立的处理器将相应的板书、图形等内容保存并打印出来。

电子白板可分为复写式电子白板、外围式电子白板、交互式电子白板三类。通过自带的独立处理器扫描、录入、打印板书内容的属于复写式电子白板,这种白板不需要与计算机相连。若通过计算机来完成以上任务,并将计算机产生的数字化文件进行进一步的处理、发送等,则属于外围式电子白板。交互式电子白板(简称交互白板)则是在外围式电子白板的基础上,进一步实现了电子白板与计算机之间的交互操作,即通过白板可以实现对计算机文件和操作系统的控制。为了实现信息化的教学,一般采用交互式电子白板。

交互式电子白板是电子感应白板及感应笔等附件(硬件)与白板操作系统(软件)的集成。它融合了计算机技术、微电子技术与电子通信技术,是计算机的一种输入输出设备,是人(用户)与计算机进行交互的智能平台。简言之,交互式电子白板是一个具有正常黑板尺寸、在计算机软硬件支持下工作的,可以实现普通白板功能与计算机功能、软硬件功能与教育资源,以及人机与人际多重交互的电子感应屏板。交互式电子白板是电子白板的一个关键性发展。当前,交互式电子白板正向着智能化(交互式智能电子白板)的方向发展。交互式智能电子白板是指书写在智能板上的文字或图形皆可立即以各种格式(JPG、HTML,PDF等)存入计算机;智能板可以自动识别笔迹色彩与板擦动作;存在计算机中的资料可以编辑和剪贴至其他文件或应用程序中;讲演者在屏幕上的操作和声音可以存为 AVI 文件供以后重复播放。

2. 交互式电子白板的功能

(1)代替投影幕布的内容展示功能

交互式电子白板的尺寸一般和黑板或普通投影机的屏幕差不多,板面采用高亮度、低反光率的高档材料,有的还具有横向和纵向的滑动轨道,可以将其移动到合适的位置接收来自投影器的信息,因此完全可以用它代替投影机幕布来展示各种数字化教学信息。

(2)普通白板功能

交互式电子白板可以单独使用,此时它具有普通白板的所有属性和功能,使用方法就和使用黑板一样。教师可以用配套的几种彩色感应笔在白板上书写,而且不像写粉笔字那样费力。当需要修改时,只需用附带的物理擦板擦除即可。

(3)交互控制功能

当交互式电子白板与计算机、投影机配合使用时,屏板和感应笔便成为简便易用的触摸式屏幕、虚拟键盘和鼠标,可以与计算机进行实时交互控制操作,如使用虚拟键盘输入文字和数字,感应笔作为鼠标,可以进行单击、双击、右击、拖放、移动等控制。通过白板操作各项应用软件,可以让教学更加生动高效,而且就像坐在计算机前控制计算机一样方便快捷、轻松自如。

(4)记录存储功能

当用感应笔在白板上直接书写、绘画、修改、擦除、标注时,白板上的所有内容可以同步显示和存储在计算机上以备后用。这样教师就可以把注意力完全集中在重要内容的讲解上。一旦情况需要,还可以用附带的电子擦板擦除笔记。课后,可以把计算机中保存下来的板书内容打印出来分发给学生,减轻学生上课记笔记的负担,使学生能集中精力听讲和思考。

(5)资源库功能

交互式电子白板的应用软件一般具有强大的资源库功能,其内容丰富,涉及领域广,而且可任意添加或删除,不仅方便了教师授课过程中的随时调用,增加了课堂信息量,而且克服了过去多媒体投影系统环境下,使用课件和幻灯片讲稿教学材料结构高度固化的问题。交互式电子白板资源库总框架图如图 7-10 所示。

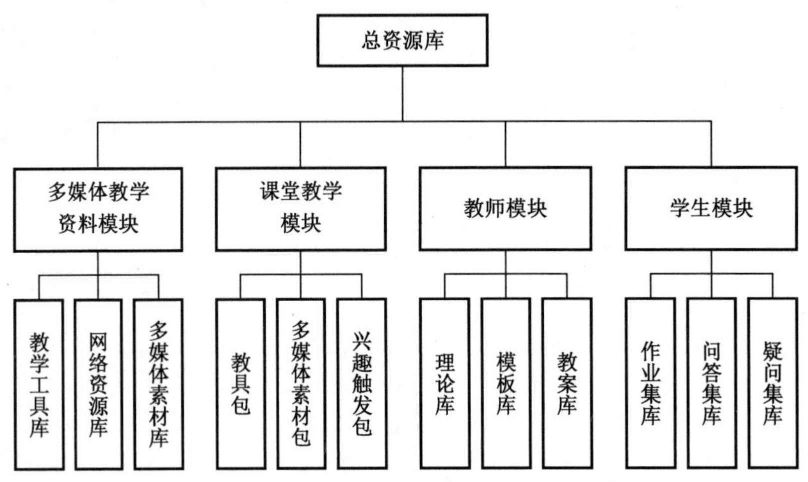

图 7-10　交互式电子白板资源库总框架图

3. 交互式电子白板的系统组成

交互式电子白板系统主要由硬件和软件两部分构成,其中硬件包括电子白板、计算机和投影设备,以及其他外部辅助设备(如感应笔、表决器、无线书写板等)等。软件主要是针对不同教学环境和要求制作的课件。交互式电子白板是以计算机软、硬件为核心,以大尺寸交互显示界面为特色的一种媒体组合。其系统组成如图 7-11 所示。

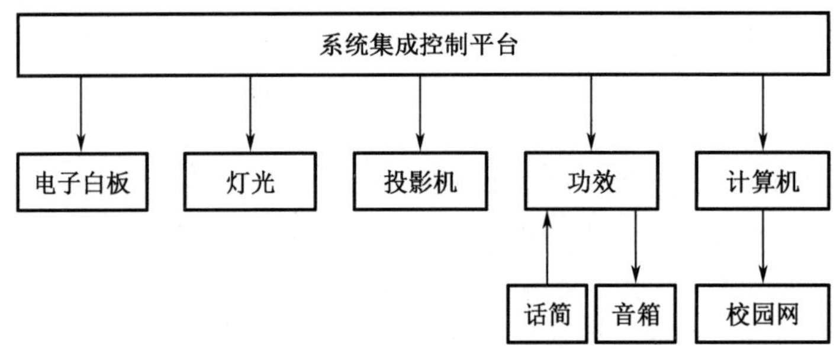

图 7-11　交互式电子白板的系统组成

4. 交互式电子白板的工作原理

交互式电子白板系统由交互白板(包含鼠标笔)、投影系统和配有白板软件的计算机系统构成。典型的交互式电子白板的工作原理图如图 7-12 所示。

交互白板是系统的主体。它是鼠标笔书写与操作的界面,并不断收集鼠标笔的位置与运动信息,通过电缆传送至计算机中,同时它还充当了投影机的屏幕。安装了白板软件的计算机系统负责对传入的电子笔位置与运动信号进行运算处理,转化成对计算机程序和内部对象的操作,并将运算结果转化成计算机图形界面,再将视频信号送至投影机。最后,由投影机将计算机图形界面投射在交互白板上,以供更多人共享。

除了硬件之外,相关软件也是交互白板系统不可或缺的组成部分。目前,交互白板软件主要由各个交互白板厂家自行设计开发,并且各个版本之间基本不相兼容。交互白板软件是决定交互白板系统质量的重要因素之一，与其他各种软件一样，交互白板软件也在不断地更新。

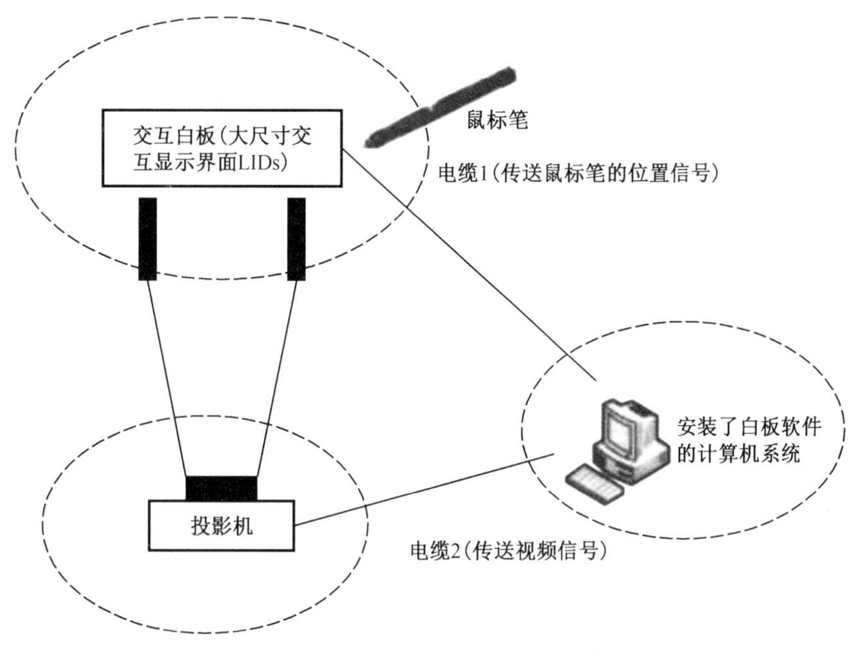

图7-12 交互式电子白板的工作原理图

5. 交互式电子白板的优势

课堂教学中有三类或三代教学媒体——黑板、多媒体投影系统和交互式电子白板系统，三者的比较如表7-3所示。

从表7-3可以看出，交互白板除了能实现黑板和多媒体投影的功能外，还在教学信息的呈现、处理和存储，以及师生的参与、交互和协作教学等方面具有前两者无法企及的优势。

第一，使用交互白板容易对材料展示过程进行控制，教师不必到主动台前操作，就可控制演示材料的播放，这使得课堂中教师的身体语言得以充分发挥，也避免了课堂上由于教师往返黑板与主控台间分散学生注意力的问题。

第二，交互白板技术能即时、方便、灵活地引入多种类型的数字化信息资源，并可对多媒体材料进行灵活地编辑、组织、展示和控制，它使得数字化资源的呈现更灵活，也解决了过去多媒体投影系统环境下，使用课件和幻灯讲稿材料结构高度固化的问题。

第三，板书内容可以被存储下来。写画在白板上的任何文字、图形或插入的任何图片都可以被保存至硬盘或移动存储设备，以便下节课、下学期或其他班级使用，或与其他教师共享；也可以以电子格式或打印出来以印刷品的形式分发给学生，供课后温习或作为复习资料。

第四，交互电子白板技术使得以前色彩单调、呈现材料类型仅止于手写文字和手绘图形的黑板变得丰富多彩，既可以像以往一样自由板书，又可以展示、编辑数字化的图片、视频，这有利于提高学生的学习兴趣，保持其学习的注意力。

表 7-3　黑板、多媒体投影系统和交互式电子白板系统的比较

	呈示教学内容的能力				处理教学内容的能力	存储板书的能力
	尺寸	色彩	呈示内容类型	对呈示内容的控制		
黑板	大	少，常是黑、白两色	只能呈示教师即时用粉笔书的文字和绘制的图形	易改动，但费时	用粉笔和黑板擦修改粉笔写的内容	容量小，且不便于长期保存
多媒体投影系统	大	多面全	数字化的文本、图形、照片和影像材料，常用于展示 Powerpoint、Word 讲稿和计算机多媒体课件等。	不易	差，投影系统被用于展示提前制作好的材料，教师离开了主控台站在投影幕前时，无法对演示材料做任何编辑	无法在演示材料上书写，也就谈不上保存板书内容
交互式电子白板系统	与黑板同样大或稍小	多面全	既能呈示即时书写的文字或手绘的图形，又能展示任何数字化的文本、图形、照片和影像	无须到主控台前，可以即时用鼠标笔或触摸方式直接打开各种计算机文件（包括多媒体素材等）；可以把多媒体元素嵌入挂图中或制成链接，容易实现板书内容的任意跳转；“拉屏”和“聚光灯”等功能使得板书呈示内容丰富多样	可以如同在黑板上写字，画画一样，对当前一屏或过去任何时刻保存的板书内容及插入的图像进行编辑、修改等操作；可直接用鼠标笔或触屏方式将资源库中的图形拖曳到书写区域，进行图文混排	无须到主控台前，站在白板前，随时可以将当前板书内容保存成多种格式的文件，供下节课重用或分发给学生供课后复习或与同事分享

第五,交互白板使教师对计算机的操作透明化。它使学生可以清楚地看到教师是如何对软件进行操作的。这对计算机软件应用的学习意义重大。同时,可以在计算机机房中安装电子白板软件,辅助计算机实验课程的教学。

第六,交互白板使得教学过程中对计算机的访问更加方便,白板系统与网络和其他计算机应用程序互补,促使师生共同运用计算机作为认知和探索的工具,这必将构建学生新的认识和解决问题的思维方式。

第七,易于掌握,是一项天然亲近教师的新技术。由于交互白板依然可以向传统黑板一样自由书写板书,使得部分年龄较大、计算机技能较差的老教师也可以尝试使用白板的基本功能进行教学,帮助他们克服了使用新技术的畏难心理。

7.8.2 电子书包

1. 电子书包概念和特征

电子书包近年来受到国内外教育行业的持续关注。但是,关于电子书包的概念尚未有一个统一的认识。在国外,从技术与应用的角度界定电子书包,一种观点认为:电子书包是一个计算机支持的数字化协作学习空间,它以网络为环境基础,支持师生、生生间的同步或异步交流与资源共享。另一种观点认为:电子书包是一种支持非正式学习的通用网络设施,学生可以使用基于蓝牙、无线网络等技术的设备,随时随地登录、退出电子书包,管理自己的数字资源。在国内,华东师范大学的吴永和、祝智庭等认为:电子书包是整合了电子课本阅读器、虚拟学具以及连通无缝学习服务的个人学习终端。陕西省电化教育馆馆长朱选文认为:电子书包是软件与硬件的结合,以学生为使用主体,基于网络学习资源,以计算机、专用阅读器等设备为终端的综合性教育应用系统,旨在真正实现课堂教学的电子化、数字化。上海市电化教育馆的张迪梅认为:电子书包是集学、练、评、估为一体的便携式电子课堂,是学生、教师的互动平台,也是学生、教师、教学、教研、科研、教育、行政、家庭的交流平台。

电子书包是一款致力于提高中国教育信息化、提高家庭和学校配合效率的产品,产品将主要针对小学教育。除了传统家校通包含的家校沟通功能,电子书包还提供更加丰富的教育信息化功能,如数字化教育资源、学生成长史等,让其真正成为孩子们学习和生活的信息助手,一个真正的“数字化书包”。基于此,我们认为:电子书包是一种以网络、移动设备为基础,以促进学生有意义学习的软件为架构,以动态开放教学资源为灵魂,支持移动学习甚至终身学习的基于教育云平台的数字化学习空间,该空间为学生提供交互式电子阅读教材,管理个人学习资源,支持学生互动交流和练习测评,并能记录个人学档。

电子书包是一种教学资源系统,从本质上说是一种教学媒体。教学媒体是指以传递教学信息为最终目的的媒体,用于教学信息从信息源到学习者之间的传递,具有明确的教学目的、教学内容和教学对象。作为连接教与学过程的载体,教学媒体具有呈现力、重现力、传送能力、可控性、参与性等五个方面的特性,通过对电子书包教学媒体特性的分析,得出电子书包具有呈现力、重现力强,传送能力出众,易于操控,学习参与性高等特点,在实际教学中能够有效提升教与学的效果。

电子书包不等同于电子教材,它使用信息技术,结合图像、视频、音频等多媒体技术,整合多方优势资源,服务于课堂教学、学习情况分析、课外辅导,为学生学习提供帮助和支持,充分体现了以生为本的理念。同时,一些电子书包除了可以满足学生的需要外,还可为教师提供教学、师生沟通、家校沟通等服务。表 7-4 给出了电子书包与传统书包、电子阅读器的比较。

表 7-4 电子书包与传统书包、电子阅读器的比较

比较项目	电子书包	传统书包	电子阅读器
重量	比较轻	比较重	比较轻
所含信息量	多	少	多
信息资源的保存	容易保存	难以保存	容易保存
检索功能	容易检索	不易检索	容易检索
习惯性	不习惯	习惯	较习惯
交互性	强	弱	较强
成本	高	低	较高
环保	有利于环保	不利于环保	有利于环保

2. 电子书包系统组成

电子书包系统是硬件、资源、工具、服务四方面有机融合的整体。硬件是基础,是电子书包终端;电子书包强大的资源库涵盖数字化教材、多样化的学习材料以及丰富的网络拓展资源等;多样化的教与学工具将实现教学的高效化;完善的服务则能够保证教学资源、教学支持工具在教与学过程中发挥有效作用。电子书包系统组成如图 7-13 所示。

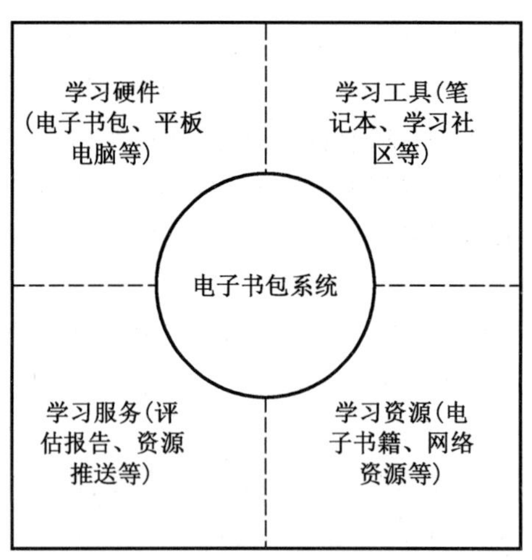

图 7-13 电子书包系统组成

电子书包系统可分为硬件和软件两部分。硬件是基础,软件是核心。电子书包软件系统提供学生阅读交互式电子教材,管理个人学习资源,支持学生互动交流和练习测评,并能记录个人学档,它包括电子教材系统、数字资源系统、作业与考试系统、互动交流系统。其中,电子学档系统主要是对学生在前面四个系统中的学习进行记录和分析。

(1)电子教材系统

电子教材系统主要包括交互式电子内容、知识管理和社会性阅读。这里记录的是学生在电子教材中看过的知识点、对电子教材中的知识点进行的标记管理以及与同学分享阅读的知识内容,学生在电子教材系统中的学习行为主要生成海量的学习内容序列节点数据。

(2)数字资源系统

数字资源系统主要包括课件点播和课外阅读,这里记录的是学生看过的教学视频及其时间点、学生浏览过的教学课件以及课外读物等,学生在数字资源系统中的学习行为主要生成海量的学习资源序列节点数据。

(3)作业与考试系统

作业与考试系统主要包括作业练习和考试测评,这里记录的是学生做练习的试题和批阅结果以及学生参加考试的试题、各题目用时、知识点掌握情况分析等,学生在作业与考试系统中的学习行为主要生成海量的练习评测序列节点数据。

(4)互动交流系统

互动交流系统主要包括互动答疑、学习社区和家校互动,这里记录的是学生参与答疑的次数及知识点分布、学生参与学习社区交流的次数及讨论主题分布、教师与家长互动的主题及频次等,在互动交流系统中,教师、学生和家长相互间学习交流主要生成海量的互动交流序列节点数据。

3. 电子书包应用现状

(1)国外电子书包应用现状

在亚洲地区,新加坡是最早将电子书包付诸实际教学应用的国家。早在 1999 年,新加坡政府便在一所中学(新加坡德明政府中学)内试行了首批 163 个电子书包。2010 年,新加坡教育部、国家电脑局和两家科技公司共同耗资约 119 万美元合作开发了一款电子书包。这款电子书包实际上是一种便携式电子阅读器,它在技术上与现在普通的电子阅读器一样。韩国和日本也是较早研发、使用电子书包的国家。为了切实减轻学生书包的重量,韩国教育科学技术部已正式规划,从 2011 年开始,除了向所有小学和初高中学生发放纸质的语文、英语、数学教科书之外,还将同时发放光盘形式的电子教科书,且电子教科书的内容和纸质教科书完全相同,但学习内容呈现形式更加的直观和易于理解。马来西亚教育部从 2001 年 4 月起,在吉隆坡及其周边地区的 200 所中小学内试验性地推广电子书包。在欧洲地区,法国是最早推行电子书包的国家。2000 年,法国推出了一款内嵌历史与生命科学教科书的电子书包。在 2009 年的法兰克福国际书展上,再次发出了这样的声音:2018 年纸质书将消亡。而在美洲地区尤其是美国,电子书包发展的历史由来已久,到 2008 年,电子书包在美国已有在低收入学区导入的成功案例。

2009 年 6 月,时任美国加州州长的阿诺·施瓦辛格计划分阶段让州立的各级学校舍弃传统纸质课本,转而让学生使用电子书包。实践证实,采用电子书包可以有效减少数字落差并大幅提升学生主动学习的能力。目前,美国中小学学校中广泛使用的电子书包是苹果公司的 iPad 和亚马逊公司的 Kindle。

(2)国内电子书包应用现状

2002 年,中国台湾省展开了数字化科技计划,成立了电子书包发展促进会并推广电子书包的教学实际应用,先后有大批的一线中小学校陆续加入电子书包试行行列。

2003 年,中国香港 10 所小学正式推行“电子书包”试验计划,经过一年的试验,“电子书包”计划效果良好,开始向全港 1 000 多所中小学推广。

在中国大陆,早在 2001 年,北京伯通科技公司生产的“绿色电子书包”便通过了教育部的认证,并在北京、上海等城市试推广。

2002 年,北方联合出版传媒(集团)股份有限公司、碧悠电子工业股份有限公司、北京北大方正电子有限公司和北京清华液晶技术工程研究中心等组成了电子书包联盟,主要由人民教育出版社研发样机并在上海展开电子书包教学应用试点。

2003 年,上海金山区金棠小学开始用电子书包代替传统书本教材。2008 年,联想、汉王科技、金蝉软件等 IT 公司和人教集团、广东省出版集团、盈动锐智等商业单位联合,不约而同地提出了中国中小学电子书包实施方案,并由联想公司与中央电化教育馆教育信息资源开发部携手,以联想昭阳 M10 笔记本电脑为载体,共同打造面向普教兴业的电子书包解决方案。

2009 年,佛山南海南光中英文学校开始在一年级新生的英语课程中推行电子书包。2010 年,在中国,电子书包成为“班班通”工程综合解决方案。截至 2010 年,各大教育资源中心开始纷纷建立自己的电子书包研究团队,继续推进部分学校试点,研究问题开始由最初的学生学习机软硬件产品研制,转向研究基于电子书包的学习心理及有效的课堂教学应用方式,并同时完成部分网络专题教育课程和网上虚拟实验室建设,初步建成一批实验性的交互平台。

2011 年,佛山市禅城区“智慧校园”示范工程的四所示范学校开始试用电子书包,当前已经取得较好成效。2012 年,教育部颁布《国家中长期教育改革和发展规划纲要(2010-2020 年)》提出“加快信息化进程”,作为教育信息化的重要环节,电子书包逐渐在北京、上海、广州等地推广开来,掀起一片电子书包“热”。南京从 2012 年试点电子书包进课堂,目前全市有 21 所中小学成为试点学校。电子书包在全国的中小学校“遍地开花”,除上述城市外,重庆、青岛、宁波、山西、陕西等地也都开展了电子书包试点项目。

电子书包大事记如图 7-14 所示。

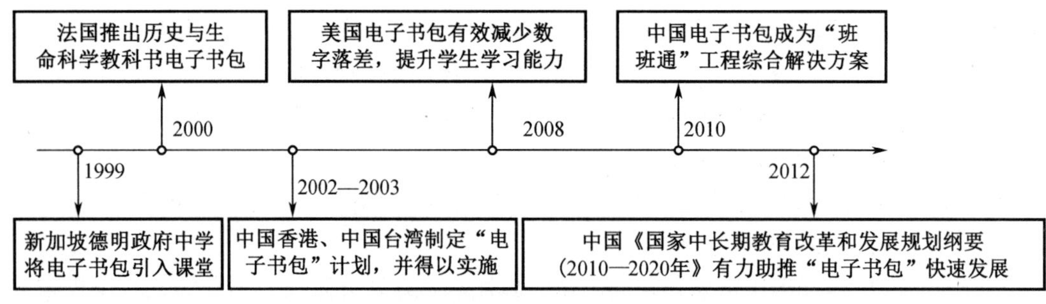

图 7-14　电子书包大事记

目前,关于电子书包的研究和应用主要还是面向基础教育低年级阶段,定位于课堂教学,未来的发展趋势可能会与移动学习相结合,面向高等教育和社会教育。同时,国内对电子书包的研究采用“齐头并进”的方式进行:一方面积极制定数字化教材及相关资源的标准体系，另一方面也开始积极推进电子书包课堂教学应用的试用研究，其中比较典型的是上海市和广东省佛山市南海区两大地区的电子书包推广计划与项目。

7.8.3 录播系统

录播系统是一种集声、光、电于一身，聚音、像于一体，汇采、传、授于一线的教学与网络相结合的新型教育传播系统。目前高校的录播教室除了具有一般的多媒体教学功能外，还可以将授课教师的电子讲稿、多媒体课件与授课过程同步录制下来，根据需要合成为实时影像资源。

1. 录播系统的功能

(1) 录制功能

录制视频是录播教室的最基本功能。一般要满足实现全自动单画面录制模式、多画面资源录制模式等多种方式，并且支持多路视频和 VGA 信号。这些信号有多种组合方式，将场景内主讲教师的画面、电子文稿、教师板书、学生反应以及声音信号通过摄像机、拾音器等设备录制下来，保留最完整的动态教学过程，形成可以点播的多媒体文件。

(2) 编辑功能

考虑到录播系统在自动录制状态下不能思考的傻瓜特性，其录制的视频难以满足较高的画面要求，有时需要对画面资源进行后期编辑处理。不但可对自动合成的视频进行后期编辑处理，而且可对录制下来的多路音视频资源进行编辑，增加字幕、特效，使最终形成的文件内容更加丰富，更符合用户要求。

(3) 自动跟踪定位

在教学活动中，教师和学生都是动态变化的，为了精准捕捉教室内主要活动对象的行为，并有序展现各行为对象的不同镜头画面，录播系统必须采取有效的技术手段跟踪行为对象的所在位置，避免出现空画面、空镜头、画面感不好等情况。

(4) 场景自动切换

在全自动录制模式下，可根据需要对教师、学生、电子讲稿、教室场景等画面进行必要的切换。通过这种场景切换，能较好地反映教学的动态全过程，尤其对教师与学生的互动以及板书有较精细的呈现，使录制的音视频画面更加生动，重点突出，避免单幅画面的单调感与空洞感。

(5) 网络直播点播

网络用户可以通过互联网、局域网等在线收看现场活动，也可以在线浏览录制的音视频文件。

2. 录播教室的模块组成

(1) 视频图像采集系统

录播系统的视频信号分为：

①来自摄像机输出的复合视频信号，用于录制老师的授课过程及学生的听课情况。

②课件演示计算机输出的 VGA 信号。视频图像的获取包括视频拍摄和采集压缩两个过程。

高性能的视频设备是实现视频图像清晰记录与还原的保证，摄像机的选择至关重要。摄像机的选择不仅仅要考虑像素的问题，更要考虑其图像感应器、镜头等综合因素。从图像质量来考虑的话,高清摄像机是非常不错的选择,由于技术的发展,甚至要考虑蓝牙、无线等功能,它可以在较暗的投影环境中表现优异,但价格较高。另外,建议各类摄像机型最好统一,不要在分辨率上有差异,以免影响最终整体效果。对于教师授课视频信号的压缩采集,市场上主流的录播系统有采用工控机(等同于 PC 机)加视频采集卡和采用独立的视频编码器两种方式。对于 VGA 信号的采集和压缩,一般有三种解决方案:

①纯软件方式。

②工控机加 VGA 视频采集卡的方式。

③VGA 视频编码器方式,VGA 视频编码器采用具有强大处理能力的专用芯片,用独立的硬件设备实时采集和压缩 VGA 信号。

目前广泛采用的是硬件实时采集压缩技术,能够将投影机显示的任何内容完整记录,以保证录制的画面与显示的画面保持一致。采集画面达到高清标准,清晰、连续、稳定,并能将教学过程中的音视频和计算机动态画面进行实时编码保存,存储为通用的 WMV9 格式,可与市面主流视频点播、资源库等平台无缝融合,可使用主流非线性编辑软件进行后期处理。

(2)音频采集系统

录播教室声源来自两个方面:

①教师讲授和学生反馈的现场声。

②多媒体课件的解说和背最音乐。

教师授课可用无线话筒,也可用有线话筒。学生互动则一般采用无线话筒。但无论采用何种方式,最后教师和学生的声音都可与课件声音经过调音台混音进入录播主机进行采集。数字化音频的采样频率一般不低于 32 kHz,量化位数为 16 位,具有 WAV、MP3 等存储格式。

录播教室的声音以讲话声为主,故对设备要求不高,但音频采集系统应独立于多媒体教学的音频回放系统。

(3)跟踪定位系统

智能跟踪定位系统是多功能录播系统的“大脑”,可实现对教师、学生位置的智能跟踪,并根据讲课过程自动切换视频。跟踪控制系统的实现方式主要有三种:

①红外线控制方式,其特点是跟踪过程不受其他运动物体干扰。

②图像识别控制方式,主讲人无须佩戴任何定位装置,不受光线、声音、电磁等外在环境影响。

③超声波控制方式。

当前,考虑到成本与实用性,往往综合运用超声波和红外线技术两种跟踪方式。红外线装置安装在控制台内,控制主讲教师的活动画面。超声波装置安装在黑板下方,对教师在板书时的画面进行控制。使用超声波方式能够自动定位区域内物体的移动,准确判别教师的位置,移动的方向、速度,根据定位系统的信息,判别并调度摄像机组中的摄像机,使其协同工作。对于学生的互动环节,可采取学生主动触发的方式进行控制。

(4)录播控制系统

录播控制系统包括录播软件、录播控制台和智能切换控制系统。录播系统如果要成为日常教学的重要辅助手段,必须减小操作的复杂程度,实现自动录制、自动切换、自动停止。

录播软件能完成单画面、画中画、多画面模式的课件录制，自动生成片头、片尾。

录播控制台设备可自动或手动控制设备协同工作，控制设备的切换、使用、参数调节，并通过显示、指示功能，直观地得到结果。智能切换控制系统能实现智能剪辑、自动编辑，提供多组输入、输出接口，自动镜头切换，实时录播，录播控制系统所录制的文件格式，对于该系统的实用性、可推广性具有决定性作用。当前，大部分录播控制系统采用微软提供的核心 WMV9 算法和核心网络传输协议实现独立、多画面的单文件存储和单流传输。WMV 标准流媒体格式，最高分辨率必须达到 1024×768，视频色彩可达到 32bit，在 1024×768 分辨率、32bit 色彩情况下，压缩码流在 0.2~6.0 MB。

录制方式有自动和手动两种模式。在自动状态下，所有视频、音频、课件资源的切换应自动进行。画面切换时，镜头与镜头之间，镜头与 VGA 信号之间，不得出现画面暂停或图像黑屏、滚动等现象。

参 考 文 献

[1] 邱红艳,孙宝刚.现代教育技术[M].重庆:重庆大学出版社,2020.

[2] 乜勇.实用教育技术[M].西安:陕西师范大学出版总社,2020.

[3] 宗敏.信息化教学设计与信息化教学模式[M].武汉:华中师范大学出版社,2022.

[4] 殷旭彪.当代教育信息化理论与实践研究[M].北京:中国书籍出版社,2018.

[5] 韩佳伶.智慧课堂背景下混合式教学模式改革研究[M].长春:吉林大学出版社,2021.

[6] 周鑫燚,王慧.大学智慧课堂[M].成都:四川教育出版社,2022.